数融万物
智创未来

——中国5G+工业互联网
应用示范案例集
（2022）

工业和信息化部新闻宣传中心◎主编

人民邮电出版社
北京

图书在版编目（CIP）数据

数融万物　智创未来：中国5G+工业互联网应用示范
案例集. 2022 / 工业和信息化部新闻宣传中心主编. --
北京：人民邮电出版社，2023.7
ISBN 978-7-115-61428-5

Ⅰ. ①数… Ⅱ. ①工… Ⅲ. ①互联网络－应用－工业
发展－案例－中国－2022 Ⅳ. ①F424-39

中国国家版本馆CIP数据核字(2023)第050472号

内 容 提 要

　　"5G+工业互联网" 512 工程于 2022 年圆满收官，该工程实施以来，涌现出众多极具前瞻性与代表性的典型应用案例。本书收录了由 2022 中国 5G+工业互联网大会评选出的年度典型应用十大标杆案例，以及 5G 工厂、智慧平台、智慧能源、智慧矿山、智慧工厂、智慧港口&智慧物流、智慧钢铁、智慧电力、智慧安全领域的 64 个年度典型应用案例。这些应用案例生动地呈现了新技术赋能产业转型的蓬勃发展态势。希望本书提供的相关应用案例能为更多行业、企业加快数字化转型步伐，实现高质量发展提供有益的借鉴与参考。本书适合工业和信息化各级主管部门、工业协会、工业企业、工业互联网研究机构等的从业人员阅读。

◆　主　　编　工业和信息化部新闻宣传中心
　　责任编辑　张　迪
　　责任印制　马振武

◆　人民邮电出版社出版发行　　北京市丰台区成寿寺路 11 号
　　邮编　100164　　电子邮件　315@ptpress.com.cn
　　网址　https://www.ptpress.com.cn
　　固安县铭成印刷有限公司印刷

◆　开本：700×1000　1/16
　　印张：22　　　　　　　　　　2023 年 7 月第 1 版
　　字数：443 千字　　　　　　　2023 年 7 月河北第 1 次印刷

定价：159.90 元

读者服务热线：(010)81055493　印装质量热线：(010)81055316
反盗版热线：(010)81055315
广告经营许可证：京东市监广登字 20170147 号

编 | 委 | 会

主　　　　编：工业和信息化部新闻宣传中心

　　　　　　张学军　赵荣贵　李昭博　王保平

副　主　编：陈　鹏　于晨祥　翁亚红

执 行 主 编：李白咏

编写组成员：康　艺　陈连杰　任超毅　陈　琨

　　　　　　郭　俊　邓剑辉　周　骏　孙　海

　　　　　　杨　鹏　郝森参　范济安　荆　雷

　　　　　　王浩宇　赵　娟　李成蹊

当前，全球新一轮科技革命和产业变革蓬勃兴起，5G 应用创新高速发展，工业互联网技术持续突破，为各国经济发展注入新动力，成为全球各国抢占新一轮科技革命的战略制高点。在数字经济全面提速、全球经济亟待复苏的大背景下，5G+工业互联网作为新型数字基础设施与应用生态，对做强做优做大我国数字经济、构建国际国内双循环新发展格局的支撑作用更加凸显。

5G 是工业互联网创新发展的关键使能技术，工业互联网是 5G 演进和应用落地的重要场景，二者相辅相成，推进制造业高质量发展。党中央、国务院高度重视5G 和工业互联网的发展，要求加快 5G、工业互联网等新型基础设施建设，强调5G 与工业互联网的融合将加速数字中国、智慧社会建设，加速中国新型工业化进程，为中国经济发展注入新动能。

近年来，在政策红利与市场推动的双重作用下，我国 5G+工业互联网创新发展已步入快车道，逐渐形成具有中国特色的认知体系、实现路径和实践成果，有力促进了产业数字化转型和经济高质量发展。目前，我国工业互联网已应用于 45 个国民经济大类，产业规模迈过万亿元大关。经过多年不懈努力，我国工业互联网从无到有、由大变强，建成网络、平台、安全三大体系，体系化发展水平位居全球前列。从进企业、入园区到连通更多的产业集群，工业互联网在创新发展之路上迈出了坚实步伐，汇聚了产业转型升级的强大势能。

一是工业互联网标识解析体系全面建成。国家顶级节点由"武汉、广州、重庆、上海、北京"5 个城市和"南京、成都"2 个灾备城市组成，我国集中打造了自主可控、开放融通、安全可靠的标识解析体系，开启了工业互联网全要素、全产业链、全价值链、全面连接的新篇章，标志着工业互联网标识解析体系创新发展迈入新的阶段。二级节点实现了 31 个省（自治区、直辖市）全覆盖，服务企业近 24 万家，培育具有影响力的工业互联网平台达到 240 余个。其中，跨行业跨领域平台达到 28 个，有力地促进了产品全流程、生产各环节、供应链上下游的数据互通、资源协同，加速了企业数字化转型。

二是"5G+工业互联网"512 工程圆满收官。我国 5G+工业互联网由起步探索向深耕细作阶段加快迈进，互促共进、融合发展的良好格局逐渐形成。该工程打造了 5 个产业公共服务平台，为工业企业应用 5G 提供了服务支撑。我国在汽车、采矿等 10 多个重点行业建设了 4000 多个项目，协同研发设计、远程设备操控等 20 个典型应用场景加速普及，有力促进了企业提质、降本、增效。工业 5G 融合产品日益丰富，模组价格较商用初期下降了 80%。我国各地掀起了 5G 工厂建设热潮，加速 5G 向生产核心控制环节进一步深化拓展，已经培育出一批高水平 5G 工厂。基础电信企业、工业企业、通信设备提供商、垂直行业解决方案提供商、科研机构等产业各方共同发力，聚焦"5G+工业互联网"产业链关键环节，联合开展技术创新、产品攻关、标准研制、应用探索、生态建设，聚力打好产业"团体赛"。

三是赋能行业转型呈现千姿百态。 针对产业共性需求，我国打造了一批应用推广服务载体，培育了"低成本、轻量化"的解决方案，降低了广大企业特别是中小企业数字化转型门槛。我国聚焦各行业特性，制定推广钢铁、电子等 10 多个重点行业的工业互联网融合应用指南，引导行业企业因业制宜、因企制宜地开展工业互联网应用。破解短板弱项，实施工业互联网创新发展工程，加快关键技术产品攻关和产业化发展，发布了一批国家标准、行业标准和团体标准，进一步完善标准体系。

当前，我国 5G+工业互联网迈过起步期，进入快速成长期，要让数字化转型的引擎转得更稳更持久，必须保持创新发展的战略定力，推动融合创新、产业升级迈上新台阶。面对新阶段，奔赴新征程，我国需要进一步细化完善重点任务，聚焦重点行业，扩大融合应用范围，构建协同发展新生态。

第一，加强政策引导。 我国应紧扣发展新形势新要求，针对产业发展痛点难点，研究出台一批支持"5G+工业互联网"发展，助力稳经济、保安全的新政策举措，进一步完善顶层设计，用好财税金融相关政策，加强产融合作、产教结合，进一步营造良好的发展环境。

第二，强化技术创新。 我国应深入实施工业互联网创新发展工程，打好技术攻坚战，完善标准体系，破解制约规模化发展的关键短板。聚焦设备互联互通、数据创新应用和设备平台安全等关键领域，通过树立标杆、制定标准、推广成果，逐步提升自主创新能力。聚焦持续性真难题和阶段性新课题，协同推进产业基础高级化与工业互联网创新发展，补短板、锻长板，进一步提升自主可控能力。

第三，加快规模应用。 我国应加快先进工厂培育，推动企业积极利用 5G 等技术开展工厂数字化改造，促进新技术、新场景、新模式的广泛应用。加速产业集群升级，开展工业互联网一体化进园区"百城千园行"活动，总结推广成功案例，促进工业园区数字化、绿色化发展。加强中小企业数字化供需对接，加速规模化应用推广，促进工业互联网不断向国民经济"毛细血管"延伸，推动更多企业转型升级。

5G+工业互联网是支撑数字经济蓬勃发展的重要底座，是驱动、加速经济社会数字化转型的关键支撑。我国高度重视 5G+工业互联网的发展，党中央、国务院做出了一系列决策部署。

工业和信息化部深入贯彻落实党中央、国务院战略部署，2022 年陆续出台了《工业互联网专项工作组 2022 年工作计划》《5G 全连接工厂建设指南》《中小企业数字化转型指南》《工业互联网标识管理办法》等政策文件，并先后开展了工业互联网安全深度行、工业互联网一体化进园区"百城千园行"等系列活动，进一步加强关键技术标准突破，夯实产业基础支撑，培育融合创新应用，深入推进 5G+工业互联网融合应用。

在各方共同努力下，我国 5G+工业互联网创新发展进入快车道。截至 2022 年11 月，工业互联网已经全面融入 45 个国民经济大类，助力制造业、能源、矿业、电力等各大支柱产业数字化转型升级，产业规模突破万亿元。我国建成全球规模最大、技术领先的 5G 独立组网网络，5G 基站数量超过 222 万个，用户超过 5.2 亿户。飞机、船舶、汽车、电子、采矿等一大批国民经济支柱产业开展 5G+工业互联网创新实践，全国在建项目超过 4000 个，培育了一批高水平的 5G 工厂标杆。5G 加速向医疗、交通、教育等领域推广，带动人工智能、增强现实（Augment Reality，AR）/虚拟现实（Virtual Reality，VR）、8K 显示等新技术日益成熟，带动车联网等新业态蓬勃发展。

这些丰硕的成果，标志着我国 5G+工业互联网正进入由起步探索走向规模发展的新阶段。与此同时，5G+工业互联网领域涌现了一批极具前瞻性与代表性的典型应用案例。在 2022 中国 5G+工业互联网大会上，5G+工业互联网年度典型应用十大标杆案例和年度典型应用案例正式发布。

应用案例的评选工作由工业和信息化部新闻宣传中心联合高等院校、科研院所、行业协会等单位共同组织完成，遵循公平、公正、客观、权威的原则，从产品功能性与创新性、应用价值与实效性、技术先进性与领先性、市场影响与社会效益等多个维度对申报案例进行评审，经过初评、终评，最终遴选出极具代表性和推广度的典型应用案例。

　　本书收录了 2022 中国 5G+工业互联网大会评选出的年度典型应用十大标杆案例和 64 个年度典型应用案例，涵盖 5G 工厂、智慧平台、智慧能源、智慧矿山、智慧工厂、智慧港口 & 智慧物流、智慧钢铁、智慧电力、智慧安全领域。这些案例充分展示了我国 5G+工业互联网融合发展的创新应用成果，分享了技术应用实践经验，为推动 5G+工业互联网融合发展，加速拓展场景应用探索出更多的方法和路径。

第一部分　典型应用十大标杆案例

第二部分　5G工厂典型应用

第七部分　5G+智慧港口&智慧物流典型应用

第八部分　5G+智慧钢铁典型应用

第一部分

典型应用十大标杆案例

数融万物 智创未来

第一部分

典型应用十大标杆案例

建设 5G+AI 的智慧视频管理平台，为石化企业安全保驾护航；打造 5G 全连接智慧矿山，实现井下产能提升 40%；5G 结合大数据、人工智能等技术实现全自动码头，总用工人数相比传统码头减少 60%……2022 中国 5G+工业互联网大会评选出典型应用十大标杆案例，展示了 5G+工业互联网融合发展的创新应用成果，为企业数字化转型，实现高质量发展提供了有益的借鉴。

广东新华粤 5G+智慧工业应用建设项目

参与企业： 广东新华粤石化集团股份公司、广东亿迅科技有限公司

技术特点： 本项目在石化企业部署5G专网，开发一套自主可控的石化智能工厂解决方案，并在生产运行、现场安全、供应链协同等业务领域进行典型场景的5G+工业互联网融合应用，助力石化企业安全优质高效运营。

应用成效： 本项目基于5G光网新型基础设施和承载底座，通过接入石化企业工业互联网标识解析二级节点，实现产品全生命周期追溯。通过应用5G+工业互联网，本项目设备利用率提高12.1%，生产效率提升13%，用户满意度和样板工厂生产透明度大幅提升，设备故障预警达98%。

广东新华粤石化集团股份公司（以下简称新华粤）以石化产品深加工和后加工为主业，目前已建成乙烯后加工和炼油深加工两个生产基地，新华粤在国家宏观经济政策、产业发展规划的指导下，以市场导向和资源匹配为原则，加快转变经济发展方式，提升企业的发展质量和水平。新华粤积极实施低碳经济，打造绿色石化企业形象，进一步提高企业的核心竞争力。

🌐 基于 5G 比邻模式的石化行业 5G 专网

针对石化生产现场的复杂环境和特殊的行业安全标准要求，本项目使用公网切片和从物理上完全隔离 5G 专网两种网络部署方式，实现对数据安全和通信质量的自主控制，满足企业核心业务数据不出园区的要求。为满足石化行业高清视频监控催生的上行大带宽的需求，在现有 5G 基站的基础上，针对面向企业客户的行业上行带宽需求高于下行带宽需求的特点，进行上行大带宽网络部署，以实现石化行业安全生产。新华粤 5G 建设方案如图 1 所示。

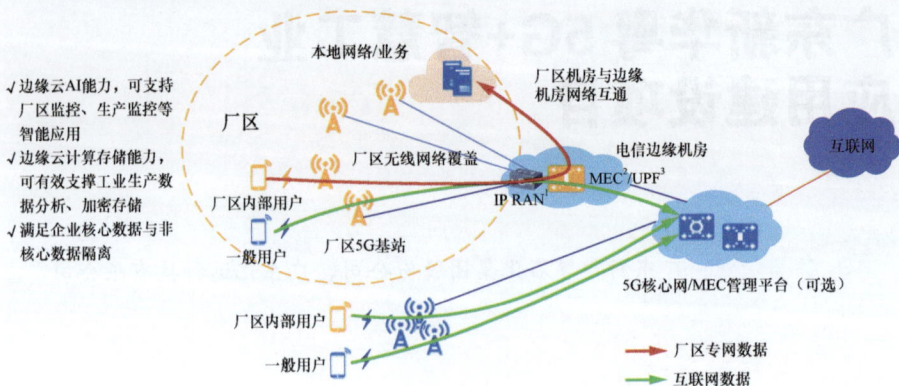

注：1. IP RAN（IP Radio Access Network，IP 化的无线电接入网）。

2. MEC（Mobile Edge Computing，移动边缘计算）。

3. UPF（User Plane Function，用户面功能）。

图 1　新华粤 5G 建设方案

基于 5G+AI 的智慧视频管理平台

围绕新华粤对于安全管控实现在线监测、实时告警的业务需求，本项目采用 5G+AI 的智慧视频技术方案。5G 网络的低时延、高可靠、广覆盖特点为石化企业的安全管理提供了先决条件，在线监测、实施管理、智能预警等应用极大地推动了石化厂区的安全管理工作。5G+MEC 技术实现了公用网与工业内网的深度融合。本项目在新华粤下属广东锦昱材料科技有限公司开展试点，在厂区的前门、后门及工厂卸货龙门架区域进行视频图像采集，通过 5G 视频传输、MEC+AI 视觉边缘算法分析，对作业区域的人员进行穿戴安全监控管理，识别安全帽、安全带、工作服，如果遇到作业人员违规行为，则系统将实时发出告警信息，减少安全隐患。

基于标识解析的产品全生命周期管理

针对石化产品种类多、工艺参数复杂、产品难追溯等特点，本项目结合标识解析技术，对接广东省石化行业工业互联网标识解析二级节点，通过标识解析平台，生成产品专属的标识码，形成一物一码，实现产品的全流程追溯。

用户通过扫描产品上的标识码，可以查询产品的质量指标、应用说明等，连通生产、物流、销售环节，打破生产企业与用户间的壁垒，倒推产品升级。

针对石化产品生产完成后需要先检验、再喷涂牌照的现状，本项目创新性地利用标识解析技术，在生产时直接喷涂产品专属标识码，待检测结果生成后，在后台写入标识码，以提高生产效率。

基于精益生产的无人值守过磅系统

针对货车过磅过程存在的长时间等待、频繁沟通等问题，本项目结合软件、硬件、控制系统、物联网等实现地磅无人值守称重系统，基于精益生产，优化作业流程，实现智能化、无人化；同时，本项目通过大数据人工智能训练，围绕司机常见的问题及大数据统计，快速识别并提供智能指引或异常告警，缩减现场作业人员，实现降本增效。地磅无人值守称重系统如图 2 所示。

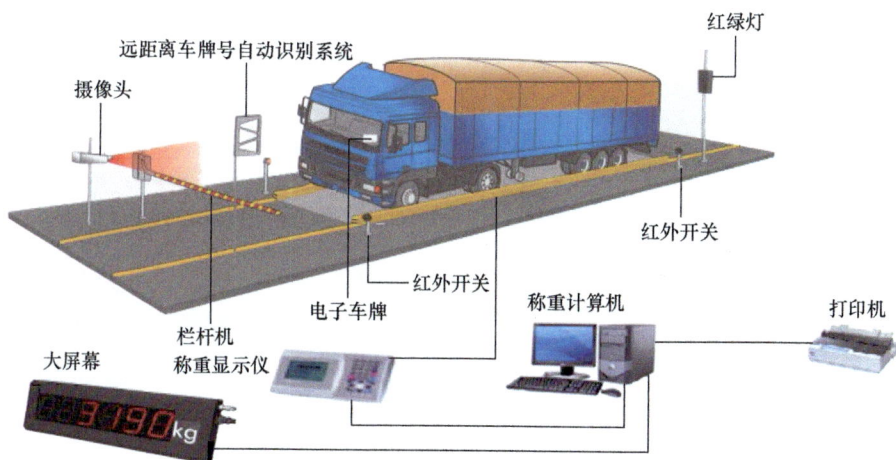

图 2　地磅无人值守称重系统

基于大数据的生产智能看板和企业经营看板

本项目围绕 5G 特性及相关技术，开展生产运行、设备健康智能诊断、现场安全智能管控、应急指挥与节能减排等应用场景研究，形成一套支持 5G+工业互联网融合应用的可推广的行业整体解决方案。该解决方案具体包括各装置的生产指令及生产指令执行情况、生产计划及完成情况（可包括日计划、周计划、月计划）、操作分享、全厂视频监控画面、当天的特殊作业及检/维修情况、安全标语、值班表等统计分析报表。数据统计分析报表和清晰易懂的可视化图表在生产看板进行可视化展示，为企业生产管理者提供实时的生产情况和趋势分析。生产智能看板如图3 所示。

| 订单作业管控 | 厂区作业监控 | 视频及物联网监测 |

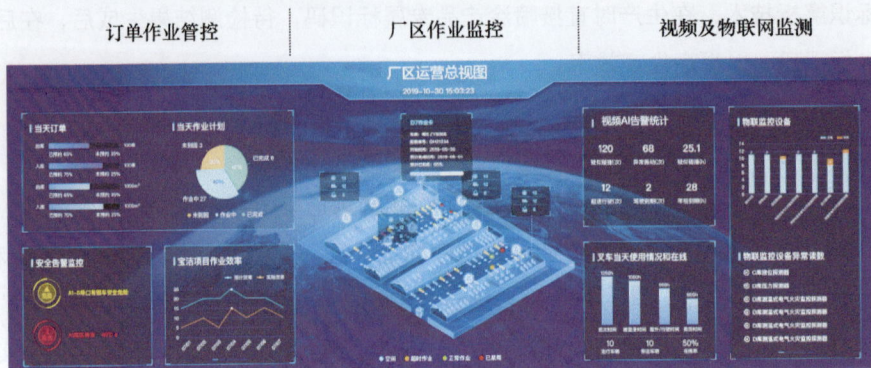

图3　生产智能看板

　　针对新华粤管控要求，本项目收集各工厂生产智能看板和经营数据，通过5G网络高速传输，形成集团层面的经营看板。企业经营看板如图4所示。

图4　企业经营看板

基于5G+MEC的供应链协同应用

　　本项目基于5G+MEC对"人、机、料、法、环"各个节点的数据融合，互联互通，提升货物进出场的效率，减少人为参与，实现无纸化、无人化、订单化管理；融合企业资源计划（Enterprise Resource Planning，ERP）、财务管理系统、仓储管理系统、物流管理系统等信息化系统，以订单为核心，通过流程式的订单流转和信息共享，拉通销售、财务、司机、仓管、保安、中控等岗位人员的协作流程，实现订单、货物、车辆、人员等要素的统一管控，从而提升供应链作业效率和客户服务质量。新华粤供应链协同平台如图5所示。

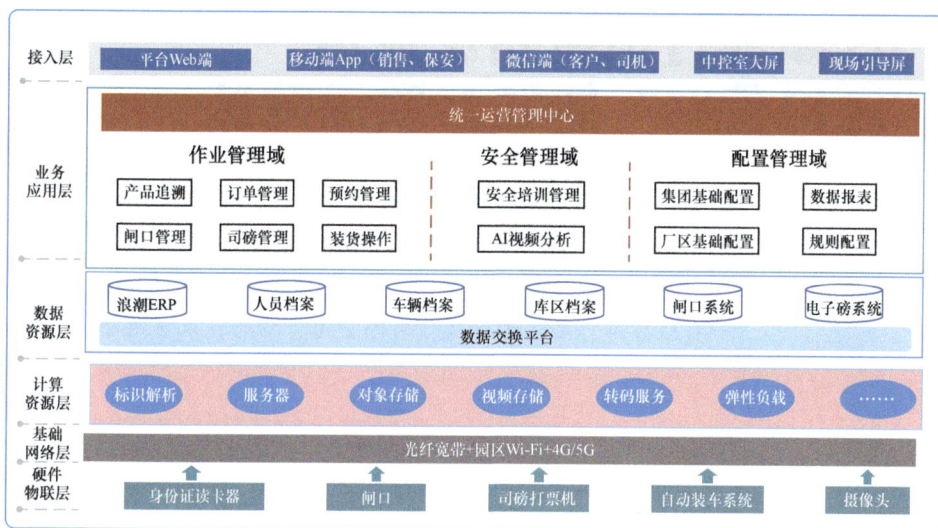

图 5　新华粤供应链协同平台

基于 5G 能耗监测应用

新华粤对存在较高安全风险和有毒有害物质排放的区域进行严格自动检测监控，按广东省能源局要求建设重点用能单位能源在线监测系统，并按时、按需把数据上传到广东省区域能耗在线监测对接管理平台。试点样板工厂设备利用率达91.1%，节能降耗提高 33%。

基于 5G 动设备监控应用

新华粤建设动设备状态监测及预测性维护系统，通过对动设备的振动、温度、转速等数据进行实时分析来预测设备故障，并在故障发生前制订维修计划，预防设备故障的发生，降低故障带来的损失。同时，新华粤通过深度学习进一步降低企业设备维修成本支出，提升预测性维护的价值。

本项目通过各个信息化系统协作，采集海量数据，形成企业机理模型，反馈生产运营进度，不断优化产业结构，为企业经营决策提供理论依据，加速企业数字化转型。本项目大幅提升了企业营业的收入和利润，超出项目预期，助力新华粤打造石化行业数字化转型标杆，在行业、区域形成一定的影响力。

5G 赋能打造杭州泛亚运 "源网荷储"能源互联示范区

参与企业： 中国移动通信集团浙江有限公司杭州分公司、国网浙江省电力有限公司杭州供电公司、中移（上海）信息通信科技有限公司、浙江方大通信有限公司、华为技术有限公司

技术特点： 本项目融合5G、入驻式MEC、硬切片、量子加密、零信任等技术，建设广连接、低时延、高安全、高可靠的5G行业专网，满足电力生产控制类核心业务终端无线通信接入需求；通过"源网荷储"4个环节全场景的电力生产业务终端规模化商用落地，助力实现电力侧从"源随荷动"向"源网荷储"多元化能源互联网建设的目标。

应用成效： 杭州泛亚运"源网荷储"能源互联示范区项目完成建设，已在杭州泛亚运区域实现超1000台（套）5G独立组网（Stand Alone, SA）终端接入；该示范区建设节约通信建设投资超6000万元，年节碳收益约为1.46亿元。

第 19 届亚运会召开在即，国网浙江省电力有限公司杭州供电公司（以下简称国网杭州供电公司）基于国家"双碳"战略及浙江高弹电网建设战略部署，于2020 年年底提出打造杭州泛亚运"源网荷储"能源互联示范区项目，旨在保障杭州亚运会绿电供应的同时，推动电力能耗双控、社会有序用电举措落地。

为实现"源网荷储"能源互联示范区建设目标，新入网及现网大量设备亟须实现安全、灵活、高效的通信互联，通信设施建设与运维面临巨大挑战。传统的有线光纤通信模式建设成本高、施工周期长、运维难度大，原有的无线通信方式因网络安全问题仅适用于普通数据采集业务，无法满足项目的建设要求。供电公司亟须探索一种安全、高效的公网无线通信方案以替代传统通信方案，从而满足电力调度、电网平衡对"源网荷储"海量资源的敏捷响应及精准控制需求。

基于 5G 网络大带宽、低时延、广连接、高可靠、高安全的网络性能特点，5G

网络已赋能千行百业，为5G+电力行业专网解决方案探索、规划与落地提供了有力的技术支撑和实践基础。

为了满足电力公网专用的网络安全需求，5G+电力行业专网解决方案实现了"端、管、云"3层安全保障：在"端"侧，通过电力终端内置量子加密模块，实现业务数据在"端"侧加密、主站解密的安全加锁功能；在"管"侧，全网首次完成无线资源块（Resource Block，RB）资源预留与传输灵活以太网相结合的端到端硬切片网络产品与能力商用；在"云"侧，通过在边缘侧部署零信任策略，实现与中国移动网管信息的对接，进一步加强网络状态监管与终端数据安全状态监控预警，提升专网主动安全防控能力。5G+电力行业专网解决方案如图1所示。

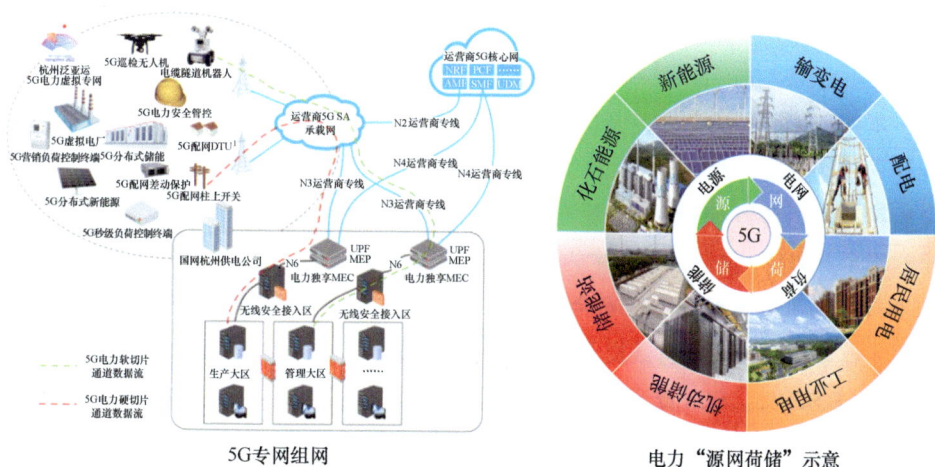

注：1. DTU（Data Transfer Unit，数据传输单元）。

图1 5G+电力行业专网解决方案

电力业务场景主要涵盖"源网荷储"4个环节，本项目将5G网络主要应用于分布式新能源调控、配网柱上开关、电缆隧道机器人智能巡检、5G巡检无人机、秒级负荷控制终端、营销负荷控制终端、配电网DTU、配电网差动保护、虚拟电厂、电力安全管控、电力虚拟专网和分布式储能12个场景。

"源"：分布式新能源调控，从源头为能耗双控松绑

本项目在分布式光伏终端侧安装发电功率、线路等数据采集模块，数据采集模块直联用户处所设备（Customer Premise Equipment，CPE）后，通过5G网络将集采数据回传至电力管理主站，通过部署边缘算力，有效提升能耗双控互动及新能源主动消纳能力，降低传统有线通信建设的投资成本和施工难度。该技术已在协和

陶瓷光伏试点落地，年发电量达 300 万千瓦时，该试点落地节省了通信建设投资成本 96 万元。5G+分布式新能源终端如图 2 所示。

光伏发电 　　　　　　　　　　　　　　　风力发电

图 2　5G+分布式新能源终端

🌐 "网"：深入生产调度业务核心环节，提升供电可靠性

本项目在首次规模化实现 5G+量子加密的配网柱上上线运行"三遥"开关。智能开关二次设备内置 5G 模组及量子加密模块，业务数据经终端量子加密及主站量子解密技术，通过 5G 专网实现遥信、遥测、遥调，配网线路故障恢复时间从 1.2 小时降至 5 分钟；量子加密技术为电力终端信息汇聚提供了更高的安全保障。同时，本项目解决了传统无线传输安全投资成本巨大的问题。5G+配网 DTU 实现泛亚运区配电自动化全覆盖，有效提升了亚运会保电场景下故障感知预警能力，供电可靠率高达 99.999%。5G+配网终端如图 3 所示。

柱上"三遥"开关　　　　　　　　　　　　配网DTU

图 3　5G+配网终端

📡 "荷"：源荷互动，实现精准有效的有序用电调控

本项目已在杭州首批 456 家高能耗企业安装负荷控制装置（内置 5G CPE），电力主站通过 5G 专网与终端实现互联互通，并实时监控终端用电状态。当出现供电缺口时，电力主站依法控制用电需求，实现安全稳定有序的用电，助力电网用电实

现柔性可控及刚性调节。

🛰 "储"：整合机动负荷资源，助力能耗双控

虚拟电厂聚合泛亚运区域内主变负荷侧资源，提供22万千瓦时的储备可调负荷，同时协同24家数据中心备用发电机组，为电网提供9.5万千瓦时的机动负荷。可调部分负荷资源终端通过5G专网实现与电力管理主站之间的互联互通，精准实现电力供需平衡预测，为有序用电方案的实施提供基础，实现能耗双控目标。5G+虚拟电厂终端如图4所示。

直流储能蓄电池组　　　　　　　　备用发电机组

图4　5G+虚拟电厂终端

目前，杭州泛亚运"源网荷储"能源互联示范区已实现"源网荷储"各环节全场景终端5G专网通信试点或批量接入。其中，在"源"侧，本项目已规划接入泛亚运区域2185个分布式光伏站点，2025年预计全区域接入4.3万个光伏站；在"网"侧，本项目已部署132套5G配电网终端，全区域计划部署至少8000套5G配电网终端；在"荷"侧，本项目已部署723套负荷控制终端，全区域计划部署至少2000套负荷控制终端；在"储"侧，本项目已部署125套5G终端，全区域计划部署至少200套5G终端。

本项目技术方案成熟，在实现电力"源网荷储"各环节全场景规模化商用落地的同时，通过高性能的网络组网及全方位的安全策略保障，满足了电网通信的灵活接入、网络安全等需求，有效解决了电力行业痛点问题。本项目将持续推动能耗双控举措有效落地，持续助力全社会有序用电，为5G商用、绿色能源等产品与技术落地做出示范引领，带动上下游产业生态，助力国家新基建及"双碳"战略早日实现。

新华三 5G 未来工厂
——5G 赋能数字 3C 新制造

参与企业： 中国移动通信集团浙江有限公司杭州分公司、新华三技术有限公司、紫光恒越（杭州）技术有限公司

技术特点： 基于5G边缘计算打造虚拟5G专网，本项目能够确保3C[1]智慧工厂及重要的生产网络安全、生产数据安全。在5G创新应用层面，3C智慧工厂部署了多个"5G+智能制造"应用，例如5G+AGV[2]远程控制、5G+AR智能巡检、5G+机器视觉、5G+安防等。本项目结合5G和MEC，为智慧工厂提供整体的虚拟无线专网，使车间终端的网络接入、本地厂区的应用、异地厂区的应用等实现端到端的安全和高可靠性。

应用成效： 本项目大幅降低了网络建设和维护成本，提高了生产线的灵活性，实现部署环境的广泛性、远程协同制造，保障生产需求和利润的持续增长。

　　工业行业数字化转型势不可挡，制造业正在向"智"造业升级。智能制造的发展，离不开稳定的5G网络的支持，更离不开算力的支持。工业园区作为一种典型园区，其孵化的多种应用在其他园区都有借鉴意义。在建数字园区中，越来越多的智慧终端开始接入园区内网，对园区网络的灵活性和带宽的要求越来越高。传统园区的有线或无线网络存在灵活性差、覆盖范围小、接入数量有限等问题。兼具灵活性、大带宽和多终端接入特点的5G，成为承载数字园区内设备接入和通信的新选择。

　　紫光集团旗下新华三技术有限公司（以下简称新华三）的数字园区，依托紫光集团在计算、存储、网络、安全等数字化基础设施整体能力，联合中国移动通信集团浙江有限公司杭州分公司（以下简称杭州移动）等其他合作伙伴，融合 5G 与云计算、

---

1. 3C 是计算机类（Computer）、通信类（Communication）和消费类电子（Consumer Electronic）产品三者的统称。
2. AGV（Automated Guided Vehicle，自动导引车）。

大数据、智能连接、信息安全、新安防、物联网、边缘计算、人工智能等技术，形成 5G+MEC 智慧园区整体解决方案。

新华三数字园区以 5G 网络为基础，通过 3D 可视化系统、以园区智能运营为重点，包括移动安防、能耗管理、智能消防等管理系统，构建集监控、预警、诊断、分析于一体的 3D 可视化平台，向智慧园区的目标不断前进。

🌀 5G 赋能 AGV，解放双手，实现自动化

5G+AGV 远程控制使自动仓储物流系统在智能制造生产系统中，实现仓储搬运基本无人化、出入库单据电子化、仓库管理可视化、物料进出智能化，改善了车间运营能力。5G 原生的移动性优势解决了传统 AGV 漫游丢包引起的 AGV 停车、拥堵甚至整个生产物流瘫痪等问题。5G 赋能产品运输如图 1 所示。

图 1　5G 赋能产品运输

🌀 5G+AR 智能巡检，实时获得设备一手动态

5G+AR 智能巡检可根据 AR 终端获取的信息进行图像识别或传感器识别设备类型，利用 AR 终端获取设备的基础状态；5G 专网+MEC 可打通工厂信息系统，在 AR 终端展示设备信息，巡检人员佩戴 AR 眼镜，通过扫描条码，可查看设备的详细信息；通过触摸板、语音操作、手势识别等交互方式可录入信息。5G 赋能 AR 智能巡检如图 2 所示。

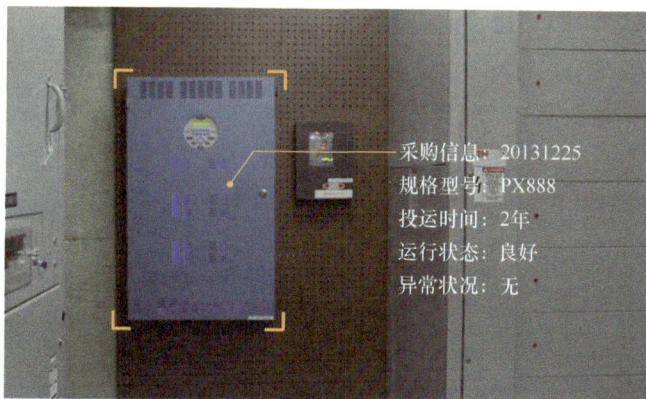

采购信息：20131225
规格型号：PX888
投运时间：2年
运行状态：良好
异常状况：无

图 2　5G 赋能 AR 智能巡检

🎗 5G+工业机器视觉，移动抓取，云端输送

5G 保障了工业相机的抓拍图片在上传过程中的大带宽；专用 UPF 将图片回传本地数据中心进行压缩、解析，有效避免了核心网的传输带宽被占用；仅剩下需要训练的图片经过移动核心网上传到公有云，等闲时再传输，节省了大量资源。

🎗 5G+融合边缘云，保障端到端的高安全和高可靠性

5G+融合边缘云为智慧工厂提供整体的虚拟无线专网，使车间终端的网络接入、本地厂区的应用、异地厂区的应用等实现端到端的高安全和高可靠性。同时，MEC 平台为裸眼 3D 系统、AR、机器视觉等业务场景提供可扩展的计算能力、AI 分析能力等。智慧工厂实景如图 3 所示。

图 3　智慧工厂实景

🎗 5G+智能制造未来工厂新模式

网络连接可靠。5G 基站无线网络覆盖替代 Wi-Fi，其网络信号稳定，可根据业务需求设置网络切片，工厂内业务可靠，用户通信稳定。

安全性高。基于运营商 5G 网络建网，接入、传输均采用标准加密协议，保密性高，工厂专网与大网传输相隔离；大带宽业务下沉，保证生产数据的高安全性和专用性。

极简运维。生产设备通过 5G 连接，实时监控其运行状态，可远程轻松访问车间生产线数据，实现远程集中运维、集中管控，降低服务费用和网线的使用量，以及运维成本。

应用体验佳。佩戴 AR 眼镜的工作人员的工作效率可得到提高；支持多方用户共享第一视角画面并进行标记等操作；支持直接记录并对任务状态进行实时跟踪；叠加智能视频算法检测。5G 机器视觉上线后的人力优化对比如图 4 所示。

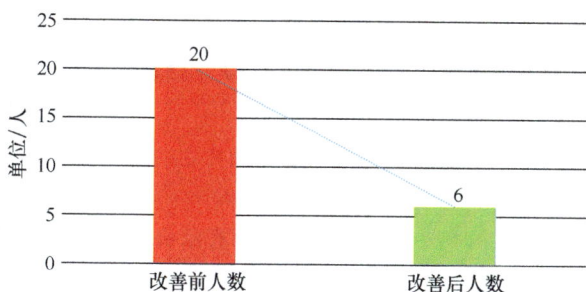

图 4 5G 机器视觉上线后的人力优化对比

系统轻量化。以机器视觉为例，多个工位远距离共享计算单元，从烦琐的电气布线到无线连接，降低日常维护投入和物理损耗。

一体化管理。本项目强化统一的入驻边缘云运管功能，打通云网壁垒，增强跨域协同能力，提供云网一体的资源统一管理、应用统一调度。

多业务承载。本项目灵活提供基础云服务，通过运营中心对边缘服务能力进行扩展，支持传统信息技术（Information Technology，IT）应用、5G 应用、创新应用等多业务场景。

创新引领性。裸眼 3D 系统开启了混合现实（Mixed Reality，MR）领域的技术路线，已得到市场的验证，有利于实施和维护全集成式、一键导入内容、云端部署方式。

宁德时代 5G 灯塔工厂项目

参与企业： 宁德时代新能源科技股份有限公司、中国移动通信集团福建有限公司、华为技术有限公司、中移（上海）信息通信科技有限公司、中移物联网有限公司

技术特点： 本项目采用5G SA技术，搭建5G+MEC专网，采用新型5G室分基站实现无线信号的深度覆盖、边缘计算下沉到园区实现数据不出园区、端到端网络切片技术保障业务隔离和安全等先进的5G技术。本项目整体规划建设1套5G专网管理平台、8套5G边缘计算节点和覆盖500万平方米的5G室分基站，累计5G终端数量不少于5000个。

应用成效： 设备层面，本项目利用AGV、AR、机器视觉、工业网关等设备实现生产高度智能化；网络层面，本项目基于5G+工业互联网实现产品全生命周期的信息传送和交互；平台层面，云平台实现全流程信息汇聚和智能处理；应用层面，各智能应用实现全局性科学决策和端到端运营优化。

部署全球最大 5G 专网，实现跨域链接

宁德时代新能源科技股份有限公司（以下简称宁德时代）5G 灯塔工厂中的5G 专网部分是基于 5G SA 建设的跨省（包括上海、广东广州、广东肇庆、江苏溧阳、四川成都、四川宜宾、青海）5G 专网，在宁德总部及全国各基地设置 1 对 5G 边缘计算节点，边缘计算节点间通过多协议标记交换（Multi-Protocol Label Switching, MPLS）虚拟专用网（Virtual Private Network, VPN）数据专线连通 5G 专网数据。宁德时代在此基础上建设 5G 专网管理平台，主要实现对 5G 物联网终端及 5G 专网相关网元设备统一管理和监控。宁德时代各基地的 5G 边缘计算节点通过传输网 /IP 承载网接入中国移动大区核心网，基地内网流量通过边缘计算节点分流送至本地数据中心，传输至宁德时代总部的业务流量通过数据中心侧路由转发至通过宁德时代总部

的运营商数据专线。宁德时代 5G 灯塔工厂中的 5G 专网如图 1 所示。

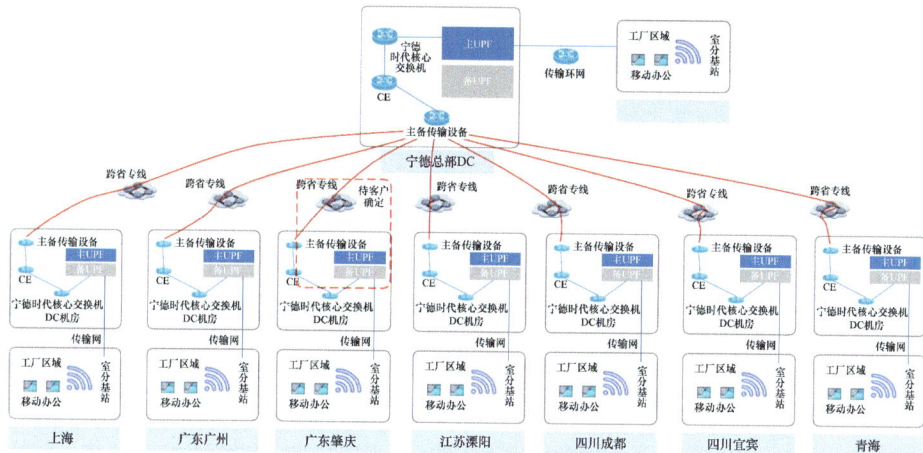

图 1　宁德时代 5G 灯塔工厂中的 5G 专网

UPF+网断业不断，异频灵活融合

网断业不断：本项目在宁德时代全国各基地下沉 2 套风筝型边缘计算节点，形成主备机制，并且各基地能够在与核心网断联的极端情况下保持业务继续运行。

全时空互联：2.6GHz+4.9GHz 双频组网可兼顾全覆盖与区域大带宽需求，宁德时代各基地 500 万平方米内的 5G 终端可以在任意时间、任意地点完成数据交互。宁德时代 2.6GHz+4.9GHz 双频组网如图 2 所示。

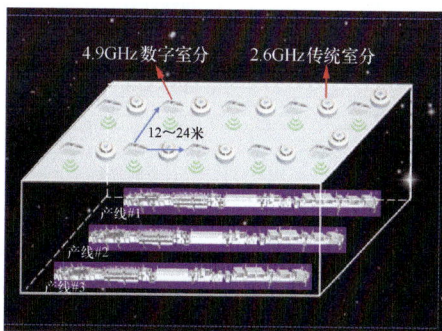

图 2　宁德时代 2.6GHz+4.9GHz 双频组网

可视化管理，精细化运营，实现稳定性保障

宁德时代采用一总多分架构打造全国 5G 专网管理平台，实现了对 5G 终端、基站、边缘计算节点、跨省流量的共同监管运维，并使用分权分域机制保障了宁德时代总部和各

基地间的数据保密管理。目前，5G 专网管理平台已上线的 5G 终端超过 8000 个，全面启用第 6 版互联网协议（Internet Protocol Version 6，IPv6）地址应对后续海量终端的接入。

5G+机器视觉质检有效提升产品良品率

宁德时代已先后投入了 150 台 5G 机器视觉质检设备，用于解决涂布等生产场景对人员技能要求高、品质管控全靠人、设备管理难、人多导致重复工作多等问题。宁德时代基于机器视觉场景下单个 5G 终端下挂多个 8K 相机（单张照片的存储空间约为 10～20MB）的高清图片传输要求，在厂线上点状部署 4.9GHz 微型射频拉远单元（pico Remote Radio Unit，pRRU）进行网络补强，实现上行 400Mbit/s+下行 700Mbit/s 的峰值传输速率。本项目通过 5G 网络将涂布等厂线上的电荷耦合器件（Charge Coupled Device，CCD）上位机、β–Ray 上位机，涂布可编程逻辑控制器（Programmable Logic Controller，PLC）3 类终端数据接入中控台，实现全车间数据的集中监控。此外，中控台服务器针对性地进行智能分析，并将分析结果周期性循环反馈至控制前端，实时调配前端工艺参数。

设备故障诊断快速找到问题所在

宁德时代的数据采集前端涉及激光振镜、涂布中控等系统的状态实时采集功能，通过 5G 网络传输至后端平台进行数据挖掘，对设备运行趋势进行动态分析预测，将故障原因诊断的有效时长缩短至原诊断时长的 30%。设备故障诊断如图 3 所示。

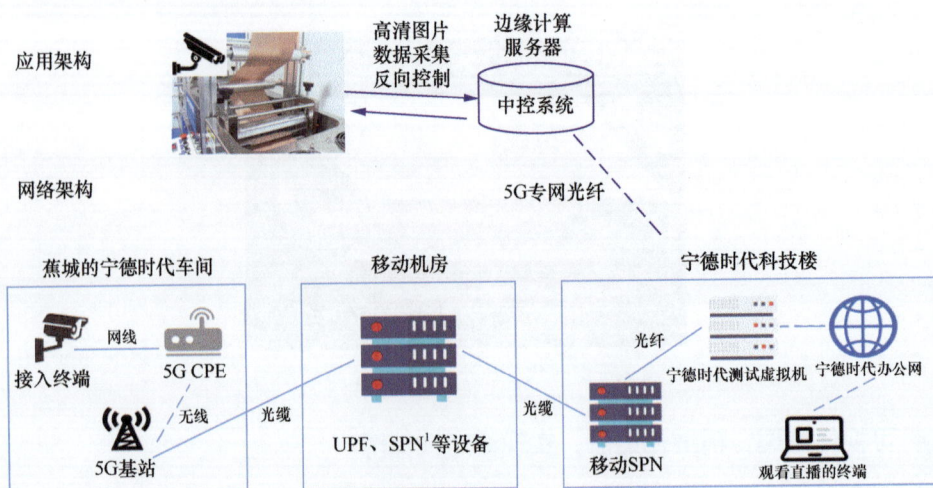

注：1. SPN（Slicing Packet Network，切片分组网）。

图 3　设备故障诊断

5G+远程设备操控提升实时优化能力

宁德时代已累计投入 500 台 5G 工业网关，通过 5G 网络将前端 PLC、β –ray、个人识别号（Personal Identification Number，PIN）等信息数据传输至边缘中控服务器，同时也将远端控制的掌上电脑（Personal Digital Assistant，PDA）通过 5G 网络连接至边缘中控服务器。宁德时代授权管理人员通过远端智能 PDA 实现在厂区内任何地点对前端设备生产参数进行实时优化的能力，这种方式至少节省 50% 的人力成本。远程设备操控示意如图 4 所示。

设备类型	网络接口	数据流方向	带宽需求
CCD（带2台8K相机）	RJ45	上行	40Mbit/s（按2秒发送1张照片计算）
PLC	RJ45	双向	10Mbit/s
β-ray	RJ45	上行	10Mbit/s
中控系统	RJ45	下行	500Mbit/s

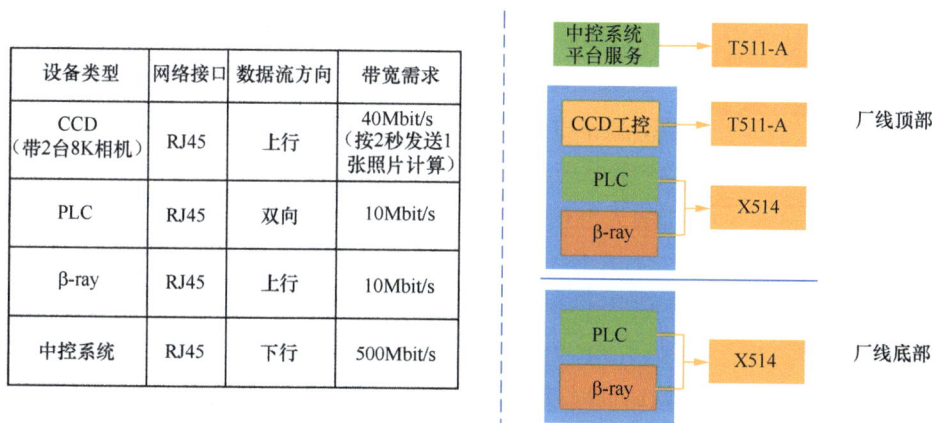

图 4　远程设备操控示意

5G+无人智能巡检识别异常即时预警

宁德时代投入 20 台 5G 巡检机器人，采用激光雷达+云化即时定位与地图构建（Simultaneous Localization and Mapping，SLAM）方式进行区域探测及路线规划，结合机器视觉、热传感对厂房内电芯箱温度过高等异常情况进行人工智能识别与预警。机器人巡检如图 5 所示。

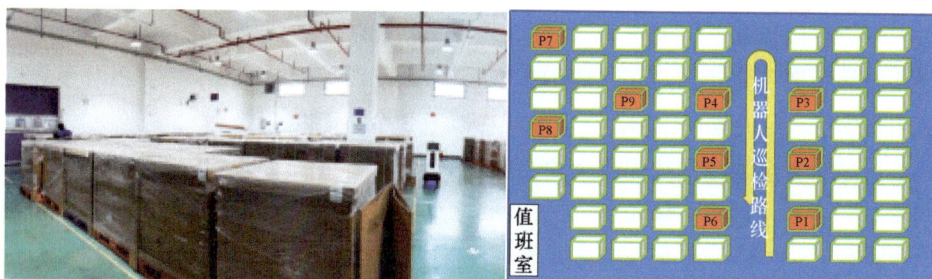

图 5　机器人巡检

5G+厂区智能物流规划路线，提高运转效率

宁德时代已投入 200 台 5G AGV 设备，技术选型上采用激光雷达+云化 SLAM 方式进行区域探测及路线规划，云端服务器与 5G 边缘计算节点就近部署在厂线附近，利用 5G 网络低时延、广连接的特性进行数据的实时更新。本次 AGV 主要用于电芯自动上线、模组自动转运、线边物料循环配送等运输场景，在节省人力开支的基础上提升了配送的精准度和库存的周转率。

5G+生产现场监测使生产更科学

宁德时代已投入 3000 台智能 PAD 移动终端和厂线传感设备。通过 5G 网络对生产现场相关检测设备进行统一管理，实现任务的集中更新和一键下发，减少纸质文件传递出现的变更错误，智能推送监测任务，对实时上传的监测数据进行后台大数据分析，解决了传统监测模式资源投入多、运作效率低、系统保障不健全等问题，预计宁德时代全集团可节省人力开支、耗材成本 800 万元以上。

5G+AR 辅助装配快速处理故障

宁德时代投入 20 副 5G AR/VR 眼镜，实现智能辅助检修、智能教培、远程指导 3 类功能，利用 5G 网络低时延、大带宽的特点进行操作现场与指挥后台的前后端信息交互，提升操作现场的工作能力与工作效率。其中，智能辅助检修在拉力机、涂胶机、电性能测试等设备场景通过图像特征点匹配的方式进行识别，将设备的检修工序通过 5G 网络推送至终端，实现智能辅助维修；智能教培模拟拉力机、涂胶机、电性能测试等设备的装配、操作流程，通过 5G 网络将云端 VR 教程推送至终端，供新员工学习，通过 VR 模拟标准化操作，降低实际操作中的误差率；远程指导功能是指前端检修人员发现无法解决问题和故障时，使用 5G AR/VR 眼镜判断主设备信息，圈定故障点，运用文字、图片和视频等方式传送指导需求以获得专家远程协助。AR 辅助系统流程如图 6 所示。

宁德时代智慧工厂引入 5G 网络，改变了新能源企业的生产运营方式，推动了产业升级和数字化转型。5G 灯塔工厂对 5G+新能源智能制造各领域、各环节深度应用产生了一定的推动作用，具体体现在以下 3 个方面。

一是拥有全国覆盖范围最大的企业 5G 专网。本项目建设的宁德时代 5G 专网横跨 6 个省（直辖市）的 40 个厂区，一期总覆盖面积达 494 万平方米（其中蕉城宁德时代占 6.7%），成为全国最大的一张企业 5G 专网；同时通过 MPLS VPN 数据专线实现了国内企业级 5G 专网的首次跨省连通。

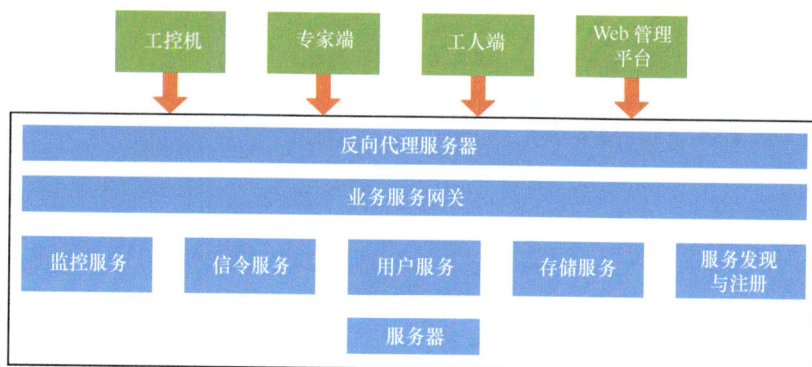

图 6　AR 辅助系统流程

二是全国首次商用风筝 M 型方案的企业 5G 专网。风筝 M 型方案是华为技术有限公司独创的 5G 边缘计算高可靠解决方案，本项目在宁德时代总部和其他 5 个省（直辖市）的宁德时代基地各设置 1 对独享 UPF（核心网风筝模式），其规模在全国首屈一指。风筝 M 型方案实现了运营商大网的核心网与企业 5G 专网边缘计算节点断联后，企业 5G 专网业务可维持惯性运行的目标。宁德时代控制面主要采用运营商大网的 AMF[1]/SMF[2]/UDM[3]，用户面使用园区边缘计算节点；当运营商大网控制面失联时，通过内置的"应急控制面"服务，提供本地数据业务应急接入能力，维持企业 5G 专网业务继续正常运行。

三是全国性 5G 专网管理平台的首次使用。本项目的 5G 专网管理平台采用"1+5"架构，具体含义就是该架构由 1 个一级平台和 5 个省级平台组成，可管理全国 6 个省（直辖市）5G 专网接入的 5G 终端、5G 专网网元数据，通过各省（直辖市）的 5G 专网数字大屏对整张 5G 专网进行状态和性能的监控。

---

1. AMF（Access and Mobility Management Function，接入和移动性管理功能）。
2. SMF（Session Management Function，会话管理功能）。
3. UDM（Unified Data Management，统一数据管理）。

山东能源集团 5G 智慧矿山应用项目

参与企业： 中国联合网络通信有限公司山东省分公司、山东能源集团有限公司、云鼎科技股份有限公司、北斗天地股份有限公司、中兴通讯股份有限公司

技术特点： 本项目以 5G 网络为依托，利用 AI、大数据、云计算、AR/VR 等技术，针对矿山的实际需求，在矿山安全生产、监测监控、融合通信、人员定位等重点场景，形成一系列与矿山产业技术发展水平相适应的产品、技术及解决方案，不断提升矿山智能化建设水平。

应用成效： 本项目通过智能掘进、智能综采等应用场景的智慧化建设，实现井下产能提升 40%，单班组人员由 14 人减为 7 人，逐步实现少人化；通过智慧园区、安全监控等建设，为管理者在日常经营分析、市场决策、企业管理等方面提供依据；通过智能通风、辅助运输等系统建设，实现调度室监管，减少人员下井的频次。

为了满足客户对矿山安全、高效、经济、绿色与可持续发展的要求，山东能源集团有限公司深度融合 5G、云计算、大数据、人工智能和工业互联网等技术，推进矿山生产过程和装备的集中控制、无人值守，逐步实现矿山生产安全系统的自动化、信息化，提高劳动生产效率和经济效益，提升矿山生产安全系统整体实力，打造 5G 全连接智慧矿山，为矿山产业智能化发展提供重要的技术支撑。

5G 智慧矿山设计方案如图 1 所示。本项目整体建设采用基于"云 – 边 – 端"的综合管控平台，形成"1+1+10"智慧矿山产品体系，即 1 张网（5G 融合专网）、1 个平台（智能综合管控平台）、10 个应用场景。本项目将 5G、物联网、云计算、大数据、人工智能、自动控制、移动互联网等技术与现代矿山开发技术及装备进行深度融合，形成全面自主感知、自学习、预测、预警、决策、精准协同控制的矿井智能化系统，实现矿井地质保障、巷道掘进、矿石开采、辅助运输、安全管理、选矿、

生产运营管理等全过程安全高效智能化运行，打造 5G 全连接智慧标杆矿山项目。

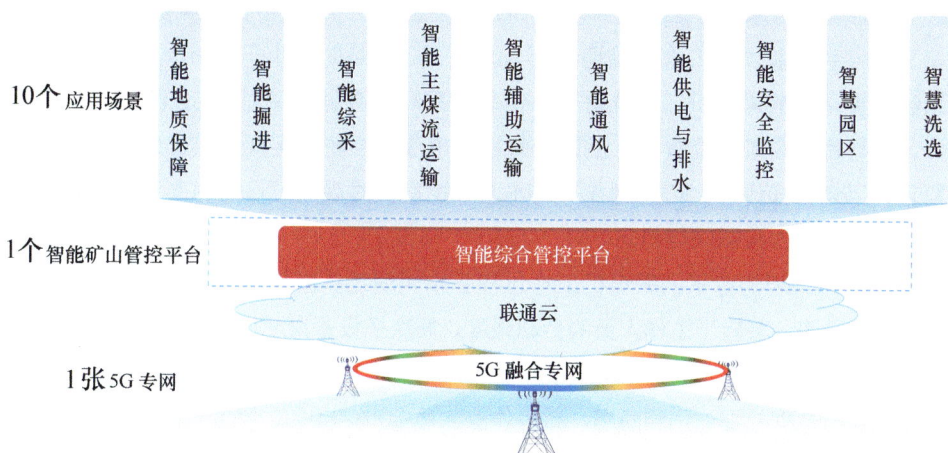

图 1　5G 智慧矿山设计方案

多工序高效协同实现智能掘进

5G+智能掘进系统解决了以往工序中掘进效率低、安全性差、成本高等问题，实现了遥控掘进机，监测掘进机的状态、位置和工作环境，并实现指挥中心调度、保护作业人员等功能，实现无人或少人作业，掘进面减少作业人员 50%，提升掘进效率 20%。5G+智能掘进系统如图 2 所示。

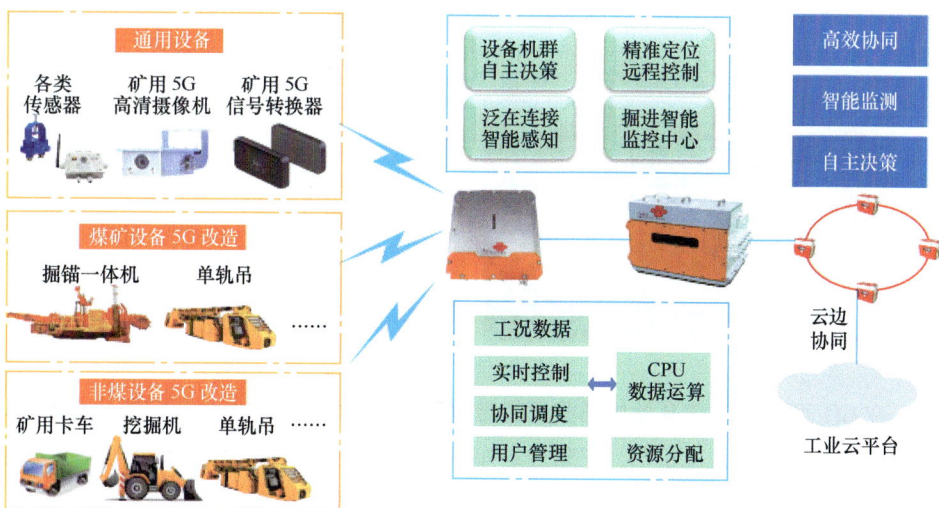

图 2　5G+智能掘进系统

智能综采，从机械化采煤到智能化采煤的历史性跨越

5G+智能综采是在工作面实现了 5G 网络全覆盖的条件下，采煤机安装 CPE 模块及惯导系统装置，工作面就地部署 MEC，5G 网络时延小于 10ms，实现了惯导系统装置采集的采煤机三维位置姿态信息及采煤机数据信息基于 5G 网络的实时回传，惯导系统装置将位置信息反馈给对接的电液控系统，实现采煤工作面采煤自动取直，采煤机操作人员可通过井下工作面集控室实时观测工作面的高清画面，并根据生产需求远程控制采煤机。

基于 5G+智能综采的采煤机工作过程基本实现工作面现场无人化，同时有效提高了生产效率，减轻了工作人员的劳动强度，解决了设备自成小系统、设备之间信息割裂、设备隐患难监测等问题，实现了设备及系统的数据共享和集中控制，分析综采设备的运行数据并提前预测隐患，减少作业人员 30%~50%，降低人力成本。

智慧洗选，智能引领促进高质量发展

本项目解决了数据采集不全、故障点找不到、数据难统计、设备检修维护难等问题，通过设备数据采集、与采煤系统的数据共享实现选煤的智能调度、智能生产和智能决策，让数据采集和生产管理智能化，实现视频监控和自动化运行，降低设备空转，优化设备启动流程，节电 2%~4%，让工作过程更安全、节能、环保。

大力推动无人化、智能化升级

5G+单轨吊运输系统包含单轨吊、有轨电机车、无轨胶轮车的远程控制、自动驾驶、状态检测、车辆定位等功能。5G+单轨吊运输系统如图 3 所示。

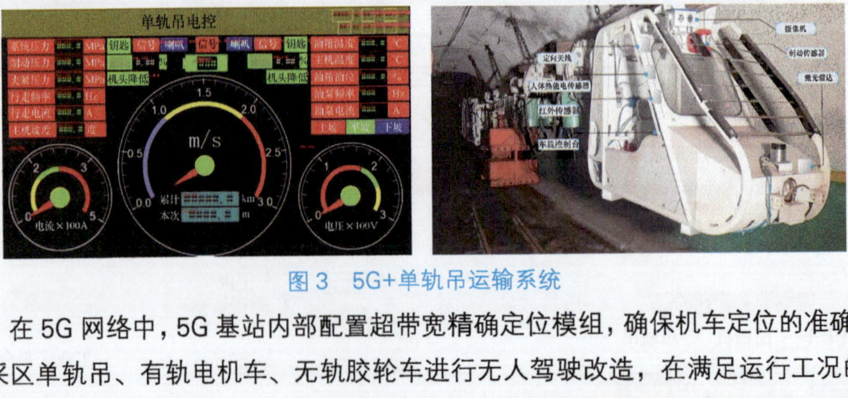

图 3 5G+单轨吊运输系统

在 5G 网络中，5G 基站内部配置超带宽精确定位模组，确保机车定位的准确性，对采区单轨吊、有轨电机车、无轨胶轮车进行无人驾驶改造，在满足运行工况的情况下实现机车自动驾驶，并实现轨道精准定位、路线规划、安全控测、信号灯闭锁、道岔联锁、语音广播、移动视频监测、数据监测、防掉道预警等功能。本项目的车

辆管理系统具备车辆状态检测、远程操控、远程调度、音视频联动、报警管理平台；车辆管理系统可对接仓管 ERP 系统对运输物料全程管理、统计、查询；车辆管理系统无人驾驶采用 3D 实时监控界面模拟现场展示。

无人驾驶电机车需要依靠机械改造、人工智能、视觉计算、雷达、监控装置和巷道定位系统协同合作，通过计算机实现无人驾驶，可以在没有任何人为主动的操作下，自动安全地操作电机车。

云桌面云上办公

云桌面系统能够解决普通计算机在使用过程中出现的数据可靠性低、无法移动办公、高能耗、高排放、高成本、安全性差、无法交换文件等问题，以云计算为基础的云桌面技术，将用户桌面集中部署在云数据中心，通过虚拟化技术组建资源池，用户可以搜索客户终端或计算机，安全方便地将云桌面接入所属桌面，实现桌面集中管理、资源按需分配、数据安全备份、成本有效控制。云桌面应用如图 4 所示。

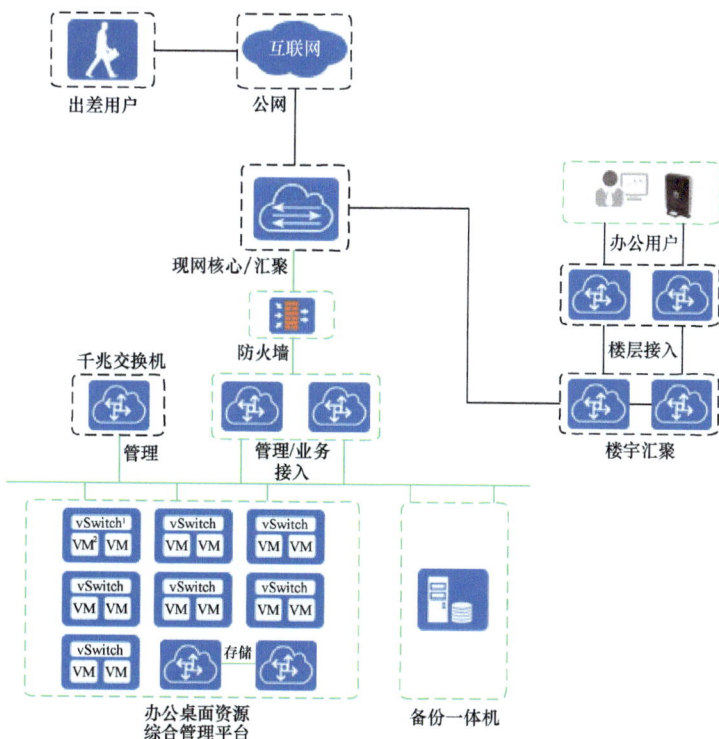

注：1. vSwitch 是虚拟交换机。
　　2. VM（Virtual Machine，虚拟机）。

图 4　云桌面应用

本项目结合了云计算、物联网、大数据、地理信息系统、人工智能、数字孪生等技术，助力实现矿山设备和环境监测、设备运行、业务运营等全部在用系统的数据集成共享与智能协同管控，满足矿井生产、管理、运输等环节，打造出集智能决策、生产管理、安全管理、移动应用、智能联动于一体的智慧中心和矿山实际场景的 5G 应用。

一是组网创新，设备升级。 本项目按照"一张网"的要求进行网络建设，即统一规划地面的工业环网及井下的工业环网、5G 无线网、物联网等，各种类型的网络通过相应的安全策略实现互联互通，形成矿区的"一张网"。本项目构建了矿用 5G 基站、矿用 5G 基站控制器、矿用 5G 高可靠控制器、矿用 5G 信号转换器、矿用 5G MEC、矿用 5G 手机等设备，提供全面、安全的网络建设运营服务。

二是平台创新，高效智能。 本项目使用的矿用智能化综合管控平台系自研产品，取得《5G 智慧矿山—矿山综合智能管控平台》软件著作权。该平台集生产运行管理、智能灾害监测预警、安全管控、机电自动化系统集控、设备设施全生命周期管理、智能协同调度、智能大数据分析决策、3D 可视化呈现等功能，实现矿山开拓、采掘、运通、洗选、安全保障、经营管理全过程的智能化运行，形成山东能源集团有限公司三级协同管控模式。

三是应用创新，超低时延。 从生产、管理、调度等方面，山东能源集团有限公司打造了矿山的 5G 应用场景解决方案，包括 5G+智能掘进、5G+智能综采、5G+智慧洗选、5G+单轨吊等应用，基于 5G 网络实现了工作面生产设备的无人驾驶和机电设备的远程控制，同时实现了移动场景视频画面及设备数据的实时回传，全面提升了矿井的智能化水平，实现了矿井生产管理的提质增产，让整个矿区更透明、更高效、更安全。

作为行业领先的智慧矿山标杆项目，本项目聚焦安全生产、智能管控、数据分析、环境感知、经营管理等应用场景，从网络层面、技术层面和创新层面 3 个方面进行专业化、精细化、特色化和创新化的探索。其成果更容易被矿山行业企业复制，同时，本项目面向煤矿与非煤领域打造了不同的业务成果，具备普适性的同时也具有定制性，助力推动矿山智能化转型升级。

广州港5G全自动化港口专网及应用项目

参与企业： 中国联合网络通信有限公司广州市分公司、广州港集团有限公司、上海振华重工集团有限公司、广州港股份有限公司、广州南沙联合集装箱码头有限公司、广州港数据科技有限公司

技术特点： 本项目基于5G与MEC技术对自动化智慧港口应用系统进行研发，以"智慧港口5G应用联创工作室"为研发测试平台，根据港区特点定制化开发MEC平台，建设港区4G/5G融合专网与基站，在5G专网与MEC的基础上，将远程控制、自动驾驶、人工智能、云计算、大数据等技术应用于广州港运营中，研发构建5G批量IGV[1]集卡自动驾驶、5G大型港机设备远程精准控制、5G人工智能理货等应用系统。

应用成效： 本项目利用5G结合大数据、人工智能等技术实现全自动码头，可大幅节省人力资源，总用工人数相比传统码头减少60%，降低了现场作业人员及人为的安全隐患。

港口自动化、无人化能够大幅提升港口的作业效率，是港口未来发展的必然趋势。智慧港口对通信连接的时延、带宽和可靠性具有严苛的要求，自动化码头大型特种作业设备的通信系统要满足控制信息、多路视频信息的高效、可靠传输。因此，对港口实施5G改造势在必行。

本项目为广州港集团有限公司南沙四期工程5G智慧港口专网项目，基于5G专网的智慧港口应用开展研究，包括4G/5G融合专网和5G智慧港口应用系统。本项目建设了全球首个5G+智能装卸与水平运输自动驾驶集卡的全自动化码头，并基于5G+远程控制实现自动化岸桥、自动化轨道吊的后端控制，结合5G+AI大带宽连接保障港口智能理货的常态化作业。改造后，南沙港单一港区集装箱年吞吐量可超

---

1. IGV（Intelligent Guided Vehicle，智能导引车）。

2300 万标箱，位居世界前列。

🌐 5G 智慧港口整体设计方案

5G 智慧港口整体设计方案如图 1 所示，采用 "1（1 张网）+1（1 朵云）+1（1 个平台）+ N（N 个应用）" 的框架。

图 1　5G 智慧港口整体设计方案

1 张网：本项目建设 4G/5G 融合专网，实现港区全覆盖，4G/5G 移动专网和光纤网络实现冗余备份和无缝切换，保证港区应用数据传输的实时性、稳定性、安全性和可靠性。

1 朵云：MEC 边缘云下沉，数据本地分流，本项目实现数据不出港区、云网一体化、应用边缘部署、本地安全维护。

1 个平台：本项目建设智慧港口管控平台，实现多终端服务、人机交互、服务多元化和智能体验，应用本地化部署，促进 5G 智慧港口应用创新。

N 个应用：本项目建设批量北斗卫星导航定位 IGV 集卡自动驾驶、大型港机设备远程精准控制，AI 理货等智能应用，实现港区作业自动化。本项目通过 5G 网络和数字技术实现 5G 智慧港口运输环节自动化，推动港区全连接感知管控。

🌐 5G 智慧港口网络架构

本项目涉及广州港 4G 核心网控制面、4G 核心网用户面、5G 核心网用户面、5G 边缘节点等网络节点，通过港区新建传输网实现互通。5G 智慧港口网络架构如图 2 所示。

基于 5G 专网构建的智慧自动化港口方案如图 3 所示，整体功能架构分为终端层、平台层、应用层、服务层。其中，终端层的智能摄像头、调度台等设备通过 5G 网络将数据传输给平台层。由广州港的云数据中心或边缘云进行数据汇集与分析处理，实现设备自动化控制、码头设备远程操作、AI 理货、智能闸口、视频监控等智慧应用，最终为广州港工作人员、船运公司、货主、海关等提供智慧港口服务。

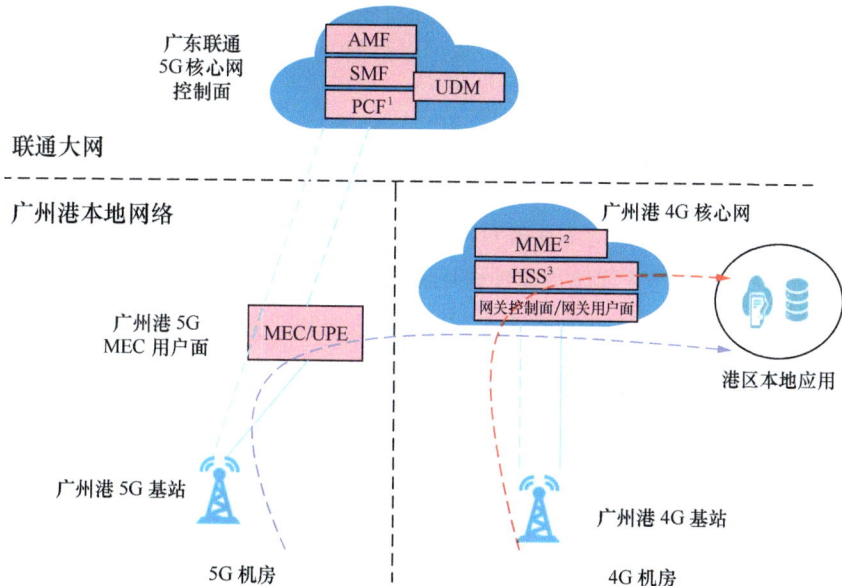

注：1. PCF（Policy Control Function，策略控制功能）。
    2. MME（Mobility Management Entity，移动性管理实体）。
    3. HSS（Home Subscriber Server，归属用户服务器）。

图 2　5G 智慧港口网络架构

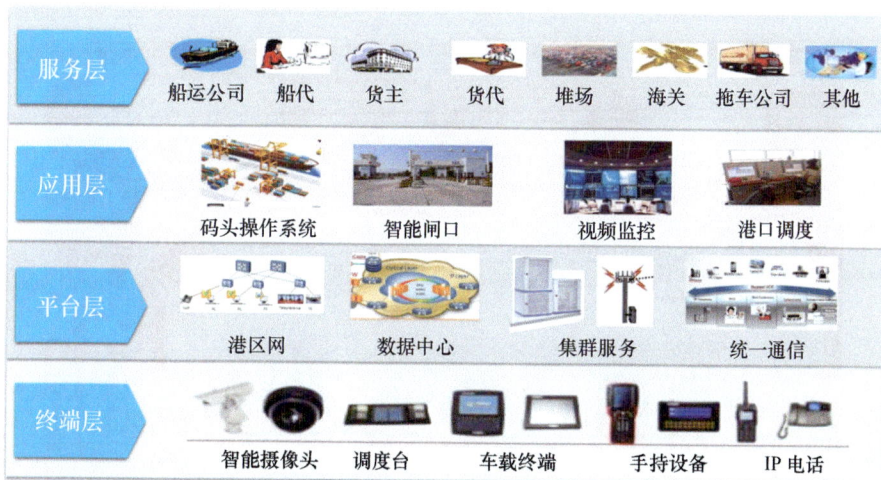

图 3　基于 5G 专网构建的智慧自动化港口方案

在智慧自动化港口方案中，关键是解决港口中工业控制、高清视频和 IT 信息 3 类核心数据流的可靠传送，通过 5G 专网可靠、持续、安全的网络承载能力，关键信息通过一张网络就能有效承载。

5G+北斗卫星导航系统：IGV 利用 5G 网络、北斗卫星导航系统、激光雷达和视觉导航定位技术，不需要借助磁钉就可以行驶，路径灵活多变，可在码头堆场间自由穿梭。

5G+MEC：本项目的核心基础产品是 5G+MEC 云网一体化架构，以 5G 专网为基础来赋能智慧港口的各类应用。

5G+切片：针对港区特定业务对网络的不同需求，广州港可以选择不少于 3 种 5G 专网优先级模式接入网络，实现切片级能力，保障 5G 业务传输的可持续性。

5G+运营平台：本项目汇聚设备、人员、生产和业务系统数据处理分析，实现了智能决策、精准管控，支撑港区全连接感知管控应用场景。

🔊 批量 5G+北斗卫星导航 IGV 集卡自动驾驶

广州港集团有限公司南沙四期工程项目规划 IGV 车辆总数 220 台，所有 IGV 基于 4G/5G 移动专网稳定接入，创新性地采用了北斗卫星导航系统与自动驾驶技术，实现码头与堆场之间的集装箱水平精准运输。通过建设 5G 港口专网，广州港车辆控制时延小于 70ms（最大不超过 200ms），人工成本降低 90%，每年可以减少柴油消耗 379.2 万升，实现了零排放，成为全自动化水平世界领先的码头。5G+北斗卫星导航 IGV 集卡自动驾驶如图 4 所示。

图 4　5G+北斗卫星导航 IGV 集卡自动驾驶

🔘 大型港机设备远程精准控制

广州港集团有限公司南沙四期工程项目规划自动化岸桥 10 台，自动化轨道吊 35 台，通过 5G 网络超低时延特性，实现自动化岸桥、自动化轨道吊等大型港机的远程精准控制，1 名远程控制人员可操控 3~6 台港机，提升港口作业效率，降低操作人员工作强度，减小安全生产风险，并且压缩了设备维修的时间和资金成本。

🔘 港区管理更人性化

本项目通过顶层设计构建综合应用平台，建设可扩展的深度融合系统，整合码头各类应用系统，基于 5G+MEC 架构构建与各系统、各终端的智能连接，实现码头内重点场所、人员、机械设备的实时监测与管理交互。5G 港区安全监控管理系统平台如图 5 所示。

本项目通过 5G 专网和 MEC 平台赋能建设 5G 全自动化码头，相较于传统码头有诸多优势。

优势一，人工效率提升。 5G 全自动化码头采用大数据、人工智能等技术可减少前后方管理人员和作业人员，总用工人数比传统码头减少了 60%，大幅节省了人力资源。南沙四期工程的 5G 全自动化码头同比传统的集装箱码头，可减少集装箱拖车司机约 600 人，减少轨道吊司机约 180 人，减少闸口人员 20 人，因采用大数据、人工智能等技术又可减少后方管理人员约 100 人，预计每年可节约人工成本 1 亿元以上。

图 5 5G 港区安全监控管理系统平台

优势二，生产效率提升。 5G 全自动化码头使生产效率提升至少 30%，助力社会生产力提升。投产后，南沙四期工程的桥时效率将会在 30 个循环左右、船时效率将会在 100 个循环左右。

优势三，安全效益。 本项目实现机械设备的自动化，减少现场作业人员也就相应减少了人为安全隐患，使码头更加安全，有效避免了人身伤害事故的发生，相比传统码头人为事故发生率降低 95%，真正做到以人为本。

优势四，环境效益。 5G 全自动化码头的设备基本上都使用电力驱动，避免了大量尾气排放，减少环境污染。同时，码头堆场使用平行布置，IGV 可进堆场，避免使用大功率轨道吊搬移集装箱，减少了能源浪费，5G 全自动化码头比国内现有的自动化码头更节能、环保，实现了"零排放"。

优势五，标杆效应。 5G 全自动化码头基于 5G 网络和 MEC 平台，结合自动驾驶和北斗卫星导航等技术，将更有利于传统集装箱码头向自动化码头转变，树立港口 5G 应用标杆示范，带动其他港口企业改造升级。港口作为工业交通的关键节点，其 5G 应用将对其他工业领域产生良好的示范作用。

基于 5G 工控专网的武汉钢铁生产无人化场景深度应用

参与企业： 中兴通讯股份有限公司、中国联合网络通信有限公司湖北省分公司、武汉钢铁有限公司

技术特点： 本项目在厂区内外共规划86个5G基站，目前厂区内已建成开通60个，5G覆盖率达90%以上，建成国内最大规模的5G企业专网。本项目打造首个5G+铁钢界面智慧管控平台，落地六大应用场景，实现了专网专用、智慧铁水调度。依托5G专网应用于25个工业应用场景，武汉钢铁有限公司建成5G工厂。

应用成效： 本项目打造了国内最大的5G+工业互联网示范园区之一，5G+宝罗机器人、5G+无人行车、5G+无人机智能巡检、5G+工业热成像等系统陆续使用，助力武汉钢铁数字化转型走得更快更远，以头部、重点企业形成标杆示范，推动5G赋能产业发展从"样板间"向"商品房"加速转变。

2022 年，中兴通讯股份有限公司（以下简称中兴通讯）携手中国联合网络通信有限公司湖北省分公司（以下简称湖北联通）依托于武汉钢铁有限公司（以下简称武汉钢铁）5G 专网广连接的基础，联合宝信软件、中冶赛迪等在武汉钢铁探索和落地 5G+无人化场景。武汉钢铁生产无人化场景项目如图 1 所示。

5G+宝罗机器人改善工作环境，杜绝工作失误

武汉钢铁冷轧生产线有五大类机器人，包括自动拆捆机器人、自动捞撇渣机器人、自动取样搬样机器人、自动喷码机器人和自动贴标机器人，实现了拆解钢卷捆带、捞渣、撇渣取搬试验样及分类、为成品钢卷进行描号和粘贴标签等功能。武汉钢铁使用的机器人如图 2 所示。

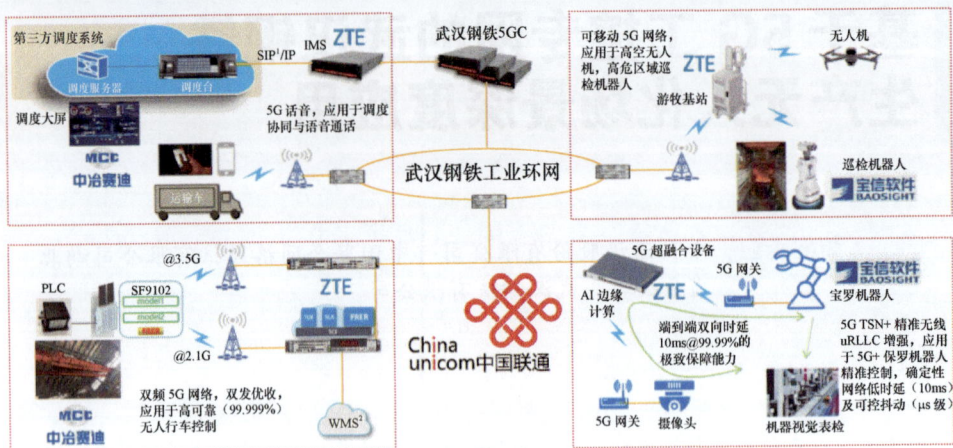

注：1. SIP（Session Initiation Protocol，会话起始协议）。
　　2. WMS（Warehouse Management System，仓库管理系统）。

图 1　武汉钢铁生产无人化场景项目

图 2　武汉钢铁使用的机器人

5G+TSN[1] 为确定性网络提供可能，采用 5G 网络替代传统有线网络，实现厂区内宝罗机器人快速投入生产作业。武汉钢铁在固定生产线部署 5G 超融合设备可直接实现精确网络与边缘计算的融合。在宝罗机器人集中控制场景，5G+TSN 的确定性时延有效保障控制指令前后合拍，流程性生产操控顺畅且上下游无缝衔接，工作效率显著提升。同时，5G 超融合设备具备边缘云就近计算、无线编码和调度优化等技术，让控制时延突破 10ms 极限。

5G+无人行车大幅提升行车运行的安全系数和整体效率

武汉钢铁热轧、冷轧生产线和成品库吊运钢卷，为行车加装夹钳传感器、测距／

---

1. TSN（Time Sensitive Networking，时间敏感网络）。

防撞激光雷达、车载角度测量仪、防摇摆控制器、称重测量仪表、限位开关及传感器等控制装置和地面反光板，打通车载 PLC 及 WMS 后台，实现智能行车与各生产工序、仓库物料、工厂管理系统进行数据交换，贯通进料、上料、生产、下线、存储、发货等环节的信息流，全面优化物流工艺流程。武汉钢铁使用的无人车如图 3 所示。

图 3　武汉钢铁使用的无人车

行车远程控制系统网络通信子系统应满足远程控制系统业务通信时延、带宽和移动性要求，网络连接安全可靠，组网与运维简单，宜采用 5G 新型网络。本项目由于高可靠性需求采用双发优收方案，其原理是发送端在发送数据时，双发优收功能将数据包复制，沿不同路径传输；接收端在接收数据时，双发优收功能删除复制的数据包，只保留一个数据包。本项目构建双频 5G 网络，实现报文的复制和重组，从而保证无线网络链路的可靠传输。双频 5G 网络如图 4 所示。

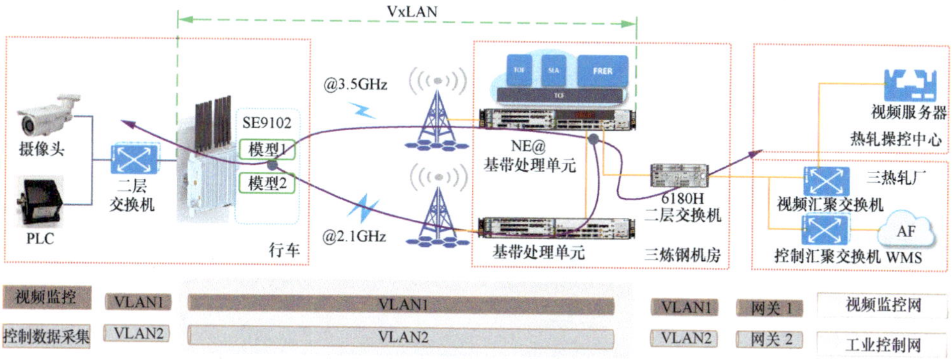

图 4　双频 5G 网络

🛰 5G+智慧运输提高生产效率、保障安全生产、改善工作环境

中冶赛迪在 2021 年建设武汉钢铁"5G+铁钢界面智慧管控平台"，实现罐车和机车实时定位及全流程智能调度。铁水运输是连通高炉出铁到炼钢环节的唯一纽带，是铁钢界面的"生命线"。在位于武汉钢铁管控中心的"5G+铁钢界面智慧管控平台"

上，武汉钢铁厂区的铁路线路及高炉分布情况被同比例缩放模拟到该平台上。这些虚拟轨道上闪烁着红色、黄色、蓝色等不同颜色的机车和罐车，可实时显示各自的运行轨迹和设备运行状况。

🔵 可移动 5G 网络对生产一线传统巡检工作带来革命性改变

武汉钢铁基于 5G 无人机技术钢铁能源动力巡检智能系统项目，综合运用 5G、无人机、物联网、3D 打印、云计算、可视化 3D、AI 和地理信息系统（Geographic Information System，GIS）等技术，促使生产无人化。无人机和机器人在实际工作中的应用示例如图 5 所示。

图 5　无人机和机器人在实际工作中的应用示例

基于算力室内基带处理单元的游牧式基站是将基站和本地算力有机结合，并拓展支持多种回传方式，可以便携式地对高空和高危弱 5G 网络进行补充覆盖，高效支撑无人机、机器人连续运作。游牧式基站如图 6 所示。

图 6　游牧式基站

高空作业无人机搭载高清摄像机，地面人员可以实时进行视频监控、查看传输图像，这种方式改变了传统人工攀爬登高目视巡检模式，实现了 360° 巡检，发现人工巡检不易找到的问题，实现了管网图像、电力线路图像的自动采集，自动上传云平台。本项目用无人机搭载专业传感器及红外设备、实时检测传感数据，实现双光谱热成像及故障诊断、精细化巡检缺陷识别、杆塔部件识别、通道可视化监控及缺陷识别等，辅助巡检管控中心做到"一键巡检"，实现现场巡检少人化、无人化。

炼铁巡检机器人搭载 16 线激光雷达、双光谱热成像云台、高清摄像机等智能传感设备，基于周围物体的感应创建三维地图进行定点自动巡检。双光谱热成像云台收集的热风炉"健康信号"将经过整理、筛选、分析后实时传输到巡检管控中心，帮助操作人员进行设备故障识别和异常预警，有效实现对热风炉的数字化、智能化监控管理。机器人＋双光谱热成像云台降低了巡检人员的工作强度，提升了现场数据的精确性，是炼铁厂智能化建设应用在生产现场的一个缩影。

5G+铁钢界面智慧管控平台，开启高质量发展新征程。中兴通讯、湖北联通与武汉钢铁合作建设的 5G 核心网基于 5G 网络大带宽、低时延、广连接的特性，已统筹部署六大类 25 种应用，包括智慧物流、生产管控、数字设备等。武汉钢铁建成巡检管控中心和炼铁、炼钢、热轧等操控中心，实现了数据集成、实时采集。通过 5G 赋能，武汉钢铁实现整体效益提升 19%，降低能耗 10%，减少人力成本 23%，开启了高质量发展新征程。

信息化建设支撑管理模式变革，智慧运输成为现实。智慧办公、安全监督、档案管理、设备管理、制造管理、成本管理、运输管理、能源管理等信息化建设有力地支撑了武汉钢铁的各项改革发展工作。5G+铁钢界面是钢铁制造流程中炼铁和炼钢工序的关键衔接面。5G+铁钢界面系统地实现了全流程在线智能状态信息集中管理。尤其是在运输方面，通过湖北联通 5G 赋能，本项目使铁路运输调度实现了"1+1"集中管控；机车无人化操控，可以自动摘挂、自动驻车、自动充电。同时，本项目运用大数据分析应用，实现物流运输工序可视化跟踪管控，全物流成本管控数据深入分析。"5G+传感器+AI+AR 技术应用"可实现机车位置信息自动触发道口报警、道口视频感知障碍物入侵报警、道口视频上机车、卸船机远程操控、铁路无人机巡检、厂区道路无人机巡检及车辆环保监测等功能。数据显示，自"5G+铁钢界面智慧管控平台"全面上线以来，助力武汉钢铁优化 20% 作业人员，提升 10% 的铁水运输效率，铁水温度降低 10℃。初步估算，仅运输环节节约的直接经济效益每年逾达 4000 万元。

吉利极氪 5G 工厂

参与企业： 联通（浙江）产业互联网有限公司、宁波杭州湾吉利汽车部件有限公司

技术特点： 基于SA的5G+MEC的组网方式可最大程度地发挥出5G大带宽、低时延、多连接的优势，基于5G的数据采集（机器人、PLC、焊机）、视觉检测、AGV、AR/MR是一套涉及生产、物流、培训等整车生产、成体系、完整的解决方案。同时，本项目使用300多台机器人，通过PLC的大规模试点应用起到的示范标杆效应将带动整个行业的发展。

应用成效： 本项目帮助企业提高15%的人员效率，降低5%的单车制造能耗，降低0.5%的整车制造成本。

极氪 5G 工厂于 2018 年 11 月底开工建设，2021 年第四季度正式建成，宁波杭州湾吉利汽车部件有限公司（以下简称极氪工厂）联合中国联合网络通信有限公司宁波市分公司（以下简称宁波联通），依托 5G 技术，结合吉利汽车行业工业互联网平台，建设 5G 混合专网、5G 智能网络运维平台和 5G+工业互联网平台，共打造 12 个 5G 应用场景，实现企业内各要素、各环节、各系统、各平台互联互通，完成企业内业务数据、运营数据、生产数据动态交互，打造了更快、更轻、更可靠、更智慧、更协同的汽车行业 5G 工厂标杆。

采用 5G 专网传输打造"黑灯工厂"

极氪工厂已完成全厂区 37 万平方米 5G 网络覆盖，配置 9 个 5G 小区，117 台 pRRU 设备。5G 网络达到下行单用户速率不低于 100Mbit/s，下行宽带峰值速率不低于 1000Mbit/s，上行单用户速率不低于 20Mbit/s，上行宽带峰值速率不低于 200Mbit/s。极氪工厂在本地配置主 / 备双 MEC，将端到端时延降低到 10ms，可

靠性提升至 99.99%，并可实现数据在园区分流，大幅降低业务时延，提高生产效率。

在 5G SA 架构下，MEC 边缘云构建 5G 专网。在 5G 独立专网中，MEC 边缘云包含用户面转发模块 UPF 和业务平台 MEP 两个部分，根据业务需求选择下沉到园区部署，主要用于对 5G 终端数据的分流、转发和行业应用部署。极氪工厂 5G 专网架构如图 1 所示。

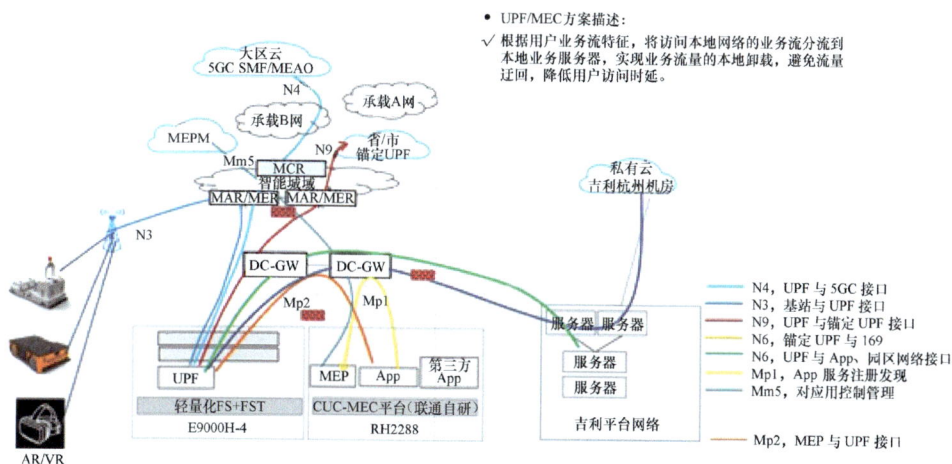

图 1 极氪工厂 5G 专网架构

极氪工厂联合宁波联通，依托 5G 网络，结合吉利 Geega 汽车行业工业互联网平台，建设 5G 混合专网、5G 智能网络运维平台和 5G+工业互联网平台，共打造 12 个 5G 应用场景（5G+AR 巡检、5G+AR 远程运维、5G+AGV 群控、5G+AI 轮胎检测、5G+XR 个性化选车、5G+VR 厂区漫游、5G+AR 作业指导、5G+订单化作业指导书、5G+AI 内外饰检测、5G+焊接质量管理 App、5G+机器人管理 App、5G+拧紧质量管理 App），实现极氪工厂内各要素、各环节、各系统、各平台互联互通，完成极氪工厂内业务数据、运营数据、生产数据动态交互，打造了"更快、更轻、更可靠、更智慧、更协同"的汽车行业 5G 工厂标杆。

AR/MR 技术提高未来工厂生产效率，助力经济效益攀升

本项目以 AR 技术为载体，利用环境识别、虚实结合的工作流，把传统巡检转化成更加直观且更具场景化的 AR 智能巡检，实现涂装、焊装车间总拼一线 AR 巡检内容制作、SLAM 定位及导航，打通物联网平台数据，直接获取涂装、焊装车间待检设备信息，在巡检过程中提供实时、历史数据。

工作人员戴上 AR 眼镜进入巡检应用即可选择对应的巡检工位，自动生成地图导航和路线规划，到达对应巡检设备时会显示巡检信息要求及操作指南，从流程制度上确保了巡检的质量和效率。同时，基于识别数据库的标准识别样本可以辅助进行巡检行为和故障类型的判断；收集巡检过程中出现的问题，方便后期建立产线巡检知识库，形成逐步扩展的智能经验系统。巡检界面如图 2 所示。

图 2　巡检界面

AR 眼镜与物联网平台通过 5G 网络连接，以第一视角的高清音视频通信为基础，辅以 AR 标注等技术手段，使专家能够远程指导现场工作人员进行操作，当整车制造车间出现生产线设备问题时，方便专家、工程师及时了解现场情况，方便现场工作人员及时获取资料，提高了整车的生产效率。远程运维现场与专家端如图 3 所示。

图 3　远程运维现场与专家端

极氪个性化选车项目方案整体参考极氪 App 和市场主流汽车展示服务软件进行

功能模块设计，由车辆配置应用模块、定位同步共享模块、网络服务模块、交互模块组成。该方案利用 AR/MR 技术，结合实物场景和三维数字内容，针对极氪 3 款车型，进行外形展示、车辆内外饰颜色切换、车辆轮毂、组件、轮胎选型，以及功能使用场景展示等，让用户直观看到最终展示效果，并可通过手势、触摸等方式进行实时交互，增加用户对极氪车型的认知，促进销售成单。

培训人员在实际操作培训时，借助 AR 设备和培训应用，可以依据直观图形化操作提示，以及操作要领语音提示进行操作。AR 培训系统框架如图 4 所示。

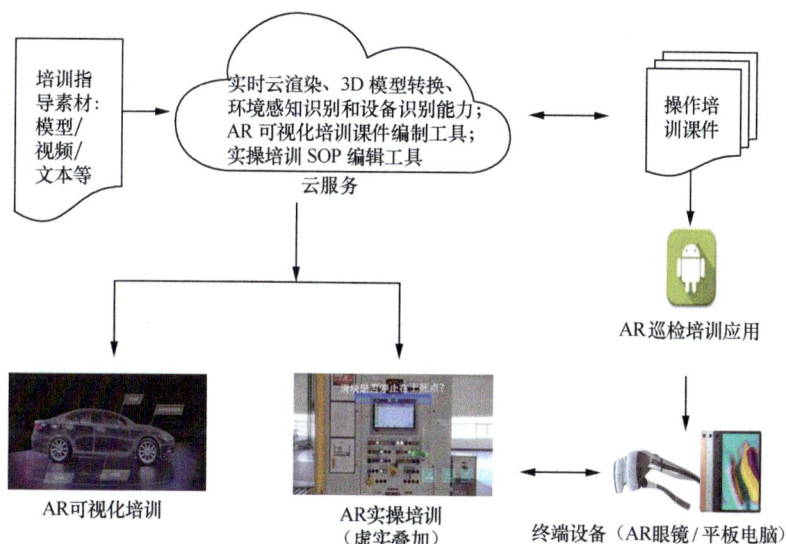

图 4　AR 培训系统框架

智能物流实现物流仓库无人化管理

极氪工厂车间里运输物料的 AGV，通过 5G 的高密度海量连接技术，可应对复杂工厂及仓储环境对 AGV 的大量需求。实施过程中，在每台 AGV 部署一个 5G 网关，通过 5G 网关进行数据采集，打造数据平台化来应对复杂工厂及仓储环境对 AGV 的大量需求，并实现 5G+AGV 物流系统高效应用。目前，吉利生产基地物流仓库机器人主要分为物流拣货搬运机器人和叉车搬运机器人两大类。AGV 调度系统通过 5G 网络与 AGV 进行实时通信，下发调度指令到 AGV，调整路径。通过 MEC 数据本地回流的能力，通信数据可直接传输至 AGV 调度系统及其他辅助系统，AGV 调度系统或其他辅助系统、数据库可部署在 MEC 上充分利用 MEC 算力。AGV 5G 改造组网图如图 5 所示。

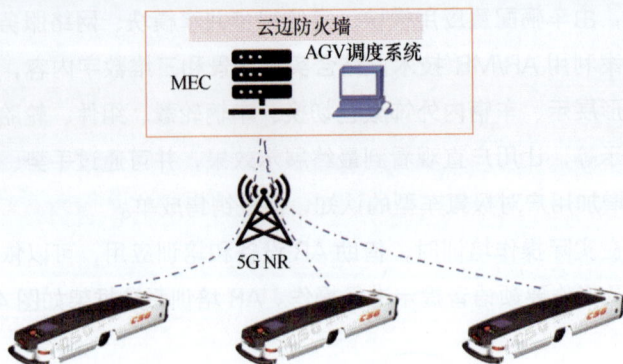

图 5　AGV 5G 改造组网

🌐 机器视觉质检提高生产精度

　　整车总装时，工作人员需要对车辆内饰配置进行检验确认，以保证交付的规格符合要求。在 5G 网络下，本项目通过 MES 自动导入车辆工单数据，工业相机实时拍摄车辆顶棚、地毯、仪表板、座椅等内饰风格、颜色，并与工单数据自动比对。本项目还通过 5G 网络大带宽、低时延的特性，焊装车间涂胶完成之后通过工业相机拍照核查是否有漏胶，如果涂胶不均匀，则经过视觉检测系统分析判断，将信息传输给机器人进行下一步动作，从而提高了焊接质量和效率。

　　本项目通过 5G+XR 个性化选车和 5G+VR 厂区漫游应用场景，借助 5G 大带宽特性以及 XR 技术虚拟现实叠加，让用户在异地参观，预计销售量提升 5%。

　　本项目应用 5G+AR 作业指导和 5G+订单化作业指导书，可在车间管理上实现工艺文件的无纸化，所有的工艺文件通过系统自动生成并输出为电子文档，实现工艺车间的信息共享，提高制造协同的效率与质量，预计每年可节省 2000 万元。

　　通过 5G+焊接质量管理 App、5G+机器人管理 App 和 5G+拧紧质量管理 App 的上线，本项目实现产品质量前序问题自动预判，自动推送到质量检测工位，并基于机器学习，不断优化预见准确性，质量检测人员减少 80%，产品不良率降低 30%。

　　本项目应用 5G+AI 轮胎检测和 5G+AI 内外饰检测技术，实现整车产品质量检测准确率大于 99%，错检率、漏检率小于 1%，完全替代人工进行产品信息比对并记录，将装配出错问题在出厂前解决，直接经济损失降低近 1000 万元。

　　本项目应用 5G+AR 巡检和 5G+AR 远程运维技术，使设备巡检和运维效率提高50% 以上，5G+AGV 群控技术可实现车间物流全流程的自执行能力与自优化的协同作业，有效提升车间管理效率，降低运营成本，预计每年节约费用 1500 万元。

苏州 5G 工厂项目

((·)) **参与企业**：浪潮通信技术有限公司、苏州浪潮智能科技有限公司、某运营商苏州有限公司

技术特点：本项目突破ERP、MES、PLM等生产调度和过程控制类软件的共性关键技术，提升网络化协同制造能力，支撑制造业向智能制造转型，充分利用全球创新网络，集成全球先进的软硬件技术及产品，打造适合我国的智能制造解决方案。

应用成效：本项目打造"产、学、研、用"相结合的智能制造生态圈，通过5G实现数字化、智能化改造，促进制造业转型升级，推进智能工厂和智能服务发展，聚集高端人才，促进智能人才队伍建设。

🌐 浪潮 5G 工厂基础设施建设

2020 年 3 月，某运营商苏州有限公司与浪潮通信技术有限公司（以下简称浪潮）启动 5G+工业互联网技术导入的三年规划，第一阶段进行 5G、MEC、物联网、AI 技术与浪潮业务信息化的融合，浪潮完成车间"人、机、料、法、环"全生产要素的连接，形成以数据为核心的 5G 工厂。

2022 年，浪潮在苏州加大投资力度，第二阶段实现厂区 5G 全覆盖。浪潮 5G 工厂整体架构如图 1 所示。

浪潮 5G 工厂与某运营商苏州有限公司共同建立 5G 独立专网与独立基站，该基站的频段为 2.6GHz，应用核心网双挂策略，通过不同核心网 AMF 接入认证，实现不同终端的接入管理，保证数据的安全性和私密性。5G 独立专网架构如图 2 所示。

浪潮 5G 工厂使用浪潮自研的核心网产品，具备 6 个核心网元，接入侧实现与基站的连接，转发侧实现与 MEC 的连接。浪潮核心网如图 3 所示。

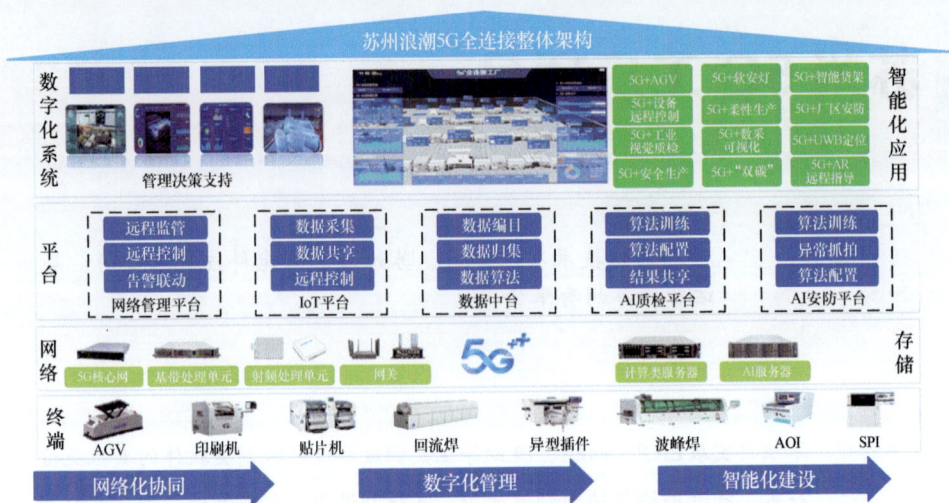

图1 浪潮5G工厂整体架构

图2 5G独立专网架构

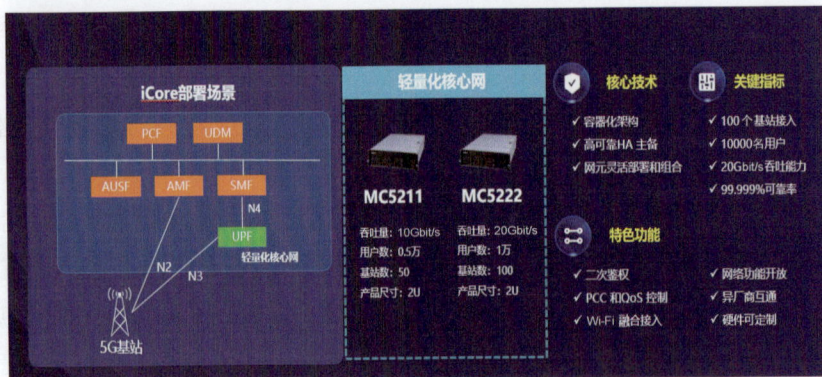

图3 浪潮核心网

　　浪潮 5G 工厂实现了工厂 5G 全覆盖，实现了 5G 网络与企业内网的互联互通，在工厂内部部署边缘云平台，通过交换机连接浪潮核心交换机（三层交换机），实现了服务端的互联互通，边缘云服务例如 AI 质检、AI 安防、AGV 调度平台等应用可以直接访问 MES、WMS 等企业应用系统。在终端，本项目通过 5G CPE 转 Wi-Fi 或有线的方式实现终端的 5G 接入，建立后路由机制将 CPE 下挂的终端 IP 转发给核心网，在核心网实现路由解耦，实现 5G 终端与企业内网的数据互联互通。浪潮 5G 工厂网络架构如图 4 所示。

图 4　浪潮 5G 工厂网络架构

　　浪潮 5G 工厂引入 5G 网元作为 TSN 的一个透明传输的网桥与外部网络连接。浪潮 5G 工厂 TSN 应用架构如图 5 所示。

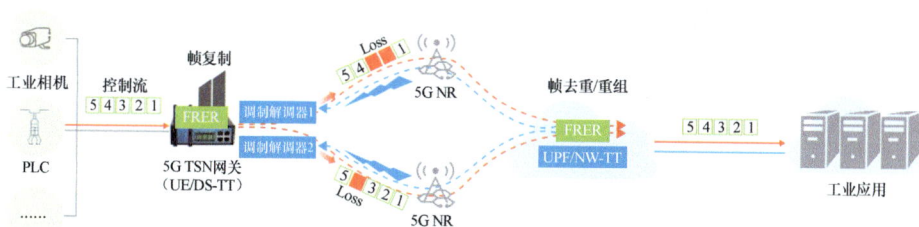

图 5　浪潮 5G 工厂 TSN 应用架构

　　浪潮 5G 工厂在 5G 网关侧集成 TSN 能力，在服务端进行帧重组，提供可靠的时延降低方案，在 PLC 和 AGV 及 AI 视频分析、AI 安全质检环节广泛应用，提供低时延的现场监视和控制，这符合工业生产的需求，并且随着 MEC 部署应用的增加，TSN 满足可靠的低时延需求。

浪潮 5G 工厂通过虚拟化技术融合计算、存储、网络和安全等资源，提供运维管理、容灾备份、智能监控等高级特性，构建极简、稳定、高性能的云网底座。浪潮 5G MEC 系统架构如图 6 所示。

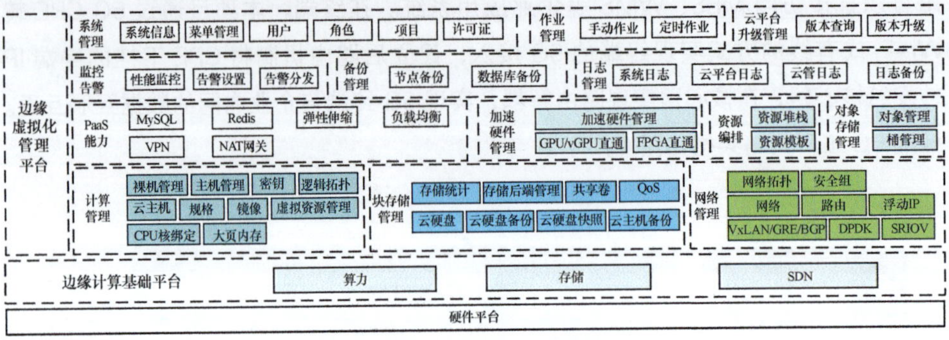

图 6　浪潮 5G MEC 系统架构

浪潮 5G 工厂接入苏州协同标识解析二级节点平台，通过标识管理、标识解析、标识发现等标识服务，实现浪潮内部不同信息系统之间、不同环节之间信息的有效共享，促进全产业链互联互通。通过标识解析平台，浪潮 5G 工厂将数据上传到云端，实时采集、监控、分析海量的运行数据，实现设备智能运维，实现产品全生命周期管理。

AR 眼镜提高新产品导入效率，缩短产品导入周期

AR 眼镜可验证新品导入表面安装技术（Surface Mount Technology，SMT）贴片工艺、质量监测，实现自动光学检测（Automatic Optic Inspection，AOI）项与检测程序校核、产品老化测试校核、服务器组装校核及研发部门异地远程跟踪，并实时指导工厂现场完成小批量试制。通过 AR 眼镜进行服务器部件组装如图 7 所示。

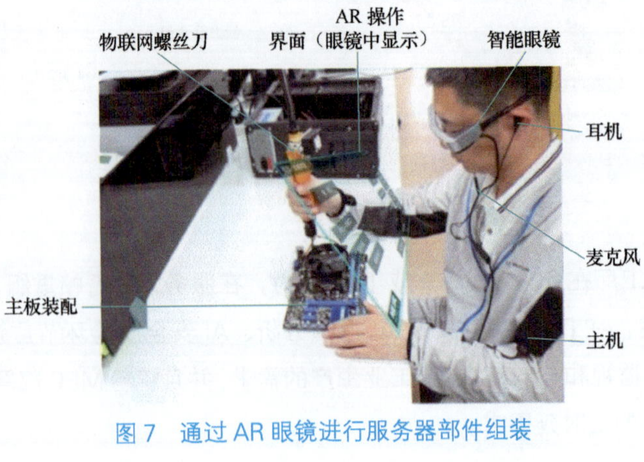

图 7　通过 AR 眼镜进行服务器部件组装

🔵 功能测试工业机器人实现精准动态作业

为功能测试（Functional Circuit Test，FCT）工业机器人加装定位模块及为工业相机加装 5G 信号传输模块，实现了不同型号服务器同时在一条 FCT 线上进行生产，带有 5G 信号传输模块的工业相机对待测服务器拍照，拍照后将服务器外形尺寸信息传输至工业机器人控制器，工业机器人在抓取服务器的过程中，定位模块实时监控工业机器人的位置及姿态信息并进行实时反馈纠偏，从而实现工业机器人动态、高精度作业。FCT 工业机器人如图 8 所示。

加装定位模块的工业机器人　　加装5G信号传输模块的工业相机

图 8　FCT 工业机器人

🔵 预防性维护，减少设备停机时间

本项目通过 5G 网关读取设备运行时长和吸盘运行次数，根据运行时长和次数规定值，提前告知设备人员进行维护保养，取消纸质保养工单，进行电子化数据推送和保养确认。

🔵 AGV+5G 云协同扩展工作区间

本项目把传统 AGV 用 Wi-Fi 连接服务器的方式改为 5G 上云的方式，可以将网络覆盖 PCBA 车间 [1]SMT、DIP、FCT 全部作业区间，通过云端分析各场景 AGV 的使用情况，统计每个车间所有 AGV 的工作段，例如 AGV 的运行速度、运行模式、运行参数、故障诊断等，简化 AGV 在每个工厂区间的操作，提高 AGV 的易用性和

---

1. PCBA 车间是指 Printed Circuit Board+Assembly，印制电路板空板经过 SMT 上件，再经过双列直插式封装（Dual-in-Line Package，DIP）插件的整个过程。

效率。浪潮 AGV+5G 云协同如图 9 所示。

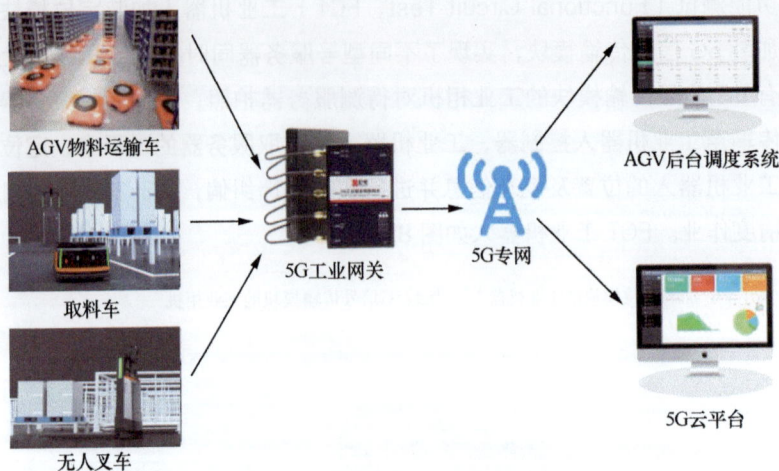

图 9　浪潮 AGV+5G 云协同

AGV 利用 5G 工业网关模块通过 5G 专网连接至 5G 云平台，5G 云平台实时收集 AGV 的状态、任务等信息，云计算负责大数据分析挖掘、数据共享，同时进行算法模型的训练和升级，优化 AGV 的工作模式，提高 AGV 的搬运效率。AGV 后台调度系统负责调度工厂的 AGV，利用 5G 的低时延传输，实时根据 AGV 的位置和状态，按照最短路径原则调度 AGV 完成任务。

🔵 生产过程溯源，生产能效管控

浪潮的产品品质控制，覆盖整个产品生命周期，每个物料、设备、人员等信息都会被采集，企业生产现场的电子扫码枪、工业相机、刷卡机等设备已接入 5G 网络，采集方式包括设备自动采集、PDA 无线采集、基于 PLC 的自动化采集及基于电子扫描枪的人工采集，统一集中到质量管理体系（Quality Management System，QMS）中，经过统一的分类、处理，可以有效支持产品问题追溯、供应商评定等，保证了对产品品质的精密控制。

基于东智平台的武汉华星 5G 工厂项目

参与企业： 格创东智（深圳）科技有限公司、武汉华星光电技术有限公司、中国联合网络通信有限公司湖北省分公司

技术特点： 本项目基于格创东智工业互联网平台和工业应用创新能力，以及湖北联通的 5G 云网融合和创新能力，综合运用 5G、物联网、人工智能、边缘计算和大数据等技术，围绕武汉华星光电在效率、质量、安全等领域的核心诉求，形成包括5G+智慧点检、5G+XR远程协作、5G+融合定位、5G+智能物流、5G+工业数据采集五大场景应用，有效提升了武汉华星光电的数字化和智能化水平。

应用成效： 通过5G工厂的建设，本项目实现了提高人工效率、缩短交货周期和提升良品率的目标。

武汉华星光电技术有限公司（以下简称武汉华星光电）在实施数字化转型的过程中面临的主要问题包括：企业对数据安全性要求高，企业生产控制和调度系统部署在公有云平台的方案无法满足企业的需求；大量对时延要求极高的控制性指令传输对网络的可靠性和稳定性要求极高；生产设备多为高价值设备，产生高频、海量、异构、多源的数据，这对数据采集和传输能力有极高的要求；生产范围广泛、采集终端分散，无尘工厂要求使有线网络布线难度加大；Wi-Fi、LoRa 等工业无线解决方案在可靠性和稳定性上达不到企业的要求，AGV 和设备控制经常出现故障。5G专网+工业互联网平台+边缘计算+智能应用的建设方案可实现武汉华星光电在 5G 网络下智慧工厂的创新与发展。

5G 专网端到端整体解决方案

5G 大流量、低时延、大连接的技术能力，为实现质量在线检测、人员设备环境的实时监测、多路高清视频的实时传输、生产数据的实时上传等提供了优质的网

络保障。武汉华星光电 5G 专网的创新点主要体现在跨域多厂区融合组网、全光网与 5G 专网双链路承载、5G 专网的共管共维。

5G 混合专网的技术优势体现在以下 3 个方面。

自主研发的 5G 专网客户自服务平台。 在 5G 专网中，中国联合网络通信有限公司湖北省分公司（以下简称湖北联通）自主研发 5G 专网客户自服务平台，可以让客户随时随地自助查询 5G 网络的状态，包含工作台、项目概览、准网监控、服务支撑、系统管理、消息中心等功能，大幅提高了 5G 网络运行维护的效率。

5G 核心网方案极大地提高了厂区的稳定性。 在网络方案中，湖北联通采用了 i5GC 方案，将网络的控制面下沉至电厂厂区，保证厂区 5G 网络独立运行，提高了厂区 5G 网络的稳定性，保障生产数据、控制数据等的安全性。

MEC 超融合平台具备可定制开发接口，可以与客户原有平台无缝对接。 湖北联通自研的 MEC 超融合平台具备可定制开发接口，可以与客户原有平台无缝对接，便于客户进行集约化、可视化管理。

5G+工业互联网平台解决方案

武汉华星光电研发建设了基于 5G 网络的工业互联网应用服务平台，通过数据仓库实现数据地图和数据血缘关系管理。同时，该平台还支持可视化的数据建模，提供了丰富的数据可视化工具，支持微服务框架和容器技术，提供各种通用的基础业务组件服务，支撑快速开发各种工业应用。5G+工业互联网平台解决方案如图 1 所示。

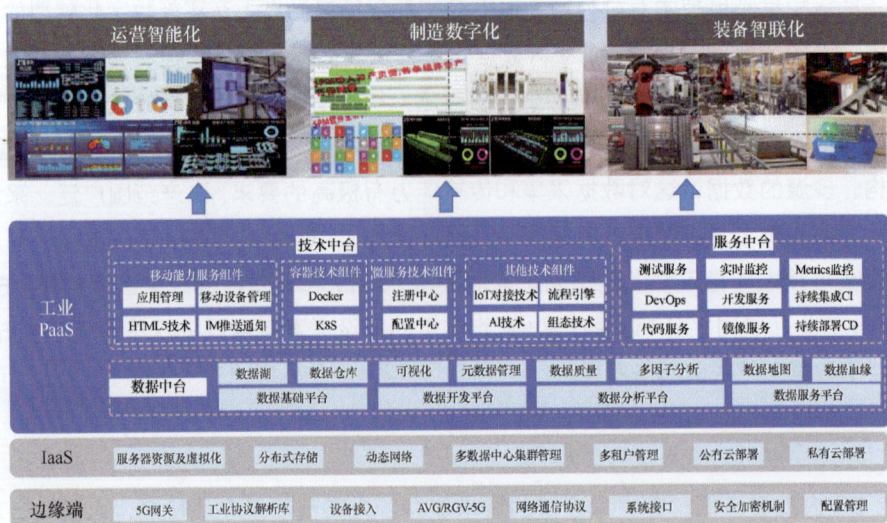

图 1　5G+工业互联网平台解决方案

5G+工业互联网平台的技术优势体现在以下 5 个方面。

工业应用开发技术。本项目以零代码 / 低代码和微服务技术构建轻应用开发平台，提供图形化开发环境，可实现一键部署面向工业现场人员快速设计和开发应用程序的软件。该平台内置 AI 算法和工业大数据模型，可实现自助式工业建模以及低代码甚至零代码开发。

工业 AI 技术。以机器学习与深度学习技术为核心的 AI 中台，是跨行业、跨领域人工智能应用工程化平台。

工业边缘计算技术。5G+工业互联网平台内置工业安全边缘计算业务网关，将时延敏感型数据在靠近数据源边缘侧进行数据预处理、存储及智能分析应用，将处理过的数据传输到云端，实现智能传感器和设备数据的汇聚处理及边缘分析结果向云端平台的间接集成。运用协议解析、中间件等技术兼容 SECS、Modbus、OPC、Profibus 等工业通信协议和软件通信接口，实现数据格式的转换和统一，利用超文本传输协议、消息队列遥测传输等方式从边缘侧将采集的数据传输到云端，实现数据的远程接入。

工业物联网技术。5G+工业互联网平台支持上千种工业协议，对采集的数据进行数据解析、格式转换、元数据提取、初步清洗等预处理工作，提供对接边缘侧数据接入、数据处理及数据发布等物联网平台能力，提供安全认证、通信适配、协议转换、消息路由、规则引擎、工业组态、物模型、物组织、物地图、虚拟参数、空中下载等功能。

工业数据管理技术。5G+工业互联网平台支持对来自 MES、ERP 等业务系统的产品研发、制造、销售的数据和视频等进行精炼和建模，形成统一的行业数据场景。

🛰 5G+工业互联网的融合应用探索

5G+工业互联网融合应用如图 2 所示。

5G+智慧点检解决方案。本项目首创智慧无纸化开线点检和 AI 识别，通过 5G 专网上传点检数据到内部设备管理系统。传统解决方案需要 4 小时完成的点检，通过 5G 专网可节约 2 小时。本项目通过 5G 专网的传输方式，将工厂物料实时点检数据上传到武汉华星光电内部设备管理系统，实现高效无纸化点检，点检效率提升了 32%，节约了人员及用纸成本，产值每年提高 700 万元。

5G+XR 远程协助解决方案。本项目实现设备故障异地专家 AR 远程协助维修、国外 AR 远程验机、机台设备 AR 巡检维护、新员工 VR 教学培训、AR 眼镜红外模块机台日常温度点检等。问题解决时间由半天缩短至 1 小时，维护效率提升91.6%；厂商响应费用每年减少超过 200 万元；5G 解决时延需求，使 AR 无卡顿；

产值每年提高 2000 万元。

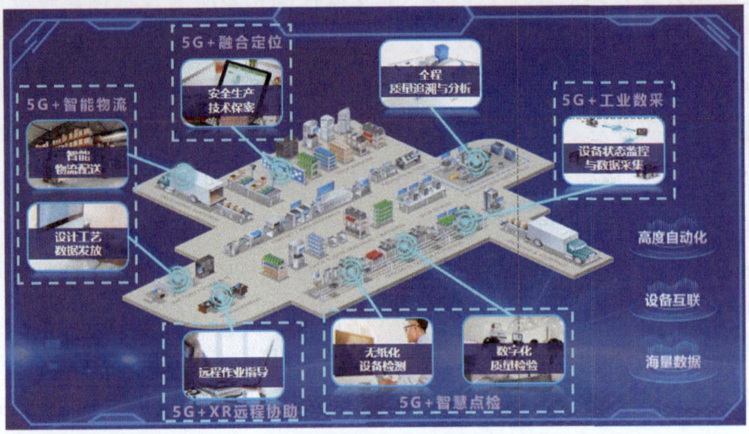

图 2　5G+工业互联网融合应用

5G+融合定位解决方案。5G+UWB/北斗卫星导航系统融合定位，实现人流量大的复杂场景下厘米级人员精准定位。该解决方案极大地提高了管理质量，保障了安全生产，提高了人员调动效率，每年提高产值 200 万元。

5G+智能物流解决方案。AGV 内置 5G 模组可实现任务+导航实时下发，取代人工搬运（人为误投料、搬运不及时），物料看板系统实现智能物料叫料、智能化物料精准投放，生产效率提升 9%。

5G+工业数采解决方案。通过多协议解析，本项目实现面板生产前端实时高频数据采集。在实现所有设备的联网和数据采集之后，通过监控设备的开机率和作业率，可发现制造黑洞，消除冗余浪费，减少设备等待时长，优化设备工艺参数与工艺路径，提升设备作业的效率，每年提升企业的产值 5200 万元。

🛰 未来探索价值

本项目普遍适用于显示面板行业，可进行快速复制。对内，以武汉华星光电为试点，逐渐向华星全国 8 个面板厂和 4 个模组厂复制推广；对外，针对面板行业，可进行研究成果及商业模式的复制和推广，进而横向向半导体、3C 电子、装备制造、汽车零配件、能源等其他行业拓展，提升产业链协同发展的进程。本项目实施 5G 与企业生产管理要素的融合应用，实现人员全连接、机器全连接、物料全连接、工艺全连接、环境全连接、检测全连接，进一步实现产业链的全连接，构建 5G 工厂。

5G 工厂典型应用

数融万物 智创未来

第二部分

5G 工厂典型应用

　　5G 工厂是充分利用以 5G 为代表的新一代信息技术，打造新型工业互联网基础设施，新建或改造生产线级、车间级、工厂级等生产现场，形成生产单元广泛连接、信息技术（Information Technology，IT）与运营技术（Operation Technology，OT）深度融合、数据要素充分利用、创新应用高效赋能的先进工厂。5G 工厂的建设，进一步加快了"5G+工业互联网"新技术、新场景、新模式向工业生产各领域、各环节的深度拓展，推进传统产业提质、降本、增效、绿色、安全发展。

烽火 5G 工厂

参与企业：烽火通信股份有限公司、中国电信股份有限公司湖北分公司

技术特点：烽火5G工厂在终端侧，有大量设备接入，例如环境感知设备、PLC设备、摄像头、AGV等；在网络侧，打造了5G定制网和千兆光网两张基础网络。5G工业网关接入边缘云平台，在边缘云平台的基础上打造了工业互联网平台、人员全连接平台、视频全连接平台、数据可视化平台四大平台及15项应用落地。

应用成效：本项目探索"5G+AGV"智能调配和混流单体的生产模式，实现智能制造的柔性生产。

烽火通信股份有限公司（以下简称烽火）通过 5G、云计算、大数据、物联网、人工智能等数字技术对本单位厂区进行 5G 智慧化改造。

通过从顶层设计到规划落地，烽火提供了全套"5G+工业互联网"标杆解决方案，实现车间的"人、机、料、法、环、测"的全连接，包含 2 种网络融合、1 套边缘云协同、1 个平台助力与 N 项应用落地。

5G 大带宽数字智能多场景高效应用

为了实时掌握每个产品的加工状态，烽火在混流单体生产线安装多个数据采集终端实时采集和传输数据。实时传输及处理数据需要网络满足数据的高并发、低时延的需求。车间的数据传输通过以太网进行，现有的以太网无法满足高并发、低时延的需求，经常出现数据时延及网络故障。

在装配段，产品装配使用的预加工部件，需要按需求配送到指定的生产工位，为了满足灵活的配送要求，烽火通过 AGV 来运输装配所需的预加工部件。

烽火对现有生产线进行网络改造，利用 5G 大带宽提高数据并发传输量，降低

了数据传输时延，解决了车间现有网络的时延和断线的问题。

烽火改造 AGV 的信号接收模块，通过在 AGV 车体内置 5G 网关，以太网口与 AGV 核心控制器进行上下行数据交互，传输调度指令。改造后的AGV调度断线问题，由平均每天发生 5 次下降到 0 次，每天网络通信时延故障下降到 0 次。改造后的产品生产周期缩短 30%，人均生产效率提升 30%，生产线产能提升 20%。

机器视觉需要对拍摄的高清图片进行识别处理，在该应用场景，对网络的上行带宽要求不小于 30Mbit/s。目前，车间使用的以太网无法满足此传输需求，5G 的大带宽可以很好地满足该场景的需求。烽火采用"5G 网络传输+边缘智能平台+边缘智能网关"的云边协同边缘计算体系架构，通过边缘云计算能力，简化检测识别现场的工控机方案和现场设备，加快优化视觉算法，实现工业智能化，并且可以使机器视觉有更灵活的部署方式。

对比传统机器学习平台的模型发布，烽火通过云边智能协同，在生产边缘侧实现模型分钟级发布上线，模型发布效率整体提升 40%，降低了视觉检查工位的程序制作时间，提高了新产品的换线效率。视觉检查人员可以实现一人多机的操作，视觉检查人员减少 10%。

数字孪生赋能轨道车间

自动化巡检的技术方案包含两个部分："数字孪生+轨道巡检"可实现工厂场景联动定位精准查询，实时视频高效直观查看；"数字孪生+人员定位"可实现人员的自动化巡检管理。

"数字孪生+轨道巡检"自动化巡检方案将室内挂轨式巡检机器人的信息集成到数字孪生模型中，在数字孪生模型中实现远程巡检，将车间内的所有监控视频接入视频孪生平台统一管理。

"数字孪生+人员定位"自动化巡检方案是将数字孪生平台系统接入人员定位系统数据，在车间三维实景中，直观展示工作人员的实时位置，并实现数据与场景的精准联动，实现人员管理的自动化巡检。

烽火自研能力赋能通信制造业

烽火与中国电信股份有限公司湖北分公司（以下简称湖北电信）合作打造 5G 智慧工厂，应用了多项烽火的自研设备，尤其是在千兆光网中应用了烽火的工业光网络单元（Optical Network Unit，ONU）；在 MEC 平台中应用了烽火服务器；采用的光纤为烽火光纤。

烽火 5G 工厂创新地应用了"5G+UWB"融合定位，实现了车间人员的安全演练、危险区域的预警、作业工位的考勤、非作业人员闯入预警、车间一键呼叫、人员就近调度、人员生产效率计算、巡检考核等，满足了车间对人员安全与生产效率的管理。

另外，烽火 5G 工厂利用"5G+滑轨机器人"融合技术，实现了生产线自动巡检、特殊场景的自动巡检、生产场景的自动巡检，满足了车间自动化巡检与厂区远程高清技术支撑的场景。

🌀 打造创新综合平台，实现高效管理

烽火 5G 工厂灯火通明，生产线的工作人员和机器完美配合，随处行驶的 AGV 将生产所需的物料配送到指定的生产工位；"5G+机器视觉"质检，充分利用 5G 低时延和大带宽特性，提高视觉检查的效率；同时，烽火使用"5G+巡检机器人"，直观展示工作人员的实时位置，并实现数据与场景的精准联动，助力厂区安全运营。

目前，烽火计划通过数据采集、视频监控、机器视觉、5G+MEC、UWB 人员定位、数字孪生、滑轨机器人等多个 5G 应用场景，大力提高生产效率，助力产业数字化升级，推动"制造"向"智造"转型，打造更加智慧、更有效率、更加绿色的"未来工厂"。本项目还充分考虑生产的稳定性、安全性、可控性，有力地支撑各生产环节基于 5G 的应用场景，为烽火打造集综合人员定位信息、视频监控及数字孪生等先进技术于一体的创新性综合管控平台，实现对工厂设备的高效管理与对工作人员的精准监督管理。

烽火原有的生产线存在数据采集稳定性差、工作人员行为规范缺乏实时管控、应用部署时延较长等问题，现在的生产线受现场管理、工具管理、任务管理、设备维保、质检管理等管控；通过 AI 行为分析，可以有效规范工作人员的操作及技术水平，有效提升生产的安全性、合规性，为烽火打造绿色、安全、便捷的数智工厂打下良好基础，实现管理效率和产能的双提升。

未来，烽火与湖北电信将采取更深入、更广泛的合作，进一步推进电信 5G 关键技术在智能制造领域的落地，以网络、AI、安全、区块链等关键技术推动科技创新，进行全业务、全流程的数字化升级，打造国内领先的制造业智能工业互联网平台，逐步建设灯塔工厂。

湖北荆州美的数智驱动 5G 工厂项目

参与企业： 中国移动通信集团湖北有限公司荆州分公司、美的集团有限公司

技术特点： 本项目核心网采取主备UPF连接模式，用户优先注册在主用UPF上；传输承载网采用"双SPN+双路由结构"组网，主路光纤因故障断裂后，自动切换至备用光纤传输数据；无线网的无线主设备由主控板、基带板、RHUB、pRRU4个部分组成，主控板+基带板采取主备用模式，每台RHUB分别与主备两台基带板连接，确保末端pRRU设备不因上联设备故障而全部离线，保证了厂区生产线无线信号覆盖的整体可靠性，保证了厂区内的数据安全。

应用成效： 本项目落地"5G+AGV智能运输""5G+车辆信息调度""5G+AI视觉质检""5G+设备联机"等15个应用场景，实现物流智能化、品质去人为化、设备高度物联化、生产柔性化。

打造美的集团新型工业数字化转型

美的集团有限公司（以下简称美的集团）在近年提出的战略不局限于"家电制造商"定位，逐步向"工业互联网解决方案提供商"转型，入选"福布斯中国2021年度中国十大工业数字化转型企业"。基于此，结合中国移动通信集团有限公司的 5G 网络基础设施以及服务能力，中国移动通信集团有限公司和美的集团完成"全球首个制造场景全 5G 连接全新工厂"项目的签约。2022 年，美的集团提出了自己的 5G 战略：从 5G 应用"点""线""网"打造以 5G 为主承载网络的工业互联网。

美的集团通过下沉 MEC（UPF+MEP）作为本地业务分流和边缘计算支撑工厂的自动控制及生产；通过"连接+算力+能力"的云、边、端协同实现"人、机、料、

法、环"等生产要素的充分连接，打通全价值链的运作体系；通过云 AI 平台中的算法和模型自动化地完成数据分析处理和闭环优化，实现数据驱动的运营和管理。切入场景包括"5G+物流智能化""5G+品质去人为化""5G+设备高度物联化""5G+生产柔性化"等。

美的集团推动 5G 技术与智能网络、智能软件、厂区内的工业制造系统融合，促进荆州美的洗衣机厂数字化、网络化、智能化转型升级，助力"5G+智能制造"的各个生产场景。

本项目首创多项 5G 专网创新能力：一是基于激光点云的网络仿真建模，高度还原工厂环境；二是采用分布式 M-MIMO 提升上行容量 3.1 倍，配对增强叠加提升超过 20%，满足端到端网络大带宽保障和低时延转发能力；三是站点三级可靠组网，实现无线网高可靠性保障，在单 RHUB 故障模式下，业务吞吐量下降 10%，可保障业务的连续性。

本项目采用 5G 全连接建设，无一处有线连接，对 5G 连接的可靠性提出了非常高的要求；本项目是在一个全新厂区进行 5G 建设，在厂区规划方案的基础上，需要与基础建设方沟通管道、桥架、设备安装的位置等，协同度要求极高；本项目为 5G 全连接工程，对上行带宽的要求非常高。

功能特点与实现情况

通过建设服务荆州美的洗衣机厂的 5G 专网，部署服务于虚拟企业专网的 5G 宏站信号覆盖、5G 室分信号覆盖及搭建边缘计算平台，本项目满足了以下需求。

物理专网需求：5G 生产数据不出厂区，要求建设专用物理承载网络（隔离其他 5G 业务）。

端到端网络需求：端到端网络通道具备大带宽保障和低时延转发能力，可靠性达到 99.99%。

网络能力要求：大带宽、低时延。

经济效益显著提升

与美的集团在无锡的现有传统工厂相比，5G 工厂的优势有：大件 100% 自制；供应链成本下降 3%；单台人工成本下降 30%，总装生产人数减少 50%；在周转方面，订单下线直发 80%，JIT 库存（是指无库存生产方式）降低 50%；采用无纸化办公，辅助人员数量减少 50%；端到端交付周期缩短到 8 天。

🌐 行业前景广阔，价值空间提升

从项目实践来看，本项目通过 5G 和边缘计算能力为荆州美的洗衣机厂提供虚拟无线专网，从车间终端到网络的接入、本地园区的应用、异地园区的应用等可以实现端到端的安全和高可靠性。其推广意义在于家电制造行业龙头聚集效应明显，5G 应用辐射万亿元级工业制造行业。同时，美的"5G+智慧工厂"（荆州美的洗衣机厂）是美的集团第一个 5G 全连接新建工厂，也是全球首个制造场景 5G 工厂，生产要素众多，后续可以结合荆州的工业互联网解析平台建设，作为产业头部企业对接工业互联网解析平台，为推动荆州建设完备的工业互联网解析体系发挥龙头效应。

中国移动通信集团湖北有限公司联合美的集团制定了 5G 工厂标准，使其他企业有了可供复制和借鉴的模板。本项目对内塑造"5G+工业互联网"应用能力，对外深化合作，带动了整个产业链上下游信息化、可视化、数字化管理，推动了行业数字化转型升级的进程。5G 工厂在建立设计阶段已经完成上下游企业需要应用的模块功能设置，现在所有功能上线运行正常，已直接复制推广到美的集团 30 余家工厂和部分上游核心供应商。

依托 5G 工厂，美的打造出亚洲效率最高的洗衣机生产线，打通生产、经营活动的全过程，实现工业园区内的互联互通，每 15 秒就有一台洗衣机下线，未来这一速度还将提高至 10 秒／台。

本项目的应用已入选工业和信息化部、国家广播电视总局"超高清视频典型应用案例"名单。本项目建设方中国移动通信集团湖北有限公司荆州分公司获得第五届"绽放杯"5G 应用征集大赛湖北区域赛一等奖。

横店东磁 5G 工厂

参与企业：中国移动通信集团浙江有限公司、横店集团东磁股份有限公司

技术特点：技术方面，本项目达到全球3个"第一"：全球首个5G终端零信任接入落地，持续监测终端行为（含终端类型、位置、接入制式），动态评估用户和终端身份、操作权限；全球首次制造行业落地核心网"风筝模式"，确保在极端场景下的业务连续性；全球首次构建行业生态。本项目联合行业SoC合作伙伴HanSight，定义规范接口对接SIEM，由SIEM转换为行业客户SoC能解析的Syslog（满足RFC规范）。

应用成效：本项目使用5G网络减少了设备联网的布线成本，降低布线问题导致的事故频率；基于5G网络将生产设备、生产管理系统、AGV、仓管系统等联网互通，开展大数据收集分析；采用数字孪生技术，实现生产状况实时可控；不仅增强企业的应变能力和竞争能力，而且对推动我国太阳能电池产品的生产、扩大企业的生产能力、增加就业岗位、积极参与国内外市场竞争，都具有重大的现实意义。

横店集团东磁股份有限公司（以下简称横店东磁）是全球磁性材料行业的头部企业，是一家拥有磁性材料、新能源和器件三大产业的高新技术企业。

本项目通过先进的 5G MEC 技术、物联网技术，将 5G 技术应用到智能生产中，实现装备智能化、制造数字化、运营精细化，成为浙江省首个区域性工业互联网平台，实现降本增效、助推传统制造转型升级。

一是打造光伏行业首个 5G 工厂，5G 赋能全生产线，连接 1000 多个终端，包括 320 个 5G 数据采集网关对 841 个终端进行数据采集和分析。

二是 5G 赋能智慧应用，部署在 MEC 边缘云上的网关管理平台，可实时检测与管理数据采集设备的运行情况；基于 5G MEC 的超低时延、超大带宽，可大幅提

升质量检测的效率，实现机器视觉云端检测。

三是 5G 工厂具有 208 台集成了 5G 模组的 AGV，原先厂区的 AGV 平均一天掉线 10 次，现在通过 5G 网络实现自动调度 AGV，利用稳定可靠的 5G 网络，控制时延小于 30ms，AGV 掉线概率为 0。

四是 5G+数字孪生，5G 工厂实现对无线终端统一智能接入管理、解析、数据管理、分析、应用赋能等基础能力，实现全厂区感知终端设备的数据上云，助力打造智慧应用。

打造智慧数字工厂底座，提升智慧生产能力

本项目结合工业互联网、5G、大数据等技术应用，在工业互联网平台数字工厂底座上集成多个应用，实现智能化生产、智慧化管理，以及协同化制造，打造光伏行业唯一的 5G 专网应用的智能工厂。

本项目面向 5G+工业互联网业务的大带宽、低时延、高可靠、广覆盖要求，建设高质量的企业基础网络设施，结合中国移动为大中小型工业企业提供的全国性网络服务，包括骨干网和接入网，为企业开展远程故障诊断、协同设计、供应链协同等业务，以及为分支机构互联提供可靠的网络保障服务，支持业务按需开通和保障业务服务质量，并针对企业的特殊要求优化网络传输协议，支持企业生产设施、产品等工业终端接入，为企业业务运行提供网络安全保障和有效资源调度，补齐传统互联网在可靠性、安全性、业务灵活性等方面的短板。

5G 数据采集。本项目利用 5G 网络极大地减少了工厂的网络布线并提升了布局美观程度，并且不用花费大量时间规划设备的 IP 地址，边缘计算服务器将数据同步到 MES 服务器进行数据分析，保障了数据的实时性，保障了数据的安全。数据采集主要由 5G 数据采集网关完成，它能够在靠近用户或数据源的位置提供网络、计算、存储服务，不仅可以实现流量的本地化处理，降低对传输网络和远端数据中心的流量冲击，而且还能够提供低时延和高稳定的应用运行环境，有利于计算框架在终端和数据中心间的延展，有助于实现场景需求、算力分布和部署成本的最佳匹配。

5G 云化终端管理平台。本项目的终端管理平台部署在 5G MEC 边缘云上，在云端为终端管理增加一个"大脑"，除了原有的复杂计算，各种各样的 AI 能力扩展成为可能。云化终端管理平台由平台概况、设备管理、报表管理、报警管理、系统管理、VPN 客户端 6 个子系统组成。

5G 机器视觉和云端 AI 算法。本项目搭建机器视觉云平台，利用 5G 拓展低时延、大带宽边缘 AI 能力服务，构建数据处理平台，积累样本及模型，开展算法训练，

赋能已有的摄像头，通过云端部署算法的方式将其升级为智能摄像头，实现单晶电池片电致发光（Electro Luminescence，EL）缺陷的毫秒级自动判定。

5G AGV 应用。随着仓储业务量的爆炸式增长和机器人技术的飞速发展，AGV 对无线通信质量的要求越来越高，如何提高 AGV 的运营效率和稳定性是目前智能仓储系统面临的挑战。该 5G AGV 远程联网解决方案是一种基于 5G 无线技术创新的高度灵活的自动化仓储解决方案。5G AGV 远程联网框架如图 1 所示。

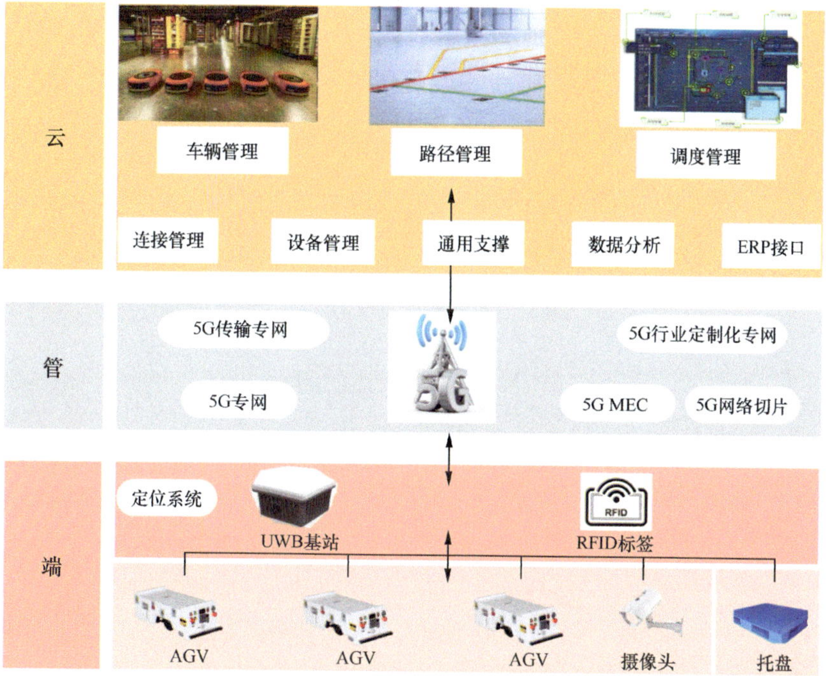

图 1　5G AGV 远程联网框架

　　横店东磁仓库内的每辆 AGV 都配备一个智能终端通信模块，该模块可以自动扫描工厂环境，通过无线通信网络将这些控制数据传输到仓库内的智能边缘服务器，智能边缘服务器融合了 AI 核心网络控制功能，可实时处理 AGV 的高速调度请求。目前，5G 无线技术全面引入智能制造和工业互联网等垂直行业，将来还可以更大限度地提升 AGV 的运营效率。

5G+工业物联网应用成效显著

　　本项目基于 5G 网络将生产设备、生产管理系统、AGV、仓管系统等联网互通，开展大数据收集分析，采用数字孪生技术实现生产状况实时可控，主要有以下成效。

一是每日产出提高了 8% 左右，同时 5G 促进了柔性化生产。

二是生产线员工数量减少了 70%，5G 工厂实现了"人、机、料"等互联，例如，"退火—PE 背膜—PE 正膜—丝网上料"4 道生产工序的 4 条生产线通过 AGV 进行物流搬运，可节省员工 12 人；"去 PSG 下料—碱抛上料"2 道生产工序的 7 条生产线通过 AGV 进行物流搬运，可节省员工 5 人。

三是通过 5G+工业物联网的实践，为光伏制造业进一步明确了工业智能制造的升级方向，从布局设计开始，全区域自动化，引入大数据分析工具提升管理效率实现智能制造。5G+数字孪生实现了对无线终端统一智能接入管理、解析，以及数据管理、分析、应用赋能等基础能力，实现全厂区感知终端设备的数据上云，助力打造智慧应用。

美的洗涤 5G 全连接智能制造示范工厂

参与企业： 中国联合网络通信有限公司佛山市分公司、佛山市顺德区美的洗涤电器制造有限公司、华为技术有限公司、广东康利达物联科技有限公司

技术特点： 5G融合定位可以实现5G、蓝牙、GPS等多种技术融合，采用"5G+AOA[1]"比"5G+UWB[2]"的成本降低40%，维护成本更低。而且，蓝牙终端更普及，手机、平板电脑等终端都可以直接投入使用。5G赋能业务能提供钣金、PCB等AI质检应用（最高要求400Mbit/s）4G（最大仅100Mbit/s）所无法满足的大带宽，解决了Wi-Fi干扰大、稳定性差、时延高导致的业务中断问题。5G混合专网通过双线路、双设备的冗余设计，能有效防止单点故障引起的网络中断；在数据上采用闭环的系统设置和布局，以及严格的权限管理机制，有效保障了业务数据的安全。

应用成效： 围绕洗碗机关键件的制造环节，本项目开展了物流中控大屏看板、智能安防系统、5G+浸粉故障预测、5G+AR远程维修、5G+AGV、5G+AI视频检测、5G+机器人故障预测、5G+AI检验动作识别、AR验货、5G+设备联机、基于5G的制造云大数据应用、基于5G的营销云数据等场景试点应用，促进洗碗机产量提升，2022年同比增长幅度达41%。

为了适应产业数字化发展需要，满足美的洗碗机工厂（佛山市顺德区美的洗涤电器制造有限公司）数字化、智能化项目建设的需求，中国联合网络通信有限公司佛山市分公司（以下简称佛山联通）已在美的洗碗机工厂建设一套 5G MEC 混合专网设备，实现对厂区 5G 信号的覆盖，并采取 UPF 和 MEP 等核心设备的下沉，极大地提高了网络的传输性能和可靠性，减少网络波动和时延，实现厂区的业务数据

---

1. AoA（Angle of Arrive，到达角）。
2. UWB（Ultra Wideband，超宽带）。

通过 5G 设备传输而不出厂区，在提供网络性能的同时也大幅提高数据安全，为工厂的数字化、智能化建设打下了良好的基础，提升了整个厂区的网络通信能力。

本项目在网络建设中，采用 5G 混合专网架构，在美的洗碗机工厂电器 3 号厂房建设室分系统的基础上，增加了 BBU 和 IP RAN2.0 设备，路由上联至两个不同的物理机房，形成双路由。

在应用场景上，为了实现工厂产能稳增、人员减半的目标，必须积极探索建设 5G 应用场景，助力工厂端到端全面数字化和智能化。

一是重点围绕电子车间展开 5G+设备联机、5G+AGV 等应用，有效提升了电子件的生产效率，2022 年单位人时产能（Units Per Person Per Hour，UPPH）同比增长率达 36%。

二是深入开展设备联机、基于 5G 的智造云大数据应用等，促进洗碗机产量提升，2022 年同比增长幅度达 41%，UPPH 基本保持稳定。

三是重点围绕电子车间展开基于 5G+印制电路板（Printed Circuit Board，PCB）检测、工业 AI 检测，以及智造云大数据应用等，保障电子产品质量的稳定性，2022 年电子产品总装下线不良率同比降低 35.7%，电子产品质量稳步提升。

🌐 场景驱动，探索"5G+"更多应用生态建设

5G 设备联网。通过 5G 网络全覆盖，本项目完成超过 600 台设备联网，实现制造过程装备数据实时自动采集。

物流中控大屏看板、智能安防系统。智能安防平台在常规监控功能上接入 5G 网络，叠加了 AI 视频分析，实现车辆违停抓拍、行人非斑马线违规穿越抓拍、车间操作人员防护穿戴规范性 AI 检测、工厂楼顶太阳能光伏系统实时监测，特别对危险工作区进行 AI 视频抓拍和报警，监测工厂特殊区域高温、过载、燃气等的消防动态，对施工区域进行移动式安防监控等功能，全方位监控工厂内的安防情况。

5G+AR 远程维修。5G+AR 远程维修是数字孪生应用的重点应用场景。以往当设备发生故障时，工厂需要请设备厂商专程到现场，周期长、严重影响生产进度。现在工厂可通过 5G 网络实时连接设备厂商，AR 眼镜可实现多语言同声传译，远程指导工厂维修人员可视化点检设备，快速完成维修，每年为工厂节约设备维修成本 20 万元。本项目通过可视化点检了解设备实时参数、3D 爆炸图拆解分析核心部件、远程视频通话进行实时远程指导、实时翻译多种语言，AR 远程指导的效用最大化。

5G+机器人故障预测。美的洗碗机工厂现已全面实施了库卡机器人自动化作业，当机器人发生故障时会导致生产线停产，据统计，机器人平均每年故障的时长达

36 小时。当前，利用 5G 将所有机器人联网，实时采集基础数据，减少了车间内的有线网络，增加生产线柔性；同时，利用平台管理 AI 算法分析 5G 网络实时回传的数据，并对机器人做预测和提前维护，故障时长下降 40%。

5G+AI 检验动作识别。本项目通过工业相机采集检验员的动作，利用 5G 网络同步上传到平台，AI 算法可实时判断动作符合性并通过三色灯通知员工检验结果，检验有效性提升至 96%，一次装配不良率下降 30%，每年为工厂节约成本 13 万元。

5G+AOA 融合定位。在物流过程中，信息不畅、流程烦琐、无效作业是三大痛点。针对这些问题，本项目打造端到端的 5G 智能物流体系，实现账实一致、流程高效、少人化和全面无纸化 4 个目标，而只有 5G 网络能满足多种定位方式融合、网络稳定性要求高、并发大带宽、多接入点等要求。5G 融合定位可实现叉车的实时定位和库位信息互通，解决成品入库过程中不可视、无法精细化管理的难题，实现货物出入库记录有源可寻。本项目投入使用后，平均找货时间缩短 80%，仓库人工成本下降 21%，装柜效率提升 55%。

实践产量和质量双提升，相关成果丰硕

美的、佛山联通携手打造了广东省首个 5G 全连接智能制造示范工厂，同时在全球智能工厂业务中首次应用了 5G 融合定位技术。

5G 产生价值，实现了产量和质量的双提升：本项目围绕电子车间展开"5G+设备联机"、AGV 智能物流、智造云大数据应用等，提升电子产品的生产效率，2022 年美的单位人时产能同比增长 36%，产量同比增幅达 41%。

5G 融合新技术，推动生产质量改进：本项目围绕电子车间展开基于 5G+PCB 检测、工业 AI 检测及智造云大数据应用等，保障电子产品质量稳定性，2022 年电子产品总装下线不良率同比降低 35.7%。

唐钢 5G 工厂项目

((( ))) **参与企业：** 中国联合网络通信有限公司唐山市分公司、唐山钢铁集团
有限责任公司、华为技术有限公司

技术特点： 唐山钢铁集团有限公司专网与中国联通公众网络端到端完全隔离，不受
中国联通公众网络故障的影响。从无线基站传输到核心网用户面为唐山
钢铁集团有限公司单独建设，控制面网元共享，提供物理混合5G专网，
满足客户大带宽、低时延、高安全、高可靠的数据传输需求。

应用成效： 结合交换机、超边缘计算模块，本项目基于MEC的多级边缘网联管控平
台用于无人天车钢卷状态监测、炉底机器人巡检、捞渣机器人等应用进行
AI算力资源的调度实现快速分析、机器人集群调度，属于行业领先。

🔵 精准剖析现有问题，有效提高技术产品创新

中国联合网络通信有限公司唐山市分公司（以下简称唐山联通）与唐山钢铁集团有
限责任公司（以下简称唐钢）联合打造 5G+MEC 创新应用，将 5G 网络与钢铁行业的
信息化、智能化建设融合，实现生产、技术、装备、管理的有机结合，提升生产效率，
降低运营成本。

本项目利用 5G+MEC 专网有效覆盖现场，实现通信的实时性，降低网络时延，
消除断网故障，减少网络时延及断网造成设备失控的故障。本项目采用 5G+MEC
专网并首次创新应用唐山联通自主产品多级边缘网络管控平台，实现 5G+ 无人天
车视频回传和远程控制、5G+捞渣机器人的 AI 分析及远程控制、5G+AGV 智能理货、
5G+炉底机器人巡检等应用。

本项目可主动调整网络故障自愈结构，可最大限度地降低网络故障造成的客户
感知下降，实现 5G 网络管理运营智能化，网络优化自动化，降低运营成本，提高
网络故障响应的效率。

本项目使用了一种基于 5G+GRE[1] 隧道技术的终端系统，包括操作终端柜体和防护门，防护门转动连接于操作终端柜体的一侧，操作终端柜体的顶端固定设有信号组，操作终端柜体的两侧均固定设有加固组件，防护门的一侧底端固定设有外操作面板，防护门的一侧顶端嵌设有玻璃观察窗，操作终端柜体通过数据控制系统可实现信号连接。

根据唐钢原有网络摸排及需求，本项目采用混合组网模式，为唐钢新建一套 MEC 边缘云节点，部署于该园区机房；新建一座 toB 室内宏站，将 AAU 部署在机房钢结构上，实现重点应用区域的 5G 信号全覆盖。根据唐钢对 5G 网络低时延、高可靠的需求，唐山联通提供双发选收模式的方案，同时保留原有 Wi-Fi 网络，形成 5G 与 Wi-Fi 的双保障网络。

加强 5G+生态建设和应用

5G+超高清视频现场监控。唐钢利用 5G 超低时延和高达 200Mbit/s 的上传速率，在 5G 信号覆盖区域内安装一个 4K 高清摄像头，5G 网络通过 5G CPE 转变为 5G 无线信号，数据通过 5G 无线网络传输至视频监控大屏或计算机端。5G+超高清视频现场监控如图 1 所示。

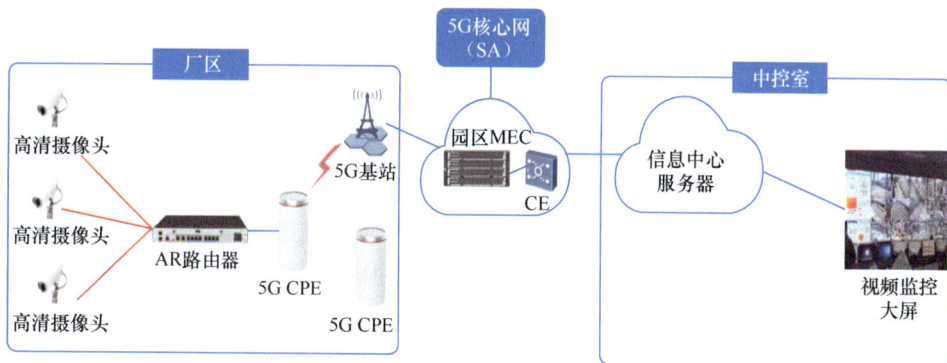

图 1　5G+超高清视频现场监控

5G+无人天车自主生产。本项目利用 5G 网络大带宽、低时延特点，使用 5G CPE、5G 路由器等设备，实现无人天车作业超高清视频回传。无人天车两侧各有一个高清摄像头，横向观察无人天车的正常作业，监控无人天车抓钢卷的情况，保证正常的生产作业。

5G+无人天车自主生产框架如图 2 所示。在远程控制方面，5G CPE、现有 Wi-Fi 网络采用主备方式，5G CPE 与 AR 路由器相连，AR 路由器与 PLC 相连，远

---

1. GRE（Generic Routing Encapsulation，通用路由封装）。

程控制系统在中控室通过 5G 网络远程控制无人天车运行。通过时延最优算法，本项目采用双发选收模式的方案，大幅提升时延可靠性。

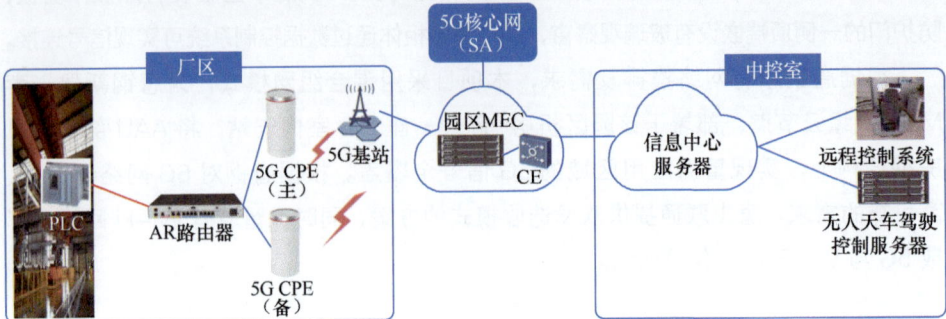

图 2　5G+无人天车自主生产框架

5G+AGV 智能理货。5G 的上行大带宽、低时延使 AGV 的云化视觉导航和实时视频互动成为可能。相对于人工搬运的低效率，传统人工车辆的行驶路径、速度、安全不可控，基于 5G 的 AGV 的行驶路径和速度可控，定位停车精准，大幅提高了搬运钢卷的效率。

5G+作业区人员安全检测报警。5G 网络具备高速率、大带宽的特点，可实时识别无人天车作业区域的人员逗留，实时监测作业区的人员行为。

5G+炉底机器人巡检。5G 可以将高清设备的参数、视频、图像快速发送到云端服务器，实现炉底机器人的快速有效巡检，提升巡检的效率，降低人员持续投入的成本。

5G+捞渣机器人。锌锅区域会不断产生锌渣，为了满足及时捞渣的需求，本项目通过 5G 无线网络覆盖作业区，消除信息死角，实时采集锌锅区域产生锌渣的情况，可以提高产品的合格率。

本项目通过自动化、集成化、智能化改造生产设备替代人工操作，以设备提升改造实现节能减排，提高资源利用率和优质产品率；通过实现无人化作业执行、在线检测、高性能闭环控制，提高控制精度，提升生产线的质量水平。以市场需求为导向，汇聚钢铁产业链企业、电信运营商、通信设备商、终端设备厂商等，整合各方资源，开展标准制定和技术积累工作，同时，强化智能制造先进模式的应用推广，构建企业实践经验的交流机制，有效推动钢铁行业智能制造的协同发展。

本项目是推动钢铁产业由自动化向智能化转变的成功案例，对我国钢铁行业的高质量、绿色化发展，以及助推钢铁产业链上下游发展乃至国家钢铁产业稳步、健康发展具有重大的价值与战略意义。

长安汽车 5G 工厂

参与企业： 中国联合网络通信有限公司重庆市分公司、重庆数智融合创新科技有限公司、重庆长安汽车股份有限公司

技术特点： 本项目采取"一软一硬一网一平台"的整体架构设计，搭建"5G+MEC 虚拟专网"，实现本地流量卸载，安全可靠；打造行业首个5G局域网连接工厂，直接实现设备间的二层互通，不需要增加AR设备，不需要额外增加配置和维护负担，让生产线上的设备摆脱线缆的束缚；通过搭建统一的工业控制平台，真正打破了业务系统的"孤岛"，实现App的一键下发。

应用成效： 本项目帮助长安汽车生产效率提升10%、平均每年增产5万辆以上，新增产能50亿元以上；从成本来看，工厂节约制造成本每年达7500万元以上，年产可增加利润3亿元左右。

重庆长安汽车股份有限公司（以下简称长安汽车）提升生产线快速重构能力存在三大瓶颈：一是系统众多且孤立，在冲、焊、涂、总4个车间各有20多套系统，没有统一的管理平台，且系统之间的数据交互采用多种管理方式且维护难度大，导致新产品、新工艺上线周期长，实施难度大；二是系统采用传统多视点视频编码（Multiview Video Coding，MVC）架构，数据传输效率低、并发风险高，经历十几年的迭代优化，单个系统的功能非常庞杂，单个功能点的迭代优化会影响其他功能点，甚至关联系统，严重影响系统的敏捷性；三是长安汽车以现场总线、工业以太网及工业无线3种网络为主，但现场总线存在可靠性差、安装维护成本高、互换性差、缺乏统一的协议标准、应用维护困难等问题。

突破瓶颈，打造汽车行业智能制造标杆

长安汽车和中国联合网络通信有限公司重庆市分公司（以下简称重庆联通）

承建国家发展和改革委员会"新基建"项目和重庆市经济和信息化委员会"5G+工业互联网"创新示范项目，携手打造汽车行业智能制造标杆。重庆联通在长安汽车重庆区域生产园区的供应链、工厂、车间部署 5G 基站，以 5G 专网为基础，以工业控制平台为核心，建设 3 个 MEC 平台，改造 79 类工业终端，联网终端设备共计 2879 台（其中，5G 终端模组 1500 台以上），围绕工艺、交付、质量、成本、设备、环境六大核心要素，规划建设视觉缺陷检测、装配引导、云边协同支撑柔性敏捷制造等 32 类、69 个 5G 工业应用场景，打造 5G+智能制造、协同制造新模式，实现基于 5G 网络的未来智能工厂，助力长安汽车提质、降本、增效、绿色、安全发展。

项目总体架构如图 1 所示。

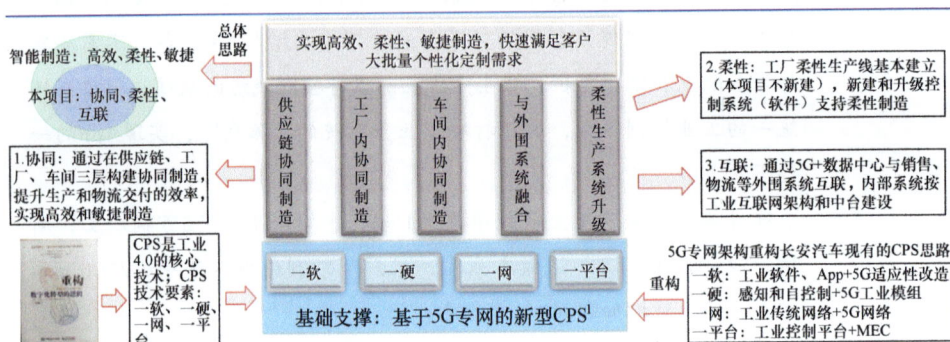

注：1. CPS（Cyber Physical System，信息物理系统）。

图 1　项目总体架构

本项目的先进性与实用性主要体现在以下 3 个方面。

一是新一代信息通信技术助力生产智能化。 5G+时间敏感网络（Time Sensitive Networking，TSN）/ 5G LAN 具有时间同步、时延保证等功能，保障工业互联网端到端时延；5G 网络切片，支持多业务场景、多用户及多行业的隔离及保护；5G 边缘计算技术提供网业协同平台，促进 CT、IT、OT 的网络融合，提升工厂内业务的智能化。

二是解决工业应用管理混乱的问题。 本项目提供接入标准及规范，下发应用统一接入编码，按对应业务节点下发编排好的工业应用组合，解决生产现场环境任意接入、应用杂乱、难以管理等问题。

三是应用部署周期短。 应用即容器，容器作为工业控制平台节点的最小运行单元，能实现应用的快速部署、版本升级和兼容，能在支持容器运行环境的任何设备上运行。

极简组网，扩大 5G+ 应用生态建设

5G+LAN+PLC。本项目通过 5G LAN 组网，用于 PLC 与工业控制平台之间的通信，5G LAN 支持工业协议，可实现端到端极简组网，助力生产线柔性化，时延稳定在 10~15ms，有效降低抖动，提升稳定性；通过沿用原 PLC、服务器组网规划和 IP 配置，实现网络即插即用，分钟级业务上线；故障排查时间缩短 60% 以上，生产保障效率更高，运维成本降低。

5G+AI 质检。长安汽车工厂工业相机居多（例如，涂胶检查、安装定位），各个产品有独立的工业控制系统，管理难度大。本项目综合运用人工智能、物联网、5G、边缘计算、机器视觉等技术，通过将 GigE Vision 服务器部署在 MEC 平台，实现 GigE Vision 服务器集中式统一管理，再采用 5G LAN，实现了 GigE Vision 服务器对工业相机的控制，替代了有线网络，提升了工业相机部署的便捷性和灵活性。该平台高效、便捷地支持了车间 5G+AI 质检。5G+AI 质检如图 2 所示。

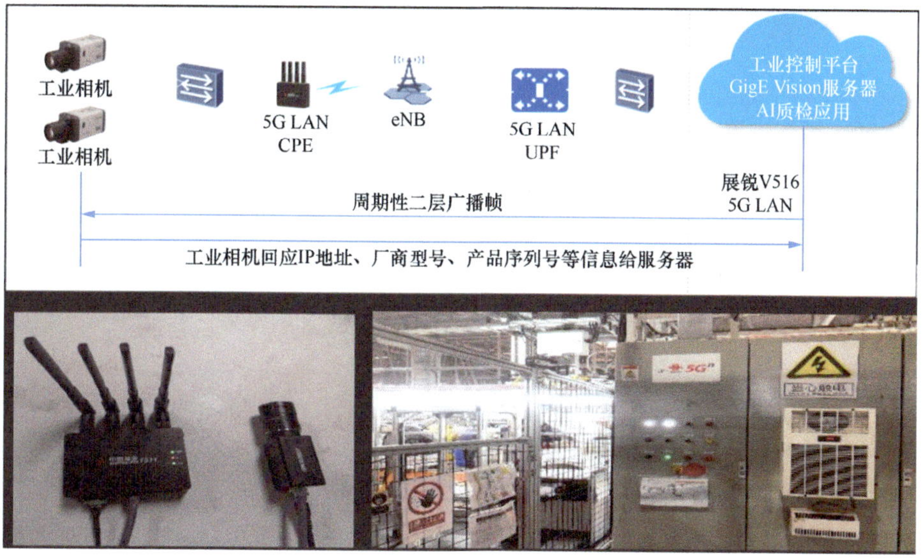

图 2　5G+AI 质检

5G+AR/VR。5G+AR/VR 远程运维主要应用在以下场景。

一是夹具故障展示。针对工厂典型设备（例如机器人、夹具），在 AR 巡检场景中，5G+AR 工业应用可实时呈现当前设备的状态，获取故障信息知识库，展现历史故障信息。针对生产报警信息，5G+AR 工业应用可展示相关重要设备，突出展示异常 / 故障设备，实现生产线报警信息可视化与紧急处理。5G+AR 工业应用可将现场实时画面通过工业相机等同步给远程专家，远程专家根据实时画面给出指导意见或

建议，实现远程运维。

二是 5G+VR 工业应用实现工厂工位数据展示。针对长安汽车总装车间生产线，5G+VR 工业应用进行数据采集、3D 建模、开发展示和数据集成。5G+VR 工业应用仿真生产线的运行生产流程，打通生产线自动化与半自动化服务，使 IoT 数据和混合现实（Mixed Reality，MR）设备中的应用展示实现数据同步，在实现工厂生产线设备运转的同时，VR 视野 3D 模型的设备同步进行生产线操作与数据传输。5G+VR 工业应用实现工厂工位数据展示如图 3 所示。

图 3　5G+VR 工业应用实现工厂工位数据展示

5G+ 智能物流。在物流仓储环节，长安汽车对自动化、信息化和智能化有着迫切的需求。本项目采用 5G+AGV 融合导航模式，通过"激光+惯性测量单元（Inertial Measurement Unit，IMU）"在常规场景下进行导航定位，并可以通过工业相机和传感器，在 AGV 行驶过程中动态获取车辆周围环境的图像信息，并通过 5G 网络传送到 MEC 边缘云端进行统一处理、决策，调度管理系统也部署于边缘云端。

🔵 应用场景成熟广泛，5G 助力产业智能化发展

重庆联通和长安汽车发挥各自的优势，以"打造汽车行业和通信行业跨界合作典范，打造国家智能制造亮点项目，实现多方共赢"为战略目标，合作构建基于5G 专网的信息物理系统，按园区、工厂、车间、生产线、工段、工位 6 个区域维度，从"设备+网络""应用+平台""数据+智能"3 个方面，建设面向汽车领域的"互联网+"智慧工厂，连接人员、设备、物料、工艺、环境、质量，全面实现智能化生产、个性化定制、网络化协同、服务化延伸。本次跨界融合创新，为 5G+工业互联网的发展树立标杆。以下是本项目的 3 个重要应用场景。

应用场景一：5G+MEC 高可靠工业专网助力数据安全。

在长安汽车 5G+MEC 高可靠工业专网项目中，重庆联通采用"室外宏站+室内分站"方案，长安汽车园区建设 200 个基站，通过室外宏站与室内分站实现园区道

路及生产办公楼、生产车间的 5G 网络接入覆盖，实现各类数据及时接入反馈；5G 数字化室分系统主要部署在园区办公楼、生产车间内，采用吸顶、壁挂等安装方式，覆盖面积达 200m²，保障本项目的数据接入及网络质量。同时，本项目采用 5G LAN 二层组网，替代有线网络和适配工业现场协议，相比普通 5G 三层组网，具备以下 3 个方面优势。

一是应用不变。原生二层组网，广播或组播，支持工厂原有的工业协议，不需要重构，例如工业视觉和工业控制协议。

二是拓扑不变。保持原有组网，保持扁平组网和整体拓扑，易于融入车间内网，精细控制互访和隔离。

三是配置不变、维护简单。保持车间的内网 IP 分配，不需要对接或修改配置，内网 IP 由长安汽车自主管理运维，配置极简，业务快速上线。

5G+MEC 高可靠工业专网采用轻量化核心网元入驻模式，利用 5G 的切片技术和业务分流功能，实现公众用户与工业用户的数据分流控制，保障数据不出厂区，有效避免因网络攻击造成的信息泄露，实现一网多用，大量节省基础网络的建设成本。

应用场景二：5G+总装车间工业控制平台助力统一管理。

重庆联通充分利用 MEC 网络连接的控制与管理、融合分流等 CT 能力和云 IT 能力，发挥边端低时延、高可靠等优势，构建 5G+总装车间工业控制平台，为 IT、OT 融合提供数字化底座。5G+总装车间工业控制平台是基于重庆联通 5G+MEC 开发和部署的，针对整车生产现场工艺控制管理，集工艺控制 App 快速开发、发布、终端部署、运营管理于一体，实现各工艺环节硬件和软件解耦，极大地提升了生产制造过程的标准化、柔性化、智能化，满足了整车生产高度定制化的发展趋势。

应用场景三：5G+AI 机器视觉质检助力智能化发展。

在长安汽车两江三工厂，重庆联通将 5G 和 AI 机器视觉算法结合，通过 5G 网络将现场实时图像、视频传递给边缘云端进行智能分析，使工业设备有了识别和分析能力；结合整车制造过程中的质检业务痛点，重点围绕冲压车间钣金表面缺陷、焊装车间关重焊点群外观质量、涂装车间车身漆面缺陷、总装车间涂胶缺陷等应用场景，推动整车制造过程质检向智能化、无人化的方向发展。

中信科 5G 全连接智慧工厂

参与企业：中信科移动通信技术股份有限公司

技术特点：中信科移动通信技术股份有限公司建成全国首个5G智慧制造示范生产线与首个基于5G网络架构的企业工业互联网平台。中信科移动通信技术股份有限公司联合湖北移动建立了"5G+工业互联网联合创新实验室"，构建5G+工业互联网生态圈，深入开展5G应用落地和示范；建设工业互联网标识解析综合型二级节点，提供标识注册、分配、查询和公共解析等基础性服务。

应用成效：本项目在对现有厂房进行智能化改造后，工厂内的数据被高效采集和传输，现有网络具有大带宽、高可靠性、低时延、海量连接等5G网络特点，也使5G网络成为支撑工业生产的重要基础网络。

🔵 行业共性问题和需求

中信科移动通信技术股份有限公司（以下简称中信科）以融合"5G+智能制造"为突破口，充分利用以 5G 为代表的新一代信息通信技术，打造新型工业互联网基础设施，新建和改造生产线级、车间级、工厂级生产现场，形成生产单元广泛连接、IT+OT 深度融合、数据要素充分利用，从而达到提升生产效率、降低生产成本的目的。"5G+智能制造"框架如图 1 所示。

🔵 打造"1+1+*N*"模式的 5G 全连接智慧工厂架构

本项目基于过程方法与系统（Development Operations，DevOps）理念，打造"1+1+*N*"模式的 5G 全连接智慧工厂架构，整合 DevOps 工具链、微服务和移动应用框架，重点打造频谱资源管理（Spectrum Resource Management，SRM）、制造执行系统（Manufacturing Execution System, MES）、仓库管理系统（Warehouse Management System，WMS）等业务应用，打通从客户订单到客户物流及交付的链条，实现订单交期自动评估全透明追踪，采购交付协同供应资源池精细管理，质量、物流、工艺统一数据管理，实现网络全连接、要素全连接、数据全连接、业务全连接。

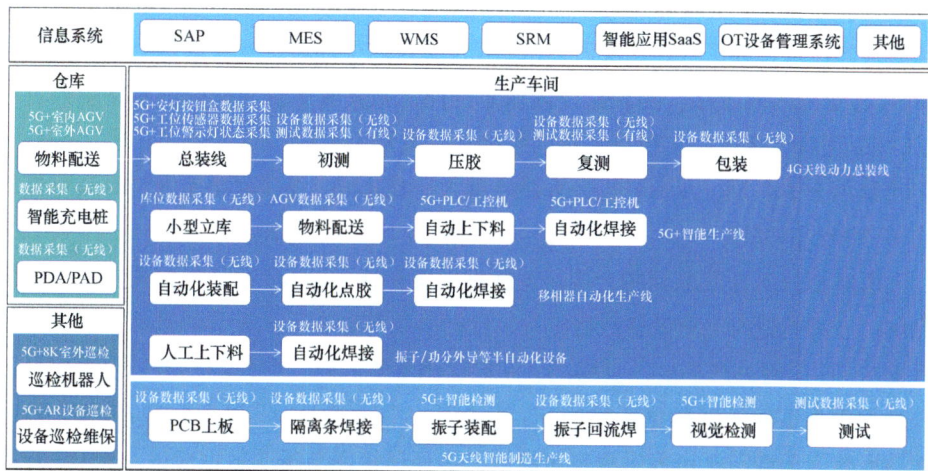

图 1 "5G+智能制造"框架

"1"：建设一套基础设施，包括 5G 网络及 MEC 部署、生产现场设备的升级改造，实现 5G 网络的现场设备全连接和数据采集。

"1"：搭建一套融合 5G 内网的工业互联网平台，包括技术中台、数据中台、服务中台、业务中台，通过重构 MES、WMS、SRM 应用，实现企业准时交付（On-Time Delivery，OTD）订单到交付端到端横向业务及管理集成，实现跨企业协同合作；同时，利用标识解析技术构建更多的 5G 智慧工厂应用，打通上下游供应链企业，推动 IT、OT 应用统筹部署，实现工厂内数据全连接、业务全连接。

"N"：打造 N 个工厂内 5G 垂直应用，包括基于设备协同作业的 5G+智能生产线融合应用、基于机器视觉质检的 5G+智能检测融合应用、基于智能物流的 5G+云化 AGV 融合应用、基于设备资产管理的标识解析应用等，逐步实现工厂内外的生产要素全连接。

技术产品创新方式

中信科 5G 网络覆盖整体采用 "5G 无线—5G 边缘计算—移动云" 三级架构。其中，5G 无线用于工厂对象统一接入；5G 边缘计算作为企业网络关键节点，可以很好地支撑工业互联网的高速率、低时延运行。5G 边缘计算在靠近工业互联网的网络边缘侧，融合网络、计算、存储、应用核心能力的开放平台，就近提供边缘智能服务，可以满足行业数字化在敏捷连接、实时业务、数据优化、应用智能、安全与隐私保护等方面的关键需求。在 5G 边缘计算中，数据不用再上传到云端，在工厂的边缘侧就能分析处理，更适合工业互联网实时的数据分析和智能化处理，具有安全、快捷、易于管理等优势，能更好地支撑工业互联网大量本地业务的实时智能化处理与执行，满足网络的实时需求；云计算可用于部署工业互联网平台，并通过 MEC 与企业内网连接，实现企业内信息协同，并具备产业链协同的网络能力。目前，5G 边缘计算已经实现可支持的网络切片数量无上限；5G 基站单小区上行最大吞吐量大于 700 Mbit/s，下行最大吞吐量大于 6Gbit/s；5G 网络无线侧时延可控制在 1~10ms。

面对 5G+工业互联网融合应用的数据采集和端到端 5G 网络通信需求，与不同品牌、不同类型的工业设备数据格式、数据协议等存在巨大差异的现状，以及市面上支持 5G 的网关产品少、价格高、定制化困难等问题，中信科创新、自主研发了一款用于物联网无线数据传输的 5G 智能网关（5G DTU），以全网通 /4G/5G 等运营商网络为承载网，可提供稳定可靠的无线通信组网与透明数据传输。该 5G 智能网关采用高性能的工业级 32 位通信处理器和工业级无线模块、低功耗设计，以嵌入式实时操作系统为软件支撑平台；该 5G 智能网关同时兼具丰富多样的接口，具有强大的设备接入能力、通信协议转换及运算处理能力。

🔵 基于设备协同作业的 5G+智能生产线融合应用

目前，大多数制造型工厂或采用传统的全手工生产模式，或导入部分自动化设备辅助人工生产，这些设备之间尚未形成有效的互联互通，设备生产过程没有系统平台的支持，无法实现生产数据的实时更新及追踪。生产相关的采购、物流等支撑环节无法根据生产情况的变化而及时调整，不具备柔性化生产的快速响应条件。

在对功分焊接设备自动化升级的基础上，本项目接入自研 5G 智能网关实现关键设备 5G 联网和数据上云；基于工业互联网平台开发"5G+智能生产线"软件即服务（Software as a Service，SaaS）应用作为系统中枢，以 MES 工单为驱动，协同调度 AGV 和工业系统，基于 5G 大带宽、低时延特性，实现 AGV 与工业系统协同作业的智能应用。生产过程中，实时采集上传 AGV 运行数据、生产加工数据、设备状态数据等，按需下发缺料请求、配送任务、启停等指令，实现透明化生产。智能生产线 5G 网络化改造如图 2 所示。

图 2 智能生产线 5G 网络化改造

本项目构建无人化生产新模式，为未来全部实施"黑灯工厂"提供应用基础，由"焊接+组装+配送"的 5 人半自动化生产升级为 1 人管理的近无人化生产模式，实现人力资源减少 80%、质量一致性和良品率提升 35% 的目标。

基于机器视觉质检的 5G+智能检测融合应用

传统制造行业对产品的质量检测大多采用人工检测模式，已不能满足未来工厂智能化生产和数字化升级的需求。例如，产品功能及外观精细化要求高，检测复杂度高，人力资源投入大，传统生产模式依赖纸张记录，不便于查询及数据共享，数据无法实时更新，人工检测主观性强，检测标准难以统一，可靠性差，无法实现检测过程的追踪和闭环管理。

视觉检测 AI 算法采用云化部署，设备端工业相机采集的图像数据依靠接入自研 5G 智能网关实现关键设备 5G 联网和图像的实时上传，依靠 5G 大带宽、低时延特性，实现每秒多幅图像上传和相关计算结果的下行反馈。本项目一方面节省了视觉检测设备的部署成本；另一方面云端算力集中，数据处理效率更高。

本项目构建新型产品智能检测模式（机器视觉技术、云化 AI 算法、MES 协同），单线节省检测 1 人，传统人工误检率高，利用 5G 低时延、大带宽、复用云服务器部署的视觉算法，单台设备算法服务模组成本可节省 30% 以上，检测准确率提升 25%。

基于智能物流的 5G+云化 AGV 融合应用

目前，制造型企业的内部物流运输主要依靠人工来完成，无法满足日益增长的人力成本和智慧工厂升级的业务需求，例如，人工配送效率低，需要大量配送人员；人工配送存在配错物料的风险；配送柔性度不高，工序或物料变动无法及时调整；无法实现关联 WMS 及数据实时更新；无法和自动化设备形成联动，实现按需配送物料等。

云化AGV将传统AGV工控机算法移植到云服务器，通过内置自研5G智能网关，使AGV传感器数据通过5G网络实时采集、上传，在此基础上，通过工业互联网平台开发的 SaaS 应用协同 MES、WMS、AGV 调度系统、门禁控制系统等，实现不同 AGV 的接力配送和自动充电。5G+云化 AGV 网络化改造如图 3 所示。

图3　5G+云化 AGV 网络化改造

本项目构建生产物流智能配送新模式，云化算法（SLAM 激光）兼容多台 AGV 部署，单台 AGV 可降低本地部署工控机成本，代替室外远距离人工配送，与室内 AGV 联动配送，连通室内外全流程物料配送，外部物流人力可由 4 人降至 2 人，借助 3D 监控系统，实时掌控 AGV 的运动轨迹和位置，提高可视化管理水平，配送效率提升了 30%。

项目实施对建立行业生态的积极影响

5G+工业互联网平台融合，充分发挥 5G 网络的大带宽、高可靠、低时延和大连接的能力赋能，通过 5G 网络构建 IoT 平台，实现企业经营、研发、生产制造全流程的数据采集与传输，"一张图"呈现各类汇集的大规模数据，真正实现数据的互联互通，最终形成以业务和用户为中心的生产、技术、供应链等方面的创新，成为社会数字经济和各行各业转型升级发展的新引擎。

本项目建设支撑工业企业开展 5G+工业互联网平台融合应用的 5G 网络，开展在工业制造中的深度应用，形成一种或多种具有示范推广价值和行业复制性的新模式，实现 5G 网络建设、运维和融合应用部署及管理方案的可复制、可推广，为后续开展商业模式的探索和创新提供了基础。

中信科利用自身的技术资源和应用经验，打造面向工厂全业务流程数字化、智能化升级的 5G+工业互联网平台融合应用示范案例，为有需求和有意愿的中小企业提供 5G+工业互联网平台整体解决方案，促进制造型企业向数字化、网络化、智能化转型升级。

岚图汽车 5G 工厂

参与企业： 岚图汽车科技有限公司、中国联合网络通信有限公司湖北省分公司

技术特点： "5G宏站+室分"方案不仅满足园区人员常规办公、上网、通话等基础需求，同时面向工业设备、园区智能终端等提供无线入网服务，实现园区、办公楼、车间等5G网络全域覆盖，也为工业园区打造全域5G网络互联提供良好的实践示范。

应用成效： 作为全国首批5G SA混合专网及独立MEC边缘云建设示范性项目，本项目成功实现了5G商用，充分体现了5G混合专网及MEC边缘云在工业互联网制造行业的技术先进性和实用性。

岚图汽车科技有限公司（以下简称岚图汽车）在原汽车园区的基础上改造而来，该园区始建于 2013 年，运行周期较长，整体信息化程度偏低。同时，岚图汽车的生产线管理模式及数字化程度较低，无法满足岚图汽车打造行业内领先的数字化标杆工厂的需求，迫切需要全方位升级，以适应先进制造工艺和生产线。采用 5G、物联网、人工智能等前沿技术，提升生产能力，打造先进汽车制造企业的示范工厂，成为岚图汽车的刚需。

本项目旨在探索 5G 网络在汽车制造业的应用，为行业提供实践经验；基于 5G 等先进技术加快岚图汽车数字化转型进程，提升岚图汽车的竞争力；提升岚图汽车制造的柔性化、敏捷化能力。

岚图汽车 5G 工厂以连通 5G 专网及华为全光第五代固定网络（The 5th Generation Fixed Networks，F5G）等技术为基础，结合物联网、大数据、人工智能等技术，实现对工厂生产全要素的管理，实时监控车间内人员，以及设备的运行状态、产能、能耗、物流转运等全要素的状态。华为全光 F5G 架构如图 1 所示。

本项目基于 5G+工业互联网平台，实现业务、流程、系统、数据集中统一，通

过数据驱动，加快体系架构、业务流程的迭代速度，打造规模化定制、协同化开发、网络化制造、服务化延伸的智能制造体系，缔造岚图汽车"有温度"的科技产品和服务，满足用户个性化的极致需求。

岚图汽车 5G 工厂蓝图为：5G 虚拟专网部署灵活，数据不出园区；全光 F5G 超大带宽，稳定高可用，实现生产全要素连接。

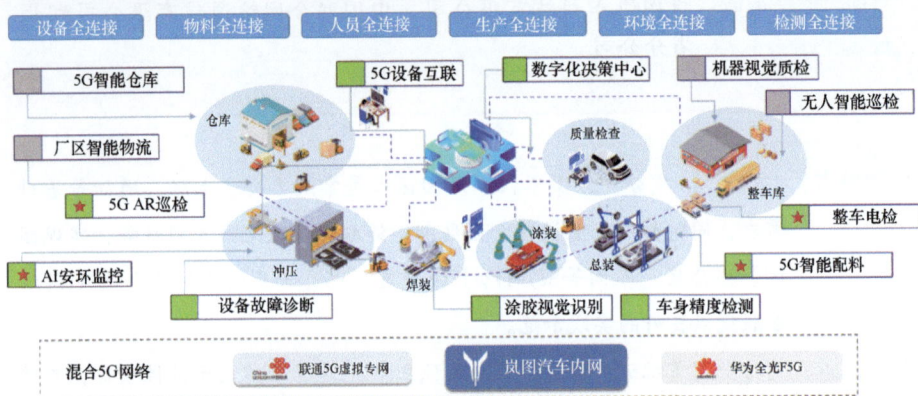

图 1　华为全光 F5G 架构

岚图汽车 5G 工厂在建设之初，就与中国联通、华为等合作伙伴积极探索 5G 建设和应用，经过两年的建设，岚图汽车现已建成覆盖岚图园区和工厂的 5G 混合网络。中国联通 5G 虚拟专网的部署灵活，数据不出园区，使生产线更加柔性化，极大地缩短了生产线设备部署和调整的周期。在骨干网络、长距离传输和固定点位场景，岚图汽车 5G 工厂采用了华为全光 F5G 方案，网络时延降至微秒级，网络可靠性提升至 99.9999%，能耗成本 / 空间成本降低 30% 以上。

岚图汽车 5G 工厂实现六网融合：5G 专网、5G 公网、4G 物联网、宽带物联网、有线互联网、企业内网互联互通。

岚图汽车 5G 工厂通过部署在岚图数据中心的 5G MEC 服务器，实现企业园区和工厂内的 5G 网络全覆盖，并与已有网络充分融合，将原有网络平滑升级至 5G 网络。

岚图汽车还创新性地在总装车间一南一北建设了 2 个 5G 宏站，实现了 7 万平方米车间内 5G 专网覆盖，降低了建设成本，缩减了生产周期。

🌐 5G 应用场景支撑实时方案

5G 网络实时监控设备的性能状态，在异常和故障时及时告警提醒，平均故障处理时间缩减到 30 分钟以内；结合设备大数据分析，建立预测分析模型，对设备运行趋势提前预判、设备故障提前预警，设备综合效率提升至 92% 以上。岚图汽车总装车间如图 2 所示。

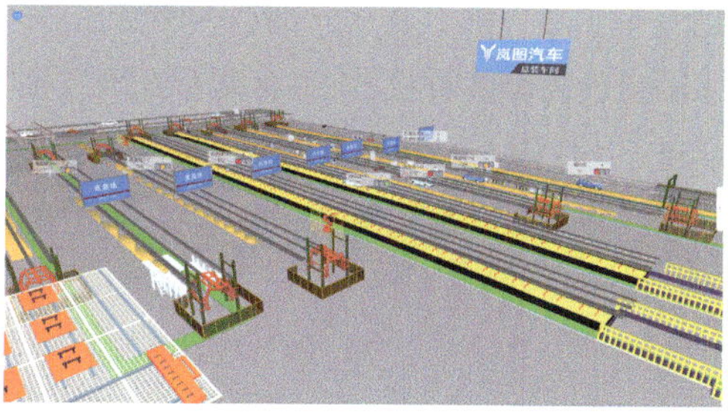

5G+AI 生产现场监测。部署在岚图汽车中心机房的 5G+AI 视频监控平台采集摄像头视频流到 MEC 边缘云，利用 AI 视觉识别能力，实时监控生产现场情况，对于违停、禁行、积水、火灾等异常情况，5G+AI 视频监控平台自动识别和告警，保障生产现场安全。

图 2　岚图汽车总装车间

5G+生产过程溯源。本项目利用 5G 网络部署灵活的特点，将原有单机设备网络化，设备通过实时数据采集接口，采集视频、过程参数、检测结果等数据，实现生产过程实时远程监控，动态调整不同车型工艺参数，大数据分析改进工艺优化质量，使效率、安全和质量均有大幅提升。

企业降本提质有成效

本项目主要的应用效果及生态建设主要体现在以下 3 个方面。

在全连接工厂 5G 互联方面的示范作用。本项目创新性地采用了 5G 专网及 MEC 边缘云下沉到岚图汽车园区，所有数据通过连通 5G SA 技术传输到专用 MEC 服务器上，业务数据本地分流，实现了高安全，为岚图汽车构建了一张大带宽、低时延、数据不出园区的 5G 混合企业专网。

岚图汽车工业园区整体采用 "5G 宏站+室分" 方案，室外区域进行 5G 宏站建设，室内进行 5G 数字化室分建设，不仅满足园区人员常规办公、上网、通话等基础需求，同时面向工业设备、园区智能终端等提供无线入网服务，实现园区、办公楼、车间等 5G 网络全域覆盖。本项目的可复制性极强，也为工业园区打造全域 5G 网络互联提供了良好的实践示例。

在 5G+智慧园区方面的示范作用。本项目以物联网、大数据、边缘云及人工智能技术为基础，结合环境、安防、井盖、烟感、地磁、机器人、智能会议室等基础物联数据，以场景协同、内容管理等构造业务管理平台，借助深度挖掘、智能分析和决策打造 AI 引擎，形成围绕从 5G 为中心的能力基座，提高园区的综合管理水平，实现数据深度融合、共享协同；N 项智慧应用，实现业务主动服务、积极响应。

为 5G+工业互联网实施模式提供成功指导。产业链长、工艺面广、规模化生产、成本控制要求等诸多挑战使汽车仍是当前大规模民用产品中最为复杂的产品，汽车制造业堪称国家制造业标杆。这也意味着，如果数字化转型前沿科技能够成功应用到汽车工业，那么其生产管理经验及相关先进技术便能有效迁移到其他制造业中。本项目作为全国首批 5G SA 混合专网及独立 MEC 边缘云建设的示范性项目，充分验证了 5G 混合专网及 MEC 边缘云在工业互联网制造行业的技术先进性和实用性。未来，本项目可将相关技术大规模复制推广到其他行业中。

5G+智慧平台赋能典型应用

数融万物 智创未来

第三部分

5G+智慧平台赋能典型应用

工业互联网平台作为第四次工业革命的关键支撑，以及工业经济全要素、全产业链、全价值链的新型基础设施，对推动制造业数字化转型升级具有重要意义。近年来，我国"政、产、学、研、用"各环节围绕工业互联网平台开展了政策研究、科研攻关、能力建设与实践应用等一系列工作，工业互联网平台产业规模显著增长，多层次系统化平台体系加速形成，这些平台的应用广度和深度不断拓展，产业生态日益完善，为众多企业转型嵌入了"智慧大脑"。

云边端 5G+AI 融合赋能福励织造提质增效

参与企业： 中电福富信息科技有限公司、厦门福励织造有限公司

技术特点： 本项目将网络技术、智能算法与工业行业生产特性深度结合，研制具备边缘计算能力的工业相机，实现生产线实时感知及监测生产环节的产品质量，真正实现云、边、端的"数力+算力+智力"融合。本项目涉及的技术已在烟草、卫品、纺织等多行业落地，有效提升了网络化协同制造与管理水平。

应用成效： 厦门福励织造有限公司通过应用工业互联网平台实现企业的数字化管理，人工效率提升300%；通过设备数据采集与集中管理，成功降低了设备故障率，且生产效率提升20%；通过AI视觉检测应用，在降低人工检验成本的同时极大地提升了产品的良品率，从原来较低的50%提升至90%以上；通过业务在线协作优化，实现经营成本降低10%。

厦门福励织造有限公司（以下简称福励织造）是一家集研发、生产、销售为一体的花边织造企业，在福建厦门设有研发及销售中心，在香港设有国际业务贸易中心，其生产及染整工厂位于福建南平。福励织造成立至今，始终专注于蕾丝花边的研发和生产，多年来持续购进数十台德国卡尔迈耶最先进的经编机，以及专业的检验、检测设备与实验仪器，建成高效、稳定、多样化的现代化花边织造生产线、半自动化的产品检验生产线和专业的检测实验室。

近年来，随着国内外市场的相对饱和，福励织造需要加强自身的管理，降本增效。伴随业务的不断发展与南平染整工厂的新增建设，福励织造现有的 ERP 系统数据量逐渐增大，在功能架构上的可拓展性偏弱，已无法有效满足企业大规模生产的需求。因此，借助 5G、工业互联网等新一代信息通信技术提升企业

的市场竞争力和改变传统的经营模式，实现制造业向服务型制造业的转型升级成为福励织造的迫切选择。

🌐 智慧纺织工业互联网平台满足三大应用

2022 年年初，福励织造通过与中电福富信息科技有限公司（以下简称中电福富）合作，接入中电福富的工业互联网平台能力，依托 5G、物联网、人工智能、大数据等技术，打造专属的智慧纺织工业互联网平台。该平台满足三大应用。一是工业设备数据采集，通过接入智能数据采集网关采集花编机、定型机、染整设备等生产设备的运行数据，并通过 5G 网络将数据实时传输至云端开展统计分析，实时呈现车间生产设备的生产情况，同时配备设备故障及时预警装置，改变过去依靠人工发现故障，而响应不及时的情况。二是 AI 视觉检测，通过在生产线上安装具备边缘计算能力的工业相机，基于 AI 工业视觉技术与专业纺织生产算法，实时识别生产过程中的坏布质量问题，改变传统人工检测耗时长、工作量大、效率低的状况，有效缩短产品检测时间，降低检测人力成本，提升检测准确率，进而降低生产成本。三是智能决策优化，通过部署工业互联网平台，实现生产与业务的在线管理，通过全面汇聚分析设备、订单、原材料等生产经营数据，实现趋势预测与决策优化，促进"人、机、料、法、环"等要素的高效协同，提升福励织造的数字化管理水平。花编机数据采集如图 1 所示。福励织造大屏运行看板如图 2 所示。

图 1　花编机数据采集

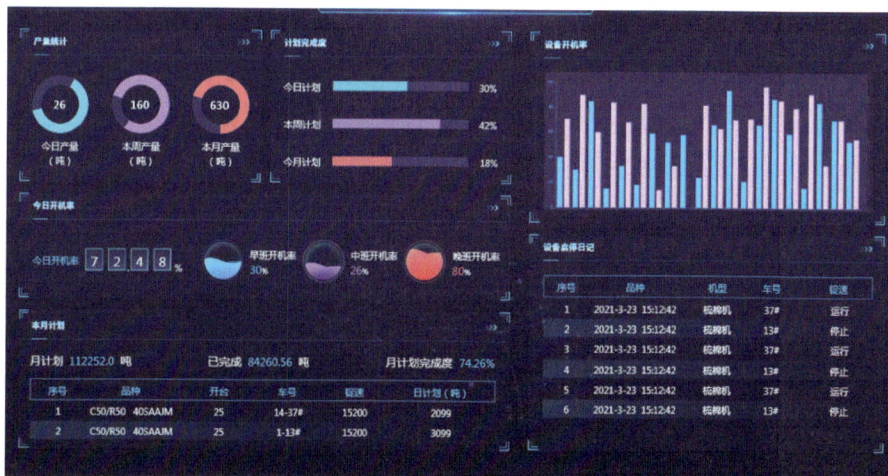

图 2　福励织造大屏运行看板

分层设计和开发，灵活响应业务需求

　　福励织造的工业互联网平台采用分层设计和开发，将界面、业务服务、数据分离，提供组件化微服务，灵活、快速地响应业务变化对系统的需求。工业互联网平台总体架构如图 3 所示。

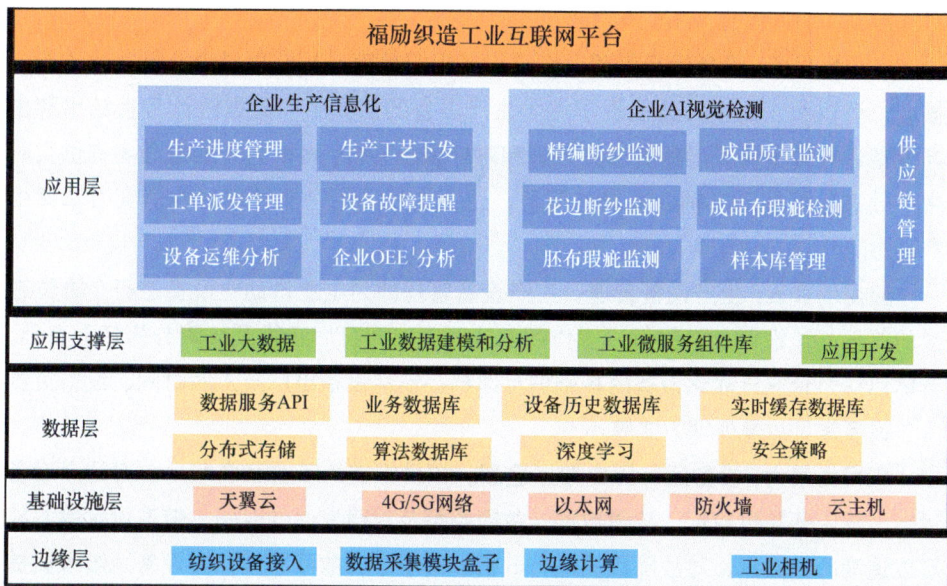

注：1. OEE（Overall Equipment Effectiveness，整体设备效率）。

图 3　工业互联网平台总体架构

该平台的边缘层接入数据采集模块盒子与智能设备，实现设备运行监管；基础设施层通过接入 5G 网络、以太网、防火墙等，构建企业网络体系，提供通信保障；数据层实现数据存储分析，挖掘数据价值；应用支撑层包括工业大数据、工业数据建模和分析、工业微服务组件库、应用开发；应用层提供企业生产信息化、企业 AI 视觉检测等各环节的应用与解决方案，满足各类生产场景的需要。

八大应用场景助力智能生产

应用场景一：设备数据采集。 本项目通过数据采集模块盒子，采集纺织生产自动化设备中 PLC 及传感器的生产数据和设备信息，结合各工序的工艺特点、质量指标，进行各生产环节信息的在线监测、分析、管理，帮助企业实现生产过程中对原材料、半成品工序、参与人员等信息的实时采集跟踪。

应用场景二：AI 机器视觉。 本项目将 5G 网络技术、AI 工业视觉技术与专业纺织生产算法深度结合，通过在生产线上安装具备边缘计算能力的工业相机，对产品进行全方位拍照，海量数据通过 5G 网络传输至服务器，云端通过正常品进行计算比对，第一时间找到胚布异常，例如褶皱、破洞及色差等。

应用场景三：决策分析。 本项目结合福励织造生产运营过程中的设备运行数据、订单管理数据、原材料管理等实际数据，客观、实时、全面、智能地发现福励织造生产问题，通过精益分析优化生产。

应用场景四：设备运行管理。 企业设备运行效率分析看板是企业信息化改造的核心，可以为企业全方位呈现车间各生产设备的主要生产数据统计分析结果和生产设备运行分布情况，提供总览分析和对外展示平台；可以为企业管理者提供实时生产动态数据展示及辅助决策等服务，让不在现场的企业管理者也能实时掌握生产动态。

应用场景五：生产设备管理。 生产设备管理即为企业自动化设备进行全方位细致的管理，让设备日常的每步操作都有迹可循，为日后运维及故障分析打下基础，具体包括为企业自动化设备的基础信息建档，包括设备出厂及入库时间、设备负责人、设备常见故障处理方式等。

应用场景六：设备运行历史数据追溯。 福励织造的工业互联网平台可记录设备运行过程中开关机数据、故障数据、故障类型及故障发生的时间、转速设定等，并可以追溯历史数据，对故障数据进行分析，精准定位故障原因，为设备运维人员提供数据参考服务，同时具备设备日常维护保养管理功能，为每台设备制订日常维护保养计划，保存管理记录，并通过手机短信或者移动端服务进行提醒。

应用场景七：订单进度跟踪。本项目将福励织造生产订单、原材料数量与设备进行绑定，通过数据采集技术得到订单的生产情况及当前生产状态，并对订单交期、原材料库存是否满足订单需求等进行智能分析，然后相关平台根据库存发出订单库存数量等提醒信息，提升企业整体订单的交货速度。

应用场景八：生产数据下发。本项目通过专线数据传输技术及数据采集技术，把工厂生产工艺通过专线传到设备内部，自动下发工艺参数，摆脱传统的光盘或USB 传输中可能造成的企业内部信息泄露，解决了数据无法追溯、经常出错等痛点，实现企业信息化转型。

提高生产效率，实现云、边、端的"数力 + 算力 + 智力"融合

通过工业互联网平台建设应用，福励织造解决了以往品质管控、数据采集中的难题，实现了质检记录电子化、生产全景可视化，有效降低了设备故障并控制了产品损耗率。

提高订单交付率：通过完善的订单预警机制及实时的订单进度信息反馈，福励织造实现每月的订单交付率从 60% 提高到 90% 以上。

提升开机效率：本项目可实时检测生产设备状态，遇到问题及时反馈，相关人员快速响应，实现车间生产设备开机率由 70% 提升到 95% 以上。

提高人员工作效率：本项目合理化的人员管理使人工得到充分发挥，由一人查看 4 台设备发展到一人查看 12 台设备，工作效率是原来的 3 倍，实现了生产效率质的飞跃。

提升产品质量："人、机、物"相结合的溯源系统完善了次品追查机制，同时结合 AI 视觉检测技术的应用有效节约了人工成本，提高了产品质量，车间产品成品率从 50% 提升至 90% 以上。

提升管理灵活度：通过手机端、计算机端，福励织造实现车间生产的多样化管理，随时随地管理订单，客户下单率提升了 15%。

本项目将网络技术、智能算法与工业行业生产特性深度结合，研制具备边缘计算能力的工业相机，在生产线实时感知、生产环节的产品质量监测上，真正实现云、边、端的"数力+算力+智力"融合。本项目不仅能够在纺织行业复制，还可以推广到机械、烟草、建材等行业，应用前景十分广阔。

基于5G数字工厂的自适应监测与维护

参与企业： 中国联合网络通信有限公司江苏省分公司、友达光电（苏州）有限公司、中讯邮电咨询设计院有限公司、友达数位科技服务（苏州）有限公司、友达智慧智能制造（苏州）有限公司

技术特点： 友达光电（苏州）有限公司在原有的工业互联网平台的基础上进行5G网络改造，利用线上信息驱动事件管理，形成基于5G数字工厂的自适应监测与维护，打造"5G+工业互联网平台"标杆示范工厂。本项目基于内部场景的应用，打磨标准产品方案，在多个行业推广赋能，助力5G+工业互联网的应用发展。

应用成效： 本项目实现单个车间节省终端计算机费用60万元；每年节省取图和模型训练工时费用5万元；通过5G传输，提升数据反馈统计速度40%；通过系统集成、平台控制，提升光学设备现场调参效率20%；提升关键制程异常管理效率40%，降低次品率50%，减少工厂违规事件发生概率60%。

2020年起，友达光电（苏州）有限公司[以下简称友达光电（苏州）]与中国联合网络通信有限公司江苏省分公司（以下简称江苏联通）合作，依靠5G网络大带宽、低时延、海量连接的特性，实现5G数字孪生、5G+AGV智慧物流、5G+AR远程协作等多个场景应用，打造以网络为基础、以工业互联网平台为核心、以应用为赋能、以安全为保障的"四位一体"5G工厂，为友达光电（苏州）智改数转行动点燃5G新引擎。江苏联通联合友达光电（苏州）共同为苏州工业园区规模以上企业提供智改数转诊断服务，推广友达光电（苏州）5G工厂的先进经验，以5G为核心的"大连接、大计算、大数据、大应用、大安全"全方位赋能企业数字化转型升级。

打造"三网融合、云地一体"的 5G 工厂

本项目通过融合应用 5G、工业互联网、大数据、人工智能、云平台等技术，建设具有友达光电（苏州）特色的"三网融合、云地一体"的 5G 工厂，实现 5G 网络与工业控制网络、无线网络等的全面融合，"人、机、料"等生产要素的全面连接，完善和新建智联 AR 平台、自动光学检测（Automated Optical Inspection，AOI）中心云平台等，全面覆盖协同研发设计、远程设备操控、柔性生产制造、机器视觉质检、厂区智能物流、生产单元模拟等典型应用场景。

5G 工厂的主要功能说明如下。

全要素连接：结合物联网采集技术，本项目将现场整体建立在以 5G 专网为主通信的软硬件架构体系上，硬件以设备端 PLC、智能表头、计算机、物联网、工业相机等数据源头统一搭配 5G 智慧网关，辅助软件技术开发（例如，C# 工控网关、工业组态等），打造 5G 自主组网模式，最终实现云端与地端的 5G 一体式互联互通。在此基础上，本项目展开智联 AR 研发协同、厂区智能物流、人员状态监测、产品质量监测、设备监测维护等场景落地应用。

5G 产品质量监测：本项目的每个关键流程配备了自主开发的 AOI 设备，取代人工检测，实时监控产品状态，避免产品出现瑕疵，确保生产质量。

5G 设备监测维护：通过人工智能 + 物联网 + 边缘计算，本项目自动采集关键设备数据，进行平台化集成、设备故障诊断分析，做到寿命预测及设备预警，并连接工厂备品间，及时更换备品，确保机台稳定。

5G 人员状态监测：本项目在关键区域配备工业相机，通过自主开发深度学习算法，进行安全监控、作业手法监控。

友达光电（苏州）通过增加 5G 网关或增加 5G 模块将车间各类传感器、工业相机和数据检测设备接入 5G 专网，现已完成全厂生产指标的全部数字化呈现、可视化分析，以及算法模型的建立；针对生产活动进行高精度识别，实时判定生产线各类异常是否在管控标准线内，并设置异常预警机制，将异常信息推送至相关负责人的邮箱、企业微信、值班手机，并完成实时接单和处理进度追踪，实现闭环管理；同时，5G+AR 平台可连接上下游进行问题的追溯与分析，通过影像、数据的实时监测，进行建模分析处理，自适应产品变化，自行优化模型，将信息流进行平台化集成，实现信息流的及时传达及对异常状况的敏捷维护处理。

全方位赋能应用场景

应用场景一：数据集成。 友达光电（苏州）生产现场实现 5G 网络全覆盖，各类设备具备 5G 网络接入能力。智控中心的整体架构基于阿里云大数据平台，通过 5G+AIoT 技术，采集相关生产环节的"人、机、料、法、环"等基础数据并集控于此，并且形成数字化的管理看板。智控中心流程如图 1 所示。

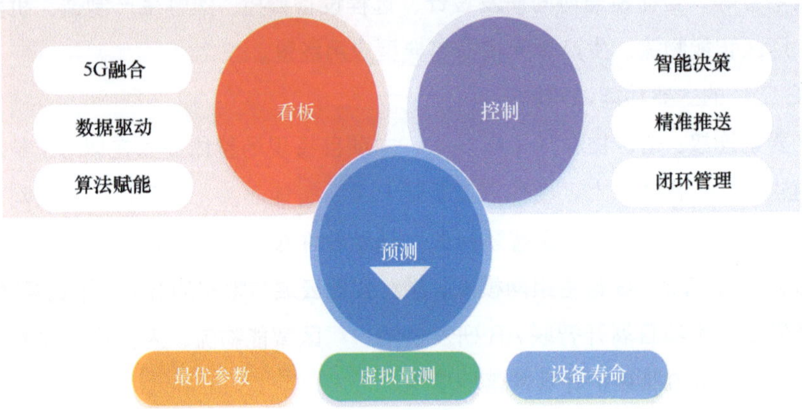

图 1　智控中心流程

应用场景二：机器视觉质检。 在电子行业生产工序中，机器视觉检测是品质管控的一个关键手段。2900 万像素的电荷耦合器件（Charge Coupled Device，CCD）配合自主开发的 AOI 软件，可实现不良判定由人工判定变为工业相机、软件判定，检测准确率达 98% 以上，在不同的制程段发挥质量检测作用。友达光电（苏州）结合自主开发的 AI 技术，通过数据采集训练模型和机器学习应对生产线不良的多样性及不确定性，解决传统 AOI 技术对不良产品的误判问题，从而达到提升效率的目的。

在生产线部署 5G 网关的工业相机可以实时采集生产线产品图片，5G 网关实时提取产品图片和产品编号，并实时将数据信息上传至边缘服务器，边缘服务器搭载了多种基于深度学习的 AI 视觉算法，可快速进行识别检测处理，并通过算力共享，迅速展开"1 ~ N"的模型推广和应用。云端数据库（例如 Linux 系统）对从 5G 网关接收到的数据通过代码分析检测并保存，服务器的分析结果通过 5G 网关传输至 PLC，由 PLC 反馈机台检测结果，实现产品瑕疵判断、出现异常锁定编号、及时停机、针对异常品做处理等功能。同时，边缘服务器的数据会进一步上传至云平台，云平台根据收集的数据进行模型训练。5G+数据流拓扑如图 2 所示，工业相机取图如图 3 所示，5G 网关传输如图 4 所示。

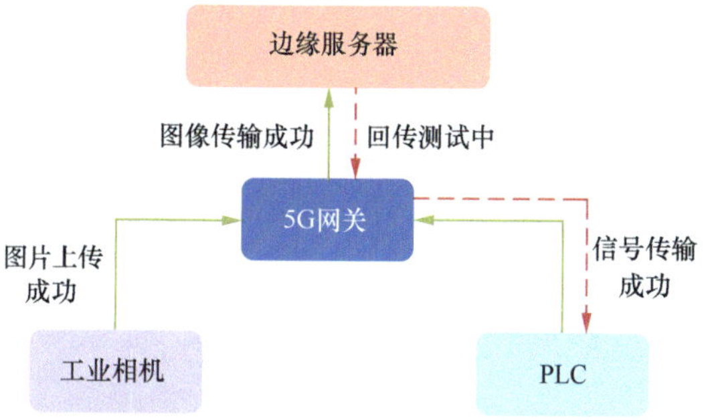

图 2   5G+数据流拓扑

图 3   工业相机取图

图 4   5G 网关传输

应用场景三：设备故障诊断。 基于 5G AOI 技术，厂区设备联网率达到 95%以上。生产现场可以实时采集结构性数据、半结构性数据、非结构性数据等，并上传至伺服诊断系统——预测与健康管理（Prognostic and Health Management, PHM）系统。PHM 系统根据上传的设备数据通过 AI 建模进行设备全生命周期管理，形成故障知识图谱来智能诊断设备的运行状况；在诊断出现异常时，对发生故障的设备进行具体诊断和定位；通过搭载在云平台上的龙卷风系统，将故障信息、维修建议推送给设备工程师；设备工程师利用保养/换线的时间对设备进行维修，避免临时的机台维修对成本与产能出货造成影响；如果有特殊异常需要协同其他厂区、外部厂商的情况，则可以通过 5G+AR 进行远程协同处理。

应用场景四：工艺合规检测。 智能车间生产线具备严格的工艺流程、作业规范、合规检验等方面的要求，针对关键人员作业站点，通过连接 5G 模块的工业相机，对装配现场的全过程进行监控，使用自主开发的 AI 算法，实时检测作业手法，自动计算作业工时，语音提示异常并形成记录，同时通过 5G 网络实时将信息传至数据库，并进行模型优化训练，以保障关键工艺流程的正确性。工艺合规检测应用架构如图 5 所示。

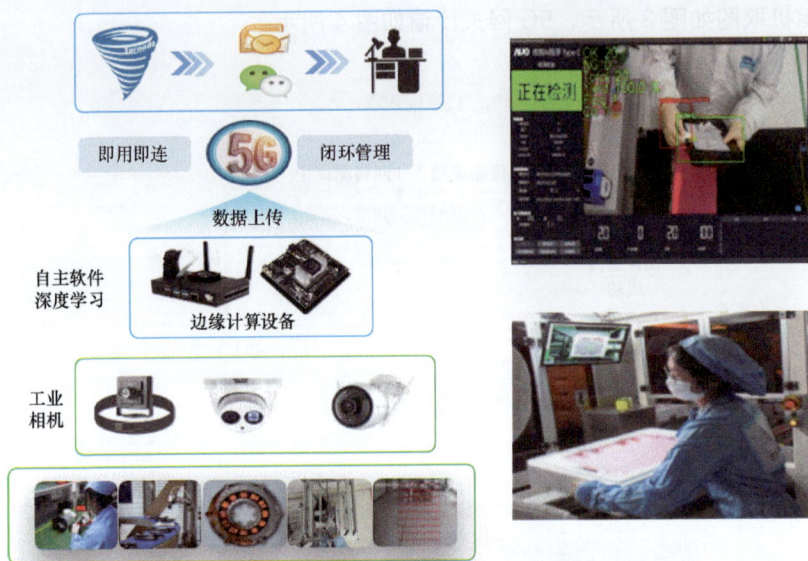

图 5　工艺合规检测应用架构

　　边缘计算设备通过推/拉流方式，获取工业相机拍摄的视频，结合深度学习算法，能够实时分析出现场视频中的目标状态及动作。本项目通过 5G 与管理平台的连接，实时监控边缘硬件运行状态与模型健康度，当现场出现异常情况时，终端可形成电控小闭环，云端可形成预警大闭环。

🔵 生态建设成果显著

　　一是基于智能算法的产品监测。Smart AOI 训练平台内嵌图像分类和物件检测两大类共 11 种深度学习算法，可满足企业关键品质检测的需求。Smart AOI 推理平台针对制造业定制图像增强算法，可以在同等样本的条件下取得极佳的推断准确率，进行配置式推理，客户端可提供不同算法融合的灵活解决方案，帮助分析传统 AOI 不能依据规则算法处理的图像，打破传统机器视觉检测技术的壁垒。

　　Smart AOI 可以赋能更多的行业，例如软硬板、半导体、光电面板和橡胶等行业，只要客户有品质检测环节，Smart AOI 均能协助客户进行 AI 识别。

　　二是异常维护处理形成闭环。友达光电（苏州）工厂内的设备联网率达 95%，当现场设备发生异常时，中控管理看板即时显示异常信息，并且将异常信息推送到相关负责人的手机上；设备维修人员根据修机知识图谱可快速定位问题并解决异常，事后生成维修记录，形成异常管理的信息驱动；对生产设备关键部件的运行参数实时分析、机台设备健康度实时诊断，并预测设备故障的发展趋势，提前制订预测性维护计划并实施维修，实现设备关键部件的提前预警，科学规划设备的生命周期，确保生产设备的高效运转。

本项目建立预测性维护机制，可有效解决生产设备运行时产生的问题，实时掌控设备使用情况，预测设备使用寿命、下一个生产周期中设备发生故障的概率、设备发生具体故障的原因等。

面向机械制造、食品等行业的"5G+工业互联网"公共服务平台

参与企业： 中国联合网络通信有限公司广州市分公司、广州达意隆包装机械股份有限公司、工业和信息化部电子第五研究所、上海慧程工程技术服务有限公司、广州赛意信息科技股份有限公司、广东省标准化研究院

技术特点： 本项目结合"5G+工业互联网"内网改造公共服务平台的需求，通过5G、边缘计算及切片技术，秉承"一库、一基地、一平台、一门户和一中心"的建设思路，结合"一基地"（内网改造样板展示及孵化验证基地）及"一平台"（5G+MEC验证平台），输出一套面向多个行业场景的综合性解决方案知识库。

应用成效： 本项目利用5G低时延、大带宽、海量连接的特点对企业现有的网络进行改造，并搭建公共技术服务平台，为行业中的各类企业提供经过5G网络化改造的接入、测试、验证环境并提供相应服务，为企业提供相应的知识技术培训、企业商务服务，打造统一、开放、可持续的公共服务生态系统。

本项目结合了广州达意隆包装机械股份有限公司（以下简称达意隆）智能工厂解决方案，以及达意隆和上海慧程工程技术服务有限公司（以下简称慧程）在饮料、乳品、日化等行业共同研发的生产制造执行系统、能源管理系统、质量追溯系统等，广州赛意信息科技股份有限公司（以下简称赛意）以达意隆为模板的装备制造领域的智能工厂解决方案，工业和信息化部电子第五研究所（以下简称电子五所）和达意隆在质量检测、质量可靠性、大数据方面的合作探索，广东省标准化研究院在工业互联网、智能制造领域的标准研究，以及达意隆、赛意、慧程、电子五所依托中国联通5G和云数据处理方面多年合作的优势，以达意隆已建成的面向包装领

域的公共技术服务平台、远程运维工业互联网平台为基础，建设面向机械制造、饮料、乳品、日化、检测等行业的"5G+工业互联网"内网改造公共服务平台，并在达意隆搭建验证环境，为以上行业的中小企业在网络建设及生产制造、供应链协同、质量追溯、远程运维管理、虚拟仿真等方面提供解决方案筛选、验证评估、培训教育等公共服务和技术支撑，降低中小企业融入"5G+工业互联网"的技术难度和试错成本，推动中小企业降低成本、提高效率、提升质量控制水平和增强市场竞争力。

🌀 "一库、一基地、一平台、一门户和一中心"的建设目标

本项目建设"5G+工业互联网"内网公共服务平台，形成支持"5G+工业互联网"内网改造及应用创新的解决方案筛选、验证评估、培训教育的公共服务能力，实现对行业的技术研发、网络建设和应用创新的全面支撑，最终实现"一库、一基地、一平台、一门户和一中心"的建设目标。其中"一库"是指建设一套面向机械制造、食品、日化等典型行业不少于 10 个场景的综合性解决方案知识库；"一基地"是指建设一个样板展示及孵化验证基地；"一平台"是指建设一个 5G+MEC 验证平台；"一门户"是指建设一个推广服务的在线门户；"一中心"是指组建一个可持续运营的服务推广中心。这五个"一"的有机融合可以加快 5G+工业互联网的融合发展，为广大中小企业的 5G 产业发展助力，联动整个行业的知识、信息、能力、服务、技术，带动整个行业协同发展。

本项目的公共服务平台主要分为接入层、传输层、平台层、应用层，构成"一库、一基地、一平台、一门户和一中心"整体架构。其中，接入层面向企业内网与公网环境下的接入设备，包括各类型机器人、机床、手持终端、可穿戴设备等。设备通过 5G 网络接入中国联通 MEC 边缘云，再接入公共服务平台的验证环境或公网应用服务。培训及咨询服务通过 5G 公网接入平台或访问 MEC 上部署的边缘应用服务。所有用户通过公共服务平台可对平台上的各类应用、数据、共享知识等进行访问。

同时，基于本项目各联合体已开发的平台或系统，服务平台可通过数据接口与系统数据进行交互，方便用户使用部分联合体的资源与环境进行相应的设备调用、功能运行或方案验证。为了提升服务平台推广效果，通过推广服务在线门户及服务推广中心，开放自身实体资源和线上推广渠道，为服务平台用户提供现场培训、设备试用、多方案效果联合演示等服务。服务平台整体架构如图 1 所示。

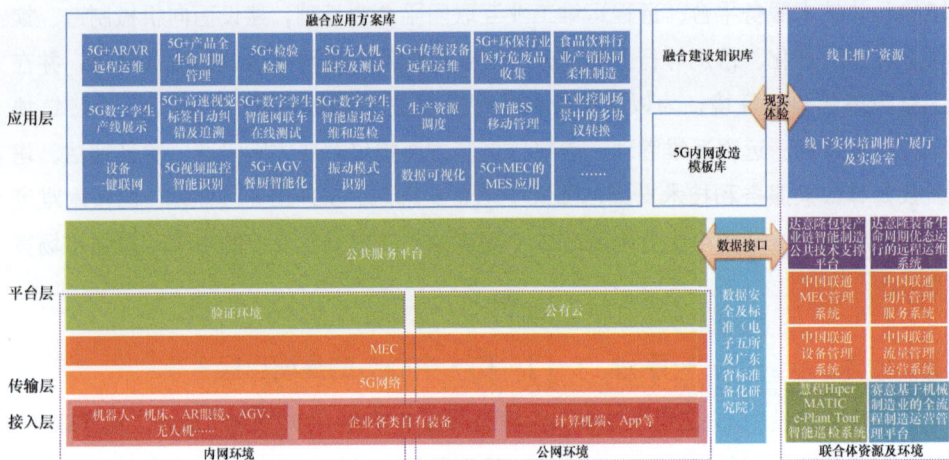

图 1　服务平台整体架构

产品全生命周期可视化

达意隆工业互联网体验中心已经初步建设完成并投入试运行。该体验中心基于液态产品包装生产线 / 单机设备物联网，结合数据处理、管理及分析等技术，建立液态产品包装生产线远程运维智能服务平台，为用户提供在线监测、远程检测、故障预警、故障诊断、工艺参数优化、远程升级等服务。远程维修智能服务平台主要包括设备状态监测预警中心、协同故障诊断中心、运维管理中心及数据分析中心。

目前，用户可在该体验中心的展厅现场看到达意隆设备在全球各地的运行状况及达意隆为用户提供的基于工业互联网的远程运维服务。

体验中心 KPI 看板如图 2 所示。体验中心 KPI 看板可针对生产线及设备的关键指标进行监视，例如设备性能率、合格品率等。

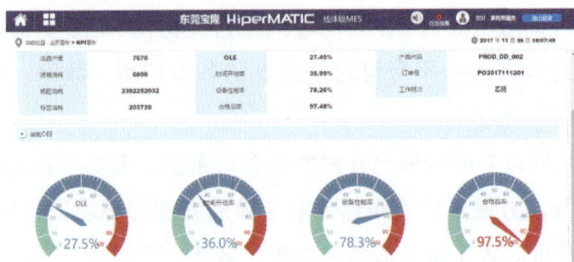

图 2　体验中心 KPI 看板

生产线现场视频监控系统如图 3 所示。该系统利用高清高速摄像头实时监视包装生产线的重要工序、工位。

图 3　生产线现场视频监控系统

该体验中心未来还将规划 AR/VR 体验区、设备虚拟选型体验区等，结合人工智能、AR/VR、数字孪生等技术，用户可以沉浸式体验完全可视化、透明化的数字设备，以及工厂的研发、生产、装配制造、调试、运行、维护等全生命周期过程。

"5G+工业互联网"提高制造资源优化配置

本项目基于达意隆内网改造，建设"5G+工业互联网"内网公共服务平台，利用 5G 网络的优势，针对机械制造业、食品、日化等行业的特点，形成面向物联网、视觉检测、数字孪生、智能运维等典型应用场景的解决方案库，搭建不同行业、不同应用场景的验证环境，并形成具有示范推广价值和行业复制性的企业内 5G 网络部署架构、解决方案、应用案例，向广大中小企业提供技术咨询、培训等服务，提高我国制造业信息化、智能化水平。

5G+工业互联网融合利用 5G 大带宽、低时延和海量连接的特性，为工业互联网提供了适宜的"人、机、物"等万物泛在互联的通信服务，实现工业数据的全面感知、动态传输、实时分析与共享，形成科学决策和智能控制，提高制造资源的优化配置。具体体现在以下 7 个方面。

降低软硬件投入成本：5G 网络对车间的覆盖有效解决了传统有线网络部署成本高、施工复杂、网络受环境的干扰严重等问题，服务平台标准化应用及边缘云的应用，可以有效减少企业在软件研发、测试上的人力资源成本，同时通过云服务模式，降低硬件采购成本。

降低 5G 网络改造难度：本项目利用电信运营商已覆盖的 5G 网络资源，大幅降低 5G 网络改造实施的难度，企业不再需要自行设计和改造厂区内外网络的覆盖实施工作。

缩短 5G 网络改造及融合应用上线周期：大量的典型场景解决方案和改造模板，

能减少企业在方案选择和设计测试上投入的精力；应用的快速部署及对各类设备的兼容，能大幅降低企业解决方案的实现难度，加快整体应用升级改造的进程。

降低研发成本：本项目通过 5G 和工业互联网技术的融合，连通产品在研发、制造和运维阶段的数据，让设计部门、制造部门和运维部门无缝连接，基于产品全生命周期的数据孪生模型和各部门的协同，大幅提高产品的迭代速度，降低企业研发成本。

提高设备使用效率：本项目通过 5G 和工业互联网技术的融合，实现对设备状态的实时感知和可视化，缩短设备的故障等待时间；通过远端或边缘端的算法模型，实现数据驱动的设备自诊断和自调节，提高设备的使用效率。

提高企业管理效率：本项目利用 5G 海量连接的特点，共享企业内部各区域、各部门、各环节的数据，构建企业级数据中台，提高企业的沟通效率和决策效率，提高企业管理水平。

降低运营成本：本项目通过 5G 和工业互联网技术的融合，真正实现全供应链环节的协同制造，降低网络和系统的运维成本，降低企业的应用系统维护成本，降低企业生产管理的运营成本，提高运转效率。

中国一拖工业数字化转型
"5G+AI"品控可视化矩阵

参与企业： 中国联合网络通信有限公司洛阳市分公司、中国一拖集团有限公司、联通数字科技有限公司河南省分公司

技术特点： 中国一拖集团有限公司以中国联通5G和自研的AI创新应用平台为依托，以机器视觉和人工智能技术为基础，结合农机制造生产线实际需求，打造了一套"5G+机器视觉+人工智能"协同的柴油机下线工业AI质检解决方案，切实帮助企业解决农机质检的痛点问题，实现5G工业智慧覆盖全厂区。

应用成效： 本项目采用在工业现场部署图像采集系统、设备联动控制系统、AI识别后台企业生产业务系统及工业AI视觉云平台的解决方案，通过AI算法分析识别瑕疵产品，联动质检平台告警，完成产品质检图像实时采集、运行状态实时分析、生产线作业及时调整，实现了发动机产品检测全程"无人化"作业和误检率"自学习"模式，对工业相机覆盖的检测点位100%检出，带动产品检测时间加快一倍，效率提升200%，误检率和"自学习"持续降低，良品率显著提高。

中国一拖集团有限公司（以下简称中国一拖）作为国家农机行业头部企业和国家"一五"时期156个重点建设项目之一，已累计向社会提供了350余万台拖拉机和300余万台动力机械，大中小型拖拉机的市场占有率和社会保有量位居全国第一，是我国唯一拥有"A+H"上市平台的农机企业。其中，一拖（洛阳）柴油机有限公司作为重点专业骨干有限公司，累计向全国输送各类发动机60余万台，年生产发动机型号上千种。

中国联合网络通信有限公司洛阳市分公司（以下简称洛阳联通）实力雄厚，承担洛阳市基础电信网络建设，肩负专用通信、抗震救灾、应急通信等服务义务。洛阳联通2009年开始涉猎信息化项目，先后承建了洛阳地区平安城市建设项目、洛阳市政府全区视频会议建设项目、洛阳12345市长热线项目、洛阳市12369环保

举报投诉热线项目等。

中国一拖整体生产自动化水平较高，但生产线发动机产品质量检测仍然依赖人工。在上千种发动机中，每种型号的发动机关键检查点达上百个，生产线工人"检查全靠眼，判断全靠脑"，在海量数据和有限的检查时间面前，工人经常出现错检、漏检的情况，产品质检错误率较高，且检测效率低，这些情况都增加了中国一拖的生产和运营成本。如何提高产品质量的检测效率和检测精度是中国一拖面临的难题。

为了进一步提升生产品质、保障生产规模，2018 年，中国一拖对智能制造装配线进行改造。2020 年，中国一拖与中国联通携手，基于自身工业场景与中国联通在 5G、AI、云计算、物联网、大数据等数字技术方面的优势，共同打造 5G 全覆盖、"无人化"生产分析的柴油机核心生产线，摆脱良品率受限于"人"的窘况，通过采用中国联通工业互联网平台，实现中国联通 5G 网络在中国一拖发动机生产线的全覆盖，同时将工业相机和边缘服务器部署在发动机下线工位，再与生产线制造执行系统进行对接，通过 AI 服务器进行算法分析，从而识别故障点并告警。5G 网络的大带宽、低时延特性与 AI 算法的结合，可以搭建工业"5G+AI"创新应用平台。

🌐 工业"5G+AI"创新应用平台

联通 5G+MEC 系统集成。边缘服务器通过 5G CPE 与部署在厂区的 5G MEC 端相连，将相应的分析数据发送至 MEC 端，负责生产管理的 MES 及整个质检平台会部署在 MEC 端上，进行整个生产和质检系统的管理，以及更复杂的 AI 运算，包括模型训练和更新、大数据存储等。MEC 端汇聚来自各条生产线的图像等数据，进行统一的模型迭代更新，并将相应的数据通过 5G 网络发送至各生产线的边缘服务器，通过 5G 专网在本地完成 AI 分析，做到数据不出园区，切实提高了安全性。

精密数据获取和多种视觉算法融合。5G 大带宽及移动性优势能够支撑工业可穿戴设备、工业 AR、工业相机等高清图像的实时无线传输。结合高分辨率的工业相机，通过 5G 高速网络和工业网关，将采集到的设备图像信息传输到服务器，实时进行 AI 算法分析并反馈结果，确保数据源和实际一致。工业成像要求远高于普通成像要求，中国联通设计与本项目适配的相机、镜头和光源选型，通过融合多种视觉算法，全方位覆盖不同质检点的特征和质检需求。

灵活视觉载体和动态路径规划。在质检测试方面，中国一拖采用机械臂解决不易观测点的成像难题，进一步降低工业相机的成本。中国联通 AI 机器人研发团队攻克机械臂精确定位、快速操控等难题，将机械臂打造为具有高可靠性的灵活视觉载体，通过自动选取机械臂观测点并进行动态路径规划，寻找最合适的运动轨迹。

中国一拖"5G+AI"质检测试现场如图1所示。

图1 中国一拖"5G+AI"质检测试现场

系统"越用越聪明"。结合发动机型号多、实际故障信息采集难度大及周期长的特点，本项目采用了AI与人工结合的方案，随着数据的不断积累，算法阈值会进行自适应调整。随着模型不断切换迭代，本项目下设系统会"越用越聪明"，最终达到全自动检测的目的，完全不需要人工介入。

可复制推广的典型应用场景

中国一拖工业数字化转型"5G+AI"品控可视化矩阵项目的典型应用场景如下。

"5G+工业视觉检测"需求分析。"5G+工业视觉检测"应用场景助力传统制造业数字化转型。传统制造业普遍面临原材料成本上升、劳动力短缺和盈利能力下降等压力，亟须新技术支撑数字化转型升级。5G能够为工业自动化提供10Gbit/s以上的峰值速率、毫秒级的控制时延、99.999%的可靠性、部署的灵活性，以及基于网络切片的专网服务，可以实现工厂各类智能装备和可穿戴设备的互联化，在离散的节点间建立连接，提高可见度。通过汇集全生产流程数据，自主完成事件识别并转化为智能化的决策。整合响应机制、优化资源调配、加强人机协作，实现工业自动化的连贯性和灵活性。

"5G+专网"需求分析。在智能制造时代，工厂车间中将出现更多的无线连接，促使工厂车间的网络架构不断优化，网络化协同制造与管理水平有效提升，保持对整个产品生命周期的全连接。未来，工厂中所有智能单元均可基于5G无线组网，生产流程和智能装备的组合可快速、灵活调整，以适应市场的变化和客户需求越来越个性化、定制化的趋势。5G 工业专网及主要应用场景包括以下 5 个方面。

实时控制： 5G 特有的低时延、高可靠特性，使无线技术应用于工业实时控制领域成为可能，5G 将成为未来工业有线控制网络的补充或替代。

机器视觉： 5G 大带宽及移动性优势能够支撑工业可穿戴设备、工业 AR、工业相机等生成的高清图像的实时无线传输，并可在网络边缘汇聚智能，从而提升工作效率，降低整体成本。

更安全、更大规模的调度： 与 Wi-Fi 相比，5G 可实现更泛在、连续的覆盖，提供更高的安全性，能够支持对机器人、AGV 等移动设备的远程控制和大规模调度。

万物互联： 5G 网络相较于传统窄带物联网，可支持更高密度的工业传感器 / 变送器、仪器仪表和智能装备的接入，支持高并发、大数据量的通信。

专网服务能力： 基于 MEC 的本地分流和网络切片技术为制造企业打造 5G 工业专网，增强差异化网络服务能力和资源保障。

🔵 把握 5G 带来的传统制造业数字化转型升级机遇

5G 和工业互联网的融合需要持续的资金投入和经验积累，"5G+工业互联网"的发展不仅需要中国一拖这样的头部企业引领，更需要政府、企业、联盟、科研院所等多方力量协同。这充分印证了我国始终坚持"产、学、研、用"相结合，着力打通科技创新、产业发展、金融服务生态链的工业互联网发展模式的理念。中国一拖将进一步打造更具活力的生态体系，推动"5G+工业互联网"业务示范落地和规模应用。

洛阳联通通过中国一拖工业数字化转型"5G+AI"品控可视化矩阵项目的实施，将持续探索企业内 5G 网络部署架构及网络建设、运维、管理等模式，精准匹配 5G 应用于智能制造的需求，增强工业客户对 5G 的信心，鼓励工业客户将其传统应用迁移至 5G 环境，加快融合应用的研发进度，从单纯提供网络连接，向平台、应用、解决方案领域延伸，把握 5G 带来的传统制造业数字化转型升级商机，重构新的商业价值。

中国联通"5G+电子行业工业互联网平台"应用

参与企业： 中国联合网络通信有限公司、龙南骏亚电子科技有限公司

技术特点： 本项目打造"5G+电子行业工业互联网平台"，该平台使用5G技术，实现首个5G专网数据采集，同时应用标识解析、MEC技术，首次实现PCB行业全流程追溯。该平台通用平台即服务（Plateform as a Service，PaaS）能力强，二次开发已经具备高可控、高生产力特性。该平台以智能算法结合工程方法为核心，内建人工智能数据自动分析处理功能与工艺分析方法流程，打造一键分析智能工具。

应用成效： 本项目入选工业和信息化部2019全国"企业上云"典型案例、江西省首批"5G+工业互联网"示范工厂。通过本项目的实施，钻孔稼动率从原来的64.5%提升到83.5%，能源节约28.9%，产品量产周期缩短至原来的60%，人工成本降低50%，在江西省乃至全国形成良好的示范效应。目前，本项目已在3家PCB企业实现复制推广。

　　本项目面向电子信息制造行业，通过持续深入的行业洞察及企业现场调研，基于行业机理和企业痛点难点分析，聚焦行业数字化转型核心共性需求和关键场景，打造了中国联通"5G+电子行业工业互联网平台"解决方案。该方案依托平台分阶段拓展电子信息制造行业"5G+工业互联网"融合创新应用，提升效率、行业质量及行业知识沉淀能力，降低行业能耗，推动行业从劳动密集型向技术密集型升级，提升行业竞争力。

分阶段拓展"5G+工业互联网"融合创新应用

　　本项目为电子制造行业提供了基于5G的端到端工业互联网平台服务。本项目整体遵循"云、网、边、端、业"一体化的设计思路，采用先进5G网络搭配工业

以太网、PLC 等技术建立企业内网，支持多种电子行业主流工业协议，采用数据汇聚平台进行工控系统的集成，实现 5G 工厂的建设目标，完成工厂全要素的汇总，为平台应用提供数据支持。通过打造基于云原生、微服务、可扩展的工业互联网平台，集成工业物联网、标识解析、区块链、大数据、人工智能等通用技术，与传统制造业应用融合，并提供行业机理、知识、模型相关的 PaaS 能力，为行业应用提供平台基础能力，最终实现生产资源的合理配置，提升电子制造企业生产与管理的智能化水平，从而推进电子制造模式的转型。

一是全流程追溯。本项目借助工业互联网标识解析二级节点应用平台，实现电子信息企业从原材料、发料、加工、电测、出货检测、包装/出货的产品生命周期全流程追溯，包括生产过程中的六要素（人、机、料、法、环、测）的防错与追溯，从而极大地提高了产品的质量及客户的满意度。整体流程如图 1 所示。

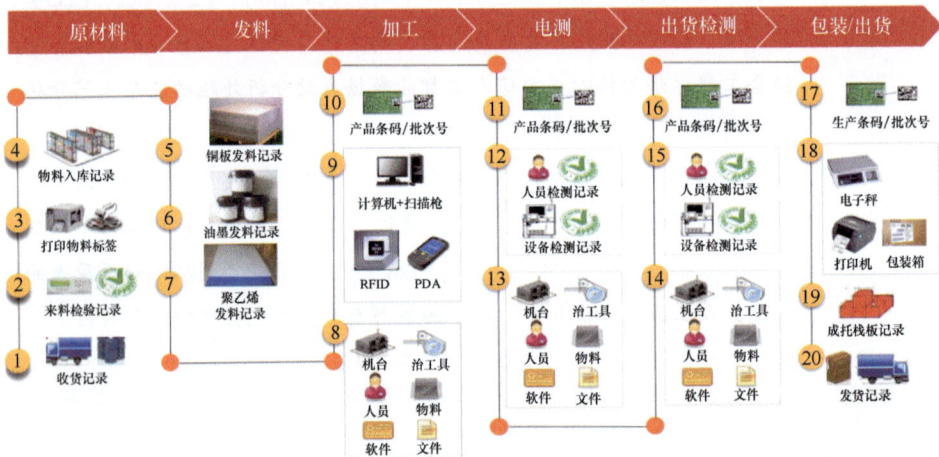

图 1 整体流程

通过扫码的方式，本项目收集工厂内物料、工艺参数、生产过程、包装出货等数据，实现全面追溯管理。从原材料开始，打印物料唯一性条码；在开料时，使用扫码枪扫描物料产品批号和板材批次号，记录基板膜批次号到 MES；在曝光阶段，扫描产品批号和油墨/干膜批次号，记录油墨/干膜批次号到 MES；在压合环节，扫描单件条码和批次号，记录批次号到 MES；最后，依托 MES 生成追溯报告，可以实现根据物料批次号查询所有产品的条码，以及根据产品条码查询所用物料批次号的双向查询功能。

二是上下游企业协同。基于共识、溯源、不易篡改三大特性，区块链系统可用于电子制造覆铜板–PCB–SMT 全生产流程中，能够实现整个产业中的上下游企业的互联互通，打破企业间数据不互信的壁垒及依赖第三方机构提供可信服务的问题，使物料、配件、产品等在生产流通过程中不再重新编码和粘贴标签，既提高了工作效率，又实现了信息的准确关联和自动获取。上下游企业协同整体架构如图2所示。

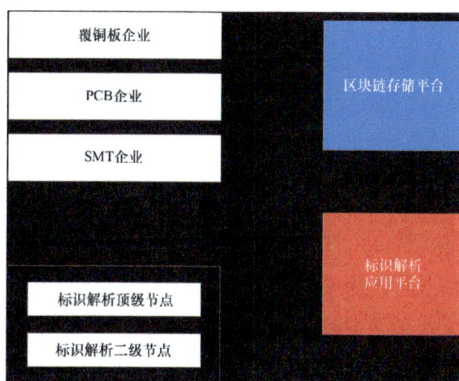

图2 上下游企业协同整体架构

本项目研发的电子行业的区块链+标识解析应用平台，在保证产品信息不易篡改、风险可控的同时，加强了PCB电子制造领域上下游企业的协作与数据流通。在物料、配件、产品流通过程中，实现了数据与信息的准确关联和自动获取。

三是物料管理。 物料管理包括收料、来料控制、入库、发料、调拨、盘点等。每个最小包装均具有自己的物料条码，且满足编码的唯一性。在物料操作的过程中，通过扫描条码实现物料入场看板。基于条码化管理物料的智能仓储管理帮助企业实现仓储的精细化管理，主要包含供应商协同平台、物料条码化管理、仓库储位精细化管理、材料/成品出入库管理、物料库龄、呆滞料管理、盘点管理等。物料管理如图3所示。

图3 物料管理

以标识为手段的物料管理可以优化企业现有的仓库运作流程，提高仓库的运作效率，降低仓库的运作成本；实现无纸化办公，减少纸张浪费，降低企业的碳排放；标准化信息仓库的运作可减少对人工的依赖；手持终端操作可快速记录物料出库、入库、运输等，并实时准确更新账务，减少因提前或延后做账带来的账实不符问题；实现物料防错与精确追溯。

四是设备管理。设备管理包括设备编码化管理、设备预防性周期维护记录、设备维护、保养计划与执行、设备维修及设备的备件管理。本项目在系统中建立设备基础档案，为设备建立唯一编码，并维护设备基础信息，例如，型号、品牌、供应商、使用工序等。构建设备基础主数据，帮助企业建立系统化、动态化、立体化的设备管理体系，形成完整的设备运行维护记录，提高设备运行的可靠性。

在数据采集层，本项目使用 PLC、数据采集卡、传感器等获取设备的运行数据，将设备数据通过企业应用平台上传至 MES，借助平台上的应用，为企业提供多种面向设备和生产的服务，例如，设备预测性维护、保养计划提醒等服务，减少因设备问题带来的生产损失；设备备件的进出及安全库存的管理可以有效减少因备件缺失带来的产能损失。设备数据采集方式如图 4 所示。

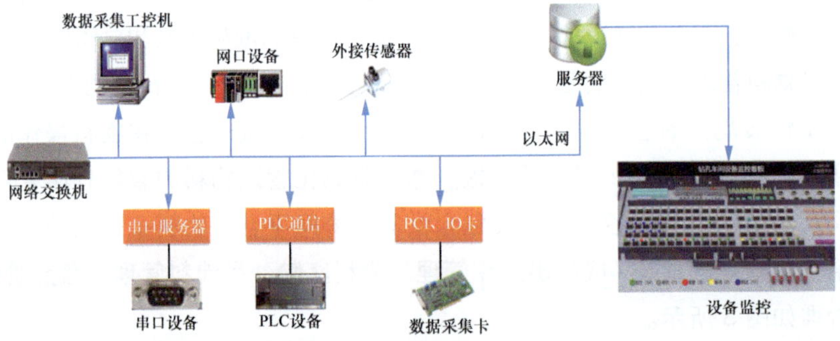

图 4　设备数据采集方式

五是能耗管理。龙南骏亚电子科技有限公司现场的能源消耗类型主要有电力、水和压缩空气，应针对主要能耗品种——电力进行能耗管理。能耗统计可结合区域模型的配置，对企业内部能耗分类、分级、分区域统计核算，以柱状图、饼图等形式展示相关时段的能耗用量情况；同时，根据能源种类按日、周、月、年的时间粒度，提供各能源类型消耗量（或折标后的综合能耗总量）的统计、汇总。

六是质量管理。质量管理系统是基于企业质量管理体系设计和开发的信息系统，其核心价值是将企业管理体系标准化，帮助企业持续改善产品和制程的品质，并最终提升企业的核心竞争力和企业利润。

PCB 行业的质量管理主要包括物料来料品质管理和生产制程中的品质管控，包括来料检验、过程检验（包括首件检验和 PQC[1]/IQC[2]/OQC[3]）、出货检验、物理和化学实验室管理，以及质量统计分析等。质量管理流程如图 5 所示。

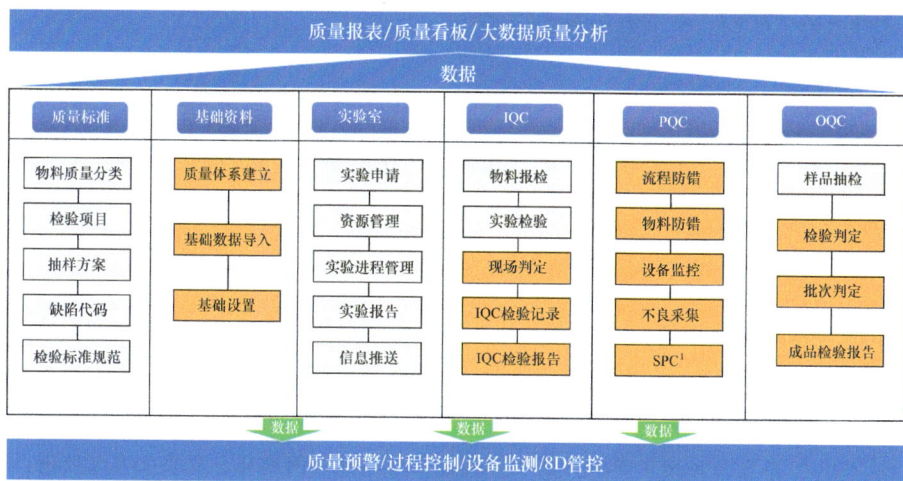

注：1. SPC（Statistical Process Control，统计过程控制）。

图 5　质量管理流程

🌸 提升智能化生产水平，形成行业标杆

本项目入选工业和信息化部 2019 全国"企业上云"典型案例、江西省首批"5G+工业互联网"示范工厂，同时入选 2020 年江西省 03 专项及 5G 项目。通过项目实施，工厂生产的钻孔稼动率从原来的 64.5% 提升到 83.5%，能源节约 28.9%，产品量产周期缩短至原来的 60%，人工成本降低 50%，超过业界平均水平，在江西省乃至全国形成良好的示范效应，目前，本项目已在 3 家 PCB 企业实现复制推广。

电子行业工厂生产的复杂程度较高，产生的数据量较大，相应地，智能化应用的场景也最为丰富。龙南骏亚电子科技有限公司借助中国联通"5G+电子行业工业互联网平台"进行智能工厂的改造，提升 PCB 智能化生产水平，带动企业信息化转型发展、创新发展。另外，本项目的成功应用有助于自身树立行业标杆，对 PCB 行业及更广泛的制造业来说都具备参考价值。

---

1. PQC（Process Quality Control，过程质量控制）。
2. IQC（Incoming Quality Control，来料质量控制）。
3. OQC（Outgoing Quality Control，出货检验）。

基于"5G+物联网"的智能数控联网管控系统

参与企业： 沪东中华造船（集团）有限公司

技术特点： 本项目基于"5G+物联网"的智能数控联网管控平台，以数控切割设备智能化的互联互通、智能化的生产资源管理为方向，全面提升切割生产车间的实时分析、动态调整和自适应优化的能力。

应用成效： 本项目促进了车间传统生产设备的信息化、网络化、数字化升级改造，提升了现场作业管理水平、生产作业的质量追溯水平、现场作业管理效率。

沪东中华造船（集团）有限公司以促进生产设备管控信息化、网络化、数字化为目标，通过对切割生产作业车间的装备、单元、生产线进行智能化升级与改造，对数控切割设备指令转换与高频信息采集反馈技术进行研究，构建智能高效且低失误率的车间工位级数控切割管控平台。

构建面向切割作业管控的 5G 融合组网

基于 5G 融合组网技术的数据传输与处理。 针对现有数据流量大、数据信息共享性差，业务"信息孤岛"现象严重的问题，本项目借助 5G 大带宽、低时延、高可靠、海量连接等优势，结合现有异构网络，构建 5G 融合组网。5G 网络能够实现采集切割作业车间现有数控切割机的低时延状态数据，实现设计、生产、制造、管理等各环节实时的高频动态采样数据的传输与处理。5G 网络能够很好地解决传统网络无法移动而产生的布线施工困扰及工业生产环境下网络连接不稳定的问题，也解决了 4G 信号时延高、并发带宽不足的问题，为设备故障诊断和切割指令下发模式下数据采集、数据传输、时间校准需要的大数据量通信提供了条件。

船板切割过程中构建的 5G 融合网络由企业内部局域网、群控服务器、船体车间操作终端、生产现场联网数控切割机、看板展示工位等部分组成。切割管理过程所应用的 5G 融合网络部署方案主要由 5G 公网、专网、公司设备所在的设备互联网络将现场一体机、现场看板等信息处理和操作终端及数控切割机构成基于 4G/5G 的混合组网，实现在不同生产场景下对船体物理制造的支撑作用。

基于 5G 融合组网技术的切割设备状态检测分析评估。针对目前设备故障判断滞后、设备状态掌控实时性差等问题，本项目基于 5G 融合网络，利用故障诊断算法实现切割设备常见故障的诊断与识别。当设备出现故障时，结合采集的设备参数，能够有效地对设备的异常情况做出判断，并自动识别切割设备常见故障，实现切割设备运行状态的自动监测，形成监测数据报表及设施设备信息报表，根据历史数据建立设备健康状态分析和风险评估算法。切割设备状态检测分析和评估实现了船体加工车间切割设备的高质量运行，降低了设备平均故障率，提升了产品的可靠性。

基于 5G 融合组网技术的实时物联采集。在传统的管理模式下，管理人员无法获取设备的实时信息，切割生产过程中的生产信息及设备运行信息依靠手工报表记录无法准确实时地反映设备的状态，过程信息难以追溯。对新型数控设备的 API 进行集成，对老旧设备的传感器进行改造，结合 5G 通信协议及数据采集技术和设备联网技术，可获取生产设备的生产运行数据。利用信息化技术，对设备采集数据和主要业务的信息化管理软件进行数据集控，打通关键业务数据路线，实现核心业务"数据互联互通"，实现现场工作者、质量检查管理者、工艺管理者、设备维护者、管理层多层级信息的一致化、同步化。

🌐 构建面向切割机的联网管控系统

通过分析现有数控切割设备加载信息采集模块的改造需求，对现有数控切割机进行联网改造，结合 5G 通信协议及数据采集技术和设备联网技术，建立数据传输链路，获取生产设备的生产运行数据。

数控切割设备联网及数据采集系统可提供远程参数采集与下发，定时自动采集数控切割设备运行数据与耗材数据，并具备将其导入数据库的功能，包括运行状态、用户名、指令文件、打孔数量、报警信息、切割长度及时间（垂直切割与坡口切割分开统计）、空走长度及时间等，也提供手动下载数据信息，并导入数据库功能。该系统实现了数控切割设备的运行数据库、耗材数据库的定频自动采集记录与导入，还实现了记录中的设备资料、用户资料、指令文件下载记录、设备运行记录、设备报警记录、运行数据采集状态等数据的增加、修改和删除的功能。切割机联网管控主页界面如图 1 所示，设备远程监控界面展示如图 2 所示。

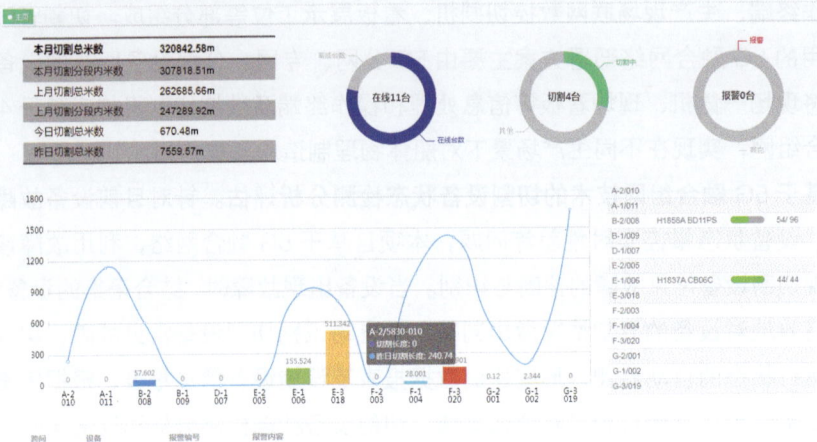

图 1　切割机联网管控主页界面

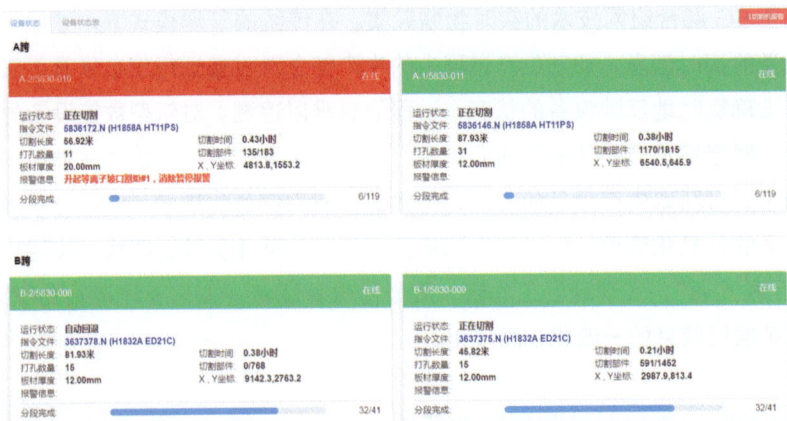

图 2　设备远程监控界面展示

　　切割指令文件下发通过管理各类指令文件，实现指令数据的发放、使用、修改更新、反馈的全过程管理，基于安全可靠的技术协议，并采取必要的各级操作人员身份认证措施，实现了指令代码（NC 代码等）向数控切割设备的远程下发，以及指令文件的转换与管理。切割指令文件下发管理提供了设计指令发送终端管控指令数据服务器中不同指令文件的功能，包括增加、删除、更新、查看及其他操作，同时，转换与管理终端可读取指令数据服务器中的指令数据，转换后存于本机或服务器，并可传送至其他切割配套设备，实现直接管理各数控切割设备内的指令文件的功能。指令数据服务器提供存储管理各类指令文件的功能，存储管理时应满足各类工程指令的需要，且指令文件在服务器上的更新等操作应具备操作修改自动记录功能。

通过切割路径仿真的建立，实现远程动态记录切割生产过程的功能。切割路径仿真模型提供设备的实时信息，包括运行状态、用户名、指令文件、打孔数量、报警信息、切割长度及时间（垂直切割与坡口切割分开统计）、空走长度及时间等数据表，并提供用户查询界面，该界面具有导出切割生产过程各信息记录图表的功能，同时，支持在看板屏幕、计算机等终端显示实现切割生产过程的动态跟踪。切割路径仿真如图3所示。

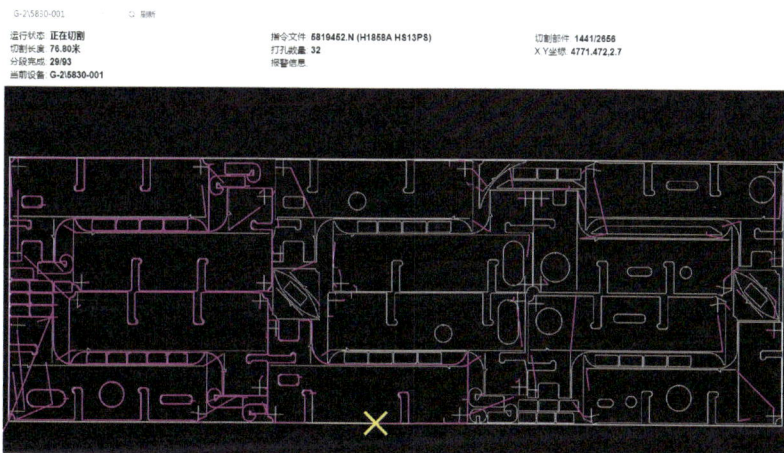

图3　切割路径仿真

基于统计各切割机各部件的耗材信息（包括耗材编号及更换日期），生成数据报表。通过实时数据采集，对系统中已有的数据自动按规则进行统计汇总和报表输出以进行研究，实现了根据用户提供的报表样式开发相应表单模板的功能，并提供相应的报表编辑软件，以满足不同生产需求生成可二次编辑的报表；实现了指定时间段内以切割机、操作员或切割文件为单位的切割总长度、切割总时间、打孔总数量、空走总长度、空走总时间的统计，并生成图形报表和数据报表；实现了数据远程访问，并向管理部提供查看与打印功能。通过可编辑模板功能，完成了含设备易耗品报表、设备运行日报表、切割物量总图表、人员月度物量统计表、数切物量统计表、质量信息跟踪表、跨间数控切割生产报表等在内的各项专业分析图表，为管理决策提供了有力支撑。

🌐 实现切割全过程数字化管控

本项目基于物联网技术，构建船体钢板切割过程管控系统，实现切割全过程的数字化管控。通过对切割机的数字化、网络化、信息化的升级改造与构建面向切割作业管控的物联网，实现车间作业生产的动态跟踪与可靠感知。利用网络层的实时传输和应用层的功能实现，衔接、协同各个生产环节，纵向贯通了生产管理与现场作业活动，实现了设计、生产、制造、管理等各环节生产管控数据的流通。通过切割管控系统实现终端指导现场切割操作，实时对加工切割全过程进行识别、采集、监控和追踪，包括员工管理、零部件管理、切割执行过程管控和切割过程遗漏检测、实时评估和调度等功能，确保员工根据确切的工艺、资源和切割顺序约束进行操作，实现切割执行过程的管控。

⚙ 制定可复制、可推广的一体化解决方案

切割行业的发展与金属制造企业的发展是分不开的。本项目可以在加工作业的过程中直接管控切割工艺，实现切割作业的实时监控、切割设备的预测性维护，能够提高具有基础切割作业行业的整体生产力水平。

这个可复制、可推广的网络架构、标准、产品、应用一体化解决方案，可应用于钢结构件、压力容器、港口机械、体育场馆、船舶制造等需要大量切割作业的领域。数字技术实现了切割生产作业的智能化，解决了数据信息共享性差、生产信息滞后的问题，减少了大量重复的人工作业。从生产来看，首先，数控切割联网管控系统的应用降低了生产成本。其次，板材切割是焊接成品加工过程中的首要步骤，也是保证焊接质量的重要工序。数控切割联网管控技术能够保证产品的焊接质量。利用先进的数控切割联网管控技术，不但可以提高作业生产效率，降低返工次数，而且可以使企业产品的制造成本大幅下降，缩短了产品生产周期。随着新产品、新工艺、新技术的广泛运用，智能化切割作业联网管控技术将成为切割行业今后发展的趋势。

大型船企重要资源管控与调度平台

((ۥ)) **参与企业：**广船国际有限公司、中国移动通信集团广东有限公司广州分公司、中移物联网有限公司

技术特点：针对船舶建造全流程要素繁杂、环境恶劣等行业特点，本项目开展5G专网网关、数字孪生应用等5G产品体系的技术攻关，赋能船舶堆场调度管理。目前，本项目为广东省内船舶行业首创的应用模式。

应用成效：本项目将5G数字孪生引入船舶生产流程中的船身分段物流管控中，运用数字孪生和路径算法，为船身分段的调度管控提供智能化和虚拟还原能力，提高了堆场的利用率，减少了运输时间，同时降低了运输成本。

船舶建造属于大型复杂装备制造行业，该行业的特殊性决定了其工厂沿海而建，环境高湿、高盐，钢结构信号屏蔽严重；产品的特殊性使其相较于其他行业，中间制成品分段大、零部件数量多，导致堆放场地、运力、搭载能力紧张。现代造船企业虽然已经拥有较先进的制造设备，但重要资源（例如，场地、船坞、平板车、单元模块小车、龙门吊、门座吊、高空车等）没有实现统筹管控与规划调度，最终成为制约产能效率提升的瓶颈。

本项目通过构建厂区三维可视化模型，对分段堆场进行虚拟网格化划分，结合液压平板车的运输状态和北斗卫星导航系统高精度定位信息，实现车辆的运输过程轨迹及分段定位动态跟踪，合理利用车辆和分段堆位等关键资源，使分段运输过程管理透明化，提高场地利用率，提高分段运输效率，减少分段转运次数，加快分段周转速度，实现分段堆放的可视化管理和龙门吊等关键资源的统一申请调度，保证生产有序开展。

构建 5G 专网产品体系

本项目采用以 5G 专网运营平台、数字孪生、5G 专网安全技术等为核心的 5G

专网产品体系，将厂区堆场网格化、数字化，合理分配场地资源堆放分段，减少分段转运次数，申请调度平板车、单元模块小车通过最佳的路径以使用最少的耗能与耗时完成分段运输任务，管控调度厂区内的龙门吊等搭载能力，实现高效的分段搭载，利用现代信息手段实现船舶行业数采、管理、高效调度及数字化运营管理的需求，将这些船舶制造的重要资源统一管控，实现资源申请与系统统一调度，运用虚拟现场服务对分段智能物流调度、生产现场监测、厂区智能理货、分段生产运输过程溯源实现可视、可管、可控数字化运维，保障生产高效、稳定、安全、健康运营。

技术网络架构： 在非军工区域部署 5G 网络及 5G 专网，仅用于 B 端（企业端）生产、调度环境使用，暂不向 C 端（用户端）开放使用。技术网络架构如图 1 所示。

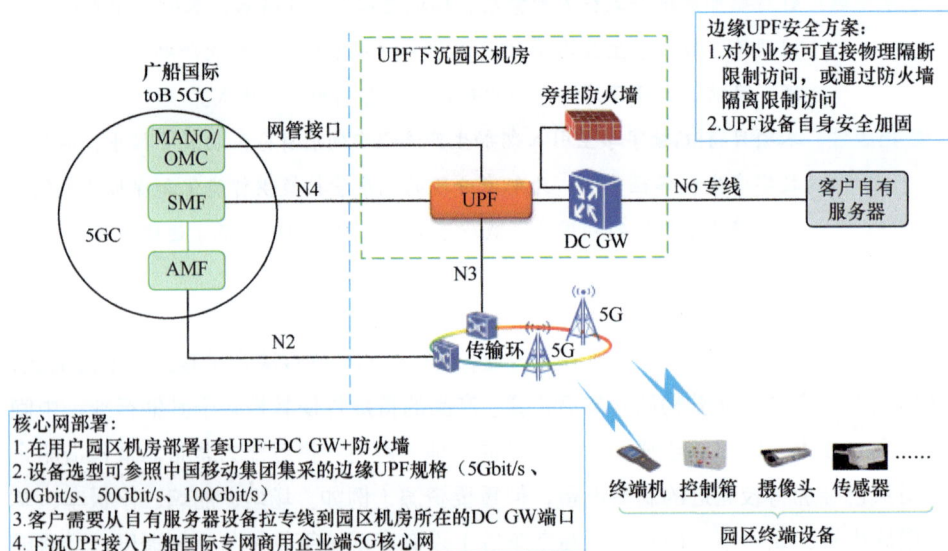

图 1　技术网络架构

技术先进性： 研制 5G 专网网关及堆场数字孪生平台，探索 5G 在船舶企业规模化应用的路径，填补船舶行业 5G 应用在专网技术、数字孪生等方面的技术空白。

技术可实用性： 网关、堆场数字孪生平台底层、5G 专网方案均已完成标准化制作，可在国内同行业其他船舶企业迅速推广部署，解决高盐、高湿、高屏蔽环境下分段调度、管理、溯源等问题，促进船企从低效人工管理向高效智能化管理转变，在造船行业内可复制，实现推广商用。

🛰 运输车辆高精度定位采集

5G 船舶网关具备高精度定位和 5G 通信能力，并且具备 IP68 防护等级。一台平板车两头各安装一台 5G 船舶网关，网关采集的高精度定位数据实时上传到数字孪生平台。两台网关的定位数据可以准确地确定平板车的位置和方向，数字孪生平台通过大屏幕显示出平板车的运行轨迹及任务状态。

具体业务流程如下。

流程 1：网关与平板车信息绑定，由两台网关对平板车进行定位和车辆方向的确定。

流程 2：下发调度任务，分段与平板车进行任务关联，平板车从停放区域启动。

流程 3：平板车到达分段目的地并装载分段，启动运输（此时分段与平板车位置绑定）。

流程 4：车辆行驶，实时定位平板车与分段的位置。

流程 5：到达目的地，卸下分段（此时分段与平板车解除位置绑定状态）。

流程 6：平板车返回停放区域，完成本次调度任务。

🔘 厂区数字孪生管理

本项目建立厂区内主要建筑物（例如船坞、码头、车间、外场等）和主要设备（例如液压平板车、模块车等）三维数字孪生模型，同时，对分段堆场进行网格化划分，对网格逐一进行编号，实现分段的网格化、精细化管理，使分段的定位管理更加精确可靠。具体步骤如下。

第一，厂区三维建模通过数字孪生建模平台完成。本项目构建厂区的 GIS 矢量图层，并实现矢量图层经纬度与三维建模之间坐标系的转换，将厂区三维建模和 GIS 图层叠合，形成面向船厂的数字孪生可视化支持平台。该平台既可以实现真实的场景可视化展现，也可以基于路径、轨迹进行追踪和展示。

堆场总体展示：对厂区的所有堆场或局部堆场的存放情况进行展示，堆位的状态通过颜色进行区分，由此可以清楚地了解堆场的整体堆放情况。

堆位可视化展示：当具体到某一个堆位时，如果堆位上有分段，则会展示分段的具体模型，并同时展示分段的主要信息。分段信息主要包括分段的区域、类型、总段、分段、长宽高、左右弦、分段重量等信息。

第二，通过结合三维建模和 GIS 定位，可对车辆实现多维度的可视化展示。

车辆实时位置展示：本项目通过实时获取车载设备的位置信息，在可视化大屏幕上展示厂区内所有车辆和某一车辆的实时位置，并通过一定间隔刷新位置信息，同时对运动的车辆和静止的车辆通过不同的方式进行展示。

车辆运输轨迹展示：本项目可通过选定某一车辆运输任务，对车辆在运输任务执行中的运输轨迹进行追踪回放。

车辆可视化统计信息：本项目可通过可视化大屏幕对车辆的状态、运输任务执行率进行统计汇总。

🌐 厂区分段调度算法

厂区分段调度算法由多个维度的数据模型构成，可以从以下 3 个层面构建相关的算法模型。

仅考虑从 A 到 B 的堆位算法：该算法只考虑堆位的合理利用情况，需要通过对堆位数据、堆位数据、分段数据进行综合建模分析，实现堆位的合理使用和调度。

考虑车辆和人员的堆位算法：最终的推荐结果不仅包含堆位的推荐，还包含运输车辆和参与运输的工作人员推荐，还可融合车辆管理数据和人员数据进行建模分析。

考虑运输路径推荐的算法：该算法加入对调度执行时运输路径的推荐，需要对道路管理数据、同时间段调度计划数据进行综合建模分析。需要注意的是，该算法模型可能会出现推荐误差。

在整体的调度算法中，第一种属于基础必备，通过算法来优化和合理利用堆场，第二种和第三种是可选的，具体要根据相关数据的完备情况进行综合评估，确认是否可以扩展相关的推荐内容。

🌐 船舶制造环节引入数字孪生

在 2022 年的船舶建设中，广船国际有限公司将 5G 数字孪生引入船舶生产流程中的船身分段物流管控中，运用数字孪生和路径算法，为船身分段的调度管控提供智能化和虚拟还原能力，提高了堆场的利用率，降低了运输时间，降低了运输成本。2023 年，广船国际有限公司计划将数字孪生技术引入船舶生产的制造环节，解决船舶生产制造智能化程度低、环节流程自动化弱的痛点，通过数字孪生技术构建船舶制造车间生产要素模型、生产计划模型和生产过程模型，为船舶生产制造提供智能化支撑，同时与 2022 年基于数字孪生的船身分段物流进行对接融合，实现从分段制造到分段管控的端到端能力。

5G 专网赋能焊接联网管控

参与企业： 中国船舶重工集团公司第七一六研究所、沪东中华造船集团有限公司

技术特点： 本项目基于5G专网建立焊机集群智能管控系统，将焊机工作参数实时回传，在服务器端将工艺参数和设备指令及时下发到焊接设备，实现焊接缺陷的预警及设备利用率分析，提高焊接作业的质量及设备利用效率。

应用成效： 本项目利用5G实现作业区域焊机设备联网和信息流通，为船舶行业提供设备监控、远程诊断、能耗监控等数字化解决方案，在一定程度上解决分段车间作业效率低、作业成本高等问题。通过数字化管控缩短焊接周期，提升船企订单承载能力，提升经济效益。通过实现焊机设备远程管控、能耗监测和预测性维护，降低人力成本和能源浪费成本。

在分段车间高湿度、粉尘、振动、移动等复杂环境下，焊机有线通信存在失效风险，导致状态数据采集不稳定、故障无法及时跟踪影响生产、超规作业等问题，采用传统以太网组网的方式，则存在现场工程量大、需要重新布线、不易部署等问题；而 Wi-Fi 网络又受电磁环境的影响，传输效率低，信号传输不稳定。现场联网设备量大，数据并发量高，传统的网络无法满足要求。5G 网络环境可以充分发挥 5G 大连接、广覆盖、稳定可靠的优势，可以对设备联网状态及工作状态进行实时管控。

大带宽与便携化的 5G 专网系统

中国船舶重工集团公司第七一六研究所针对船舶智能制造等垂直行业应用，经过多年的技术积累，成功研制了 5G 专网系统，实现端到端的大带宽传输，峰值速率可达 1Gbit/s，其最大的特点是大带宽与便携化。这意味着此 5G 专网系统可以提

供媲美光纤的传输速度，满足船舶信息化、数字化建设对大数据传输的应用需求。该系统的设备体积小，部署方便，可适用于多种应用场景，特别是船舶建造特定区域的快速网络覆盖。

该系统的 5G 核心网与终端支持国产化平台，例如飞腾、RK3399 瑞芯微等国产化处理器，支持设备研制的自主可控与安全保障。该系统提供自动化运维的能力，可实现对 5G 专网设备的远程监控，极大地方便用户使用：一方面，为用户提供实时可视化的信息；另一方面，用户也能根据环境需求的变化，动态改变 5G 专网的配置，实现网络与需求的匹配。5G 专网系统包括 5G 核心网组网设备、5G 专网基站、5G CPE 3 个设备，具体功能和参数指标如下。

5G 核心网组网设备是指为 5G 专网提供轻量化核心网功能的设备，包含 MME、SGW、HSS、AMF、SMF、UPF 等网元功能，支持 NSA 与 SA 方式组网，支持基于服务架构和控制面与用户面分离，适用于大型网络，部署于大型服务器。5G 核心网采用容器化部署，扩展核心网元，提供大量用户接入、大带宽能力，同时也适用于小型网络，部署于嵌入式设备；部分网元裁剪，保证基本网络通信功能；具有灵活的软件功能定制能力。

5G 专网基站由 NR 基带处理板、5G 大功率功放模块、散热模块等组成，采用基带和射频一体化设计，具备体积小、集成度高、性能优越、工作稳定等特点，可满足行业客户的功能需求和苛刻部署场景。

5G CPE 是提供终端接入 5G 专网功能的设备，支持 Wi-Fi 有线数据的接入与转发。基于 RK3399 的主控板，支持基于高通、展锐的 5G 通信模组。

此外，该系统还能为各行业企业提供私有数据的保护。目前，船舶制造等企业有商业敏感数据，这些信息不能在公开网络上传输，一旦泄密，往往会导致严重的后果。此 5G 专网系统可以独立部署，设备所有权和控制权属于企业私有，企业在实现对数据保护的同时，还能利用 5G 提高其整体的数字化和智能化水平。

📡 基于 5G 的数字化焊机联网管控

本项目以分段车间的焊机为对象，结合 5G 专网的特点，开展了基于 5G 网络的关键设备互联与状态低时延采集管控技术、基于 5G 网络的关键设备故障诊断监测与预测性维护技术、基于 5G 网络的关键设备能源在线监测技术、基于 5G 网络的分段车间关键设备互联系统开发与应用等方面的研究工作。数字化焊机联网管控如图 1 所示。

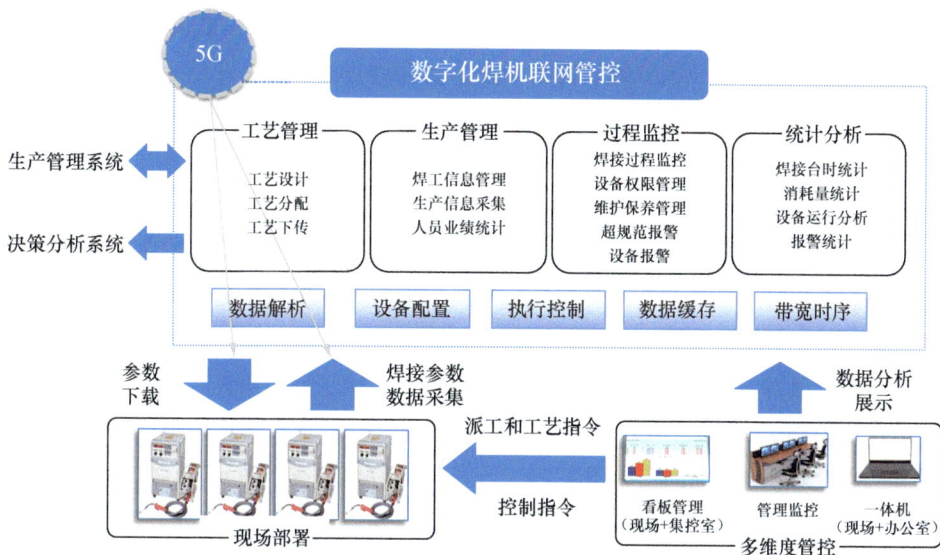

图 1 数字化焊机联网管控

　　首先，本项目基于分段制造车间焊机设备，利用传感器采集设备的数控参数、机械参数、电控参数、对象参数的实时状态数据，构建基于 5G 网络的关键设备互联与状态低时延采集规范与平台。其次，本项目开展基于 5G 网络的关键设备故障诊断监测与预测性维护技术研究，通过基于多维信息融合的智能预测性维护技术，提升关键设备的利用率。再次，本项目开展基于 5G 网络的关键设备能源在线监测技术等研究，降低关键设备能耗水平。最后，本项目开发相关设备互联实时监测系统，并在分段车间进行应用，实现分段车间关键设备联网率、利用率和生产效率的大幅提升。

　　本项目在上海江南长兴造船有限责任分公司（以下简称江南长兴）分段制造车间分段组装生产线进行实施与验证，以 5G 网络的焊机联网实时监控系统为载体，以江南长兴分段制造车间的分段制作等工艺过程的焊缝焊接环节为对象，对关键生产设备焊机进行组网，利用传感装置采集器对焊机的电流、电压、生产工艺、设备属性、运行时长、设备报警等数据进行采集，利用采集盒的处理功能对信号进行抑噪和调幅处理，并转化成相应的数据，通过 5G 网络将数据传输到服务端，结合预测性维护和故障诊断模型算法对数据进行分析，并与故障库进行匹配，完成设备的故障诊断功能验证，基于性能衰退特征和实时状态数据，结合设备运行环境，评估设备系统及各部件的综合性能，形成预测性维护方案，及时对设备进行现场维护，减少系统不确定性带来的影响。结合焊缝施工工艺的要求对焊机电流、电压参数进行上下限控制，并通过5G网络将工艺数据下发到焊机，实现对焊接工艺参数的管控，再结合现场生产作业需要，通过看板分发系统将焊接监控信息在电子看板中投放展示，以满足现场的管控需求。

🔵 数字焊机联网需求稳定增长

沪东中华造船集团有限公司（以下简称沪东中华）首批 400 台数字化联网焊机已经部署在船体平面工场，其他数字化焊机也即将纳入联网。数字化焊机管控系统自船体平面工场应用之后取得了不错的成效。数字化焊机管控系统的成功实施很好地解决了传统焊接作业中出现的管理短板，通过联网工程将原先独立工作的焊机纳入信息系统和工程管理体系，实现了工艺信息、工单信息、派工信息通过信息网络下发到各个焊机中，同时，将焊机的工作数据上传至信息系统，实现实时控制和分析、积累工业知识、完善机理模型。应用反馈表明，焊接生产过程的信息化管控能够有效降低人工管控的不足，确保焊接作业最终交付可靠的产品，并提升一次校验合格率。5G 的使用既解决了有线方式下维护成本较高、联网稳定性差的问题，也解决了 4G 组网方式下无法满足焊机的实时管控和大批量焊机同时组网的问题。

市场对 5G 专网、数字焊机及其管控系统的可接受度正在提高。沪东中华等国内大型船企推进数字焊机联网、焊机管控系统应用，在焊接生产质量、现场焊接作业管控、设备利用率、数据分析和管理提升等方面取得成效，国内数家船舶企业对此领域的投入产出从观望转为积极参与。

目前大量的存量焊机仍为模拟焊机，按照 10 ～ 15 年的更替周期，模拟焊机的数字化改造、新增焊机的数字型引进、数字焊机联网信息采集、数字化焊机配套设施建设、数字化焊机管控系统建设、基于物联网的焊机管控体系将是未来各个船舶企业，乃至钢结构产业（桥梁、预装配式建筑、高可靠市政工程）逐步涉足的重点，项目改造的增长需求将趋于稳定。

另外，伴随着工程管理的精细化运行，在焊机管控模式下，以自主三维设计软件为平台的焊缝几何模型抽取后将结合工况因素、填充量波动等要素建立新的工程分解模式、工程造价模式，并且工程价值计量体系也会趋于成熟化和模式可迁移化，这将很大限度地促进工程甲乙双方共同迎接数字化管控，而 5G 等技术和多组态形式的联网方式会在未来促进更多新场景、新应用方式的诞生。

夯实混合算力云中心，打造高端5G智慧科创园

((·)) 参与企业：浪潮通信技术有限公司

技术特点： 浪潮5G高端智慧园区一体化平台结合中科新经济科创园多维度的建设需求，以5G为核心，打造"1+1+4"的智慧园区体系，打造网络服务体系、园区云服务体系、园区绿色管控体系、数据服务体系、建设规划体系、管理服务体系、运营服务体系，实现园区整体智慧化提升。

应用成效： 本项目于2022年开始在市场推广，依托济南、娄底、威海等20多个智慧城市运营服务基础及济南新旧动能转换起步区市场基础，力争未来3年市场占有率达到30%以上，预计未来5年总收入达到300亿元以上。

中科新经济科创园具备核心技术产品、先进动力产业、云服务产业等高端技术产业群，相较于传统产业园区，对算力资源分布、计算能力响应、计算资源建设、计算产品国产化等方面提出更高的建设要求，需要提供更灵活的AI算法、更稳定的计算设备、更快的计算速度，以及更安全的管理策略，以满足园区运营、园区服务、园区管理、园区展示、园区扩展。

构建5G高端智慧园区一体化平台

浪潮通信技术有限公司（以下简称浪潮）以重建设、更重运营为纲领，以创新发展、绿色协同、包容开放、安全可控为建设理念，以智能、智慧、智算、智数为平台主线，高规格构建中科新经济科创园高端智慧园区一体化平台，打造国内一流的创新性绿色国际化园区。在设计架构上，浪潮构建中科新经济科创园高端智慧园区"1+1+4"体系，为园区建设提供"一云脑、一底座、四中枢"的核心架构，助力中科新经济科创园实现园区的高度智慧化和数字化。高端智慧园区"1+1+4"体系如图1所示。

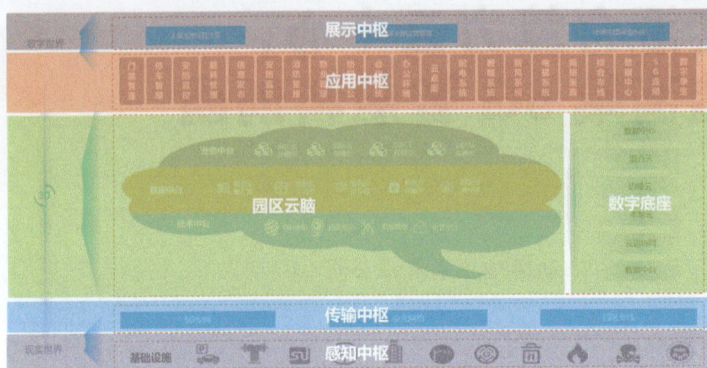

图 1　高端智慧园区 "1+1+4" 体系

在网络部署上，本项目基于浪潮边缘核心网、无线网、基础平台、智能网关等全系列网络产品，实现数据中心区、网络出口区、网络控制区、传输区、无线区、物联网区、视联网区的全部覆盖，并结合新一代通信专网能力和产品构建实验专网、科研专网、生产专网等网络服务能力。该项目的技术优势主要展现在以下 5 个方面。

多制式接入网。本项目支持多制式接入能力，打造接入能力兼容并包的多制式融合网络解决方案，促进新一代通信网络融合的深入发展。

5G 超融合一体机。基于开放融合架构的边缘基础设施平台，开箱即用、软硬协同、云网融合，提供边缘计算 IaaS 及统一可视化管理能力，为用户打造轻量高效、稳定可靠、高性价比的边缘计算新型一体化产品。

虚拟化平台 iEOS。该平台通过对虚拟化资源及运营要素进行管理，屏蔽底层物理硬件基础设施的异构性和复杂度，对外以虚拟资源池的形式呈现，为企业、团体或组织提供 IT 资源按需交付能力。

边缘云管理平台 iECIM。该平台提供中心统一的运维方案，对边缘云的硬件、云平台、云产品进行统一管理，发挥中心运维平台的优势，有利于快速整合已有资源，敏捷响应市场需求。

视频使能平台。基于快速接入、视频联网聚合及智能分析等多方面的能力，为行业客户提供视频接入、AI 分析、运营管理的视频联网基础平台，助力行业应用开发人员快速构建边缘视频业务，支撑园区安防、安全生产、安全驾驶等智慧应用创新。

实现 "5G+云、数、智" 智慧应用

中科新经济科创园一期建设占地面积约 73333.3 平方米，建设 48 栋单体楼，

涉及硬件产品数量21000余台，属于较大型的高端产业园区。浪潮通过"5G+云、数、智"智慧应用，构建园区智慧楼宇生命体，将原本独立的48栋单体楼连成片，赋予了中科新经济科创园运营中心智慧化的大脑、灵活化的经络、智能化的躯体，以及高效化的传输系统，树立了全国大型智慧园区标杆。本项目的智慧应用如下。

5G+AR鹰眼全域监控：基于3GPP R17标准，浪潮依托鹰眼相机，实现对人、车、物、环境、行为的综合AI分析能力，实现中科新经济科创园全场景大范围的智能监控，并基于边缘计算能力，实现客户端的目标跟踪、3D建模、标签管理等可视化安防需求。

5G+4K/8K超高清直播：本项目通过将虚拟现实、视频直播等海量数据和计算等密集型任务转移到云端，再借助高速稳定的新一代通信网络，将云端的显示输出和声音输出等经过编码压缩后传输到用户的终端，实现VR终端的便捷化和轻量化，以及活动直播、会议直播、赛事直播、日常直播、营销直播等多种应用场景。

5G+能耗双控综合管控：本项目基于5G端计算网关，实现对能耗仪表的微改造，实现能耗仪表的全量数据采集，以及能耗实时监测和异常分析，并基于网关改造实现能耗场景化自动调整，丰富节能减排手段，提升能耗利用效率。

5G+智慧楼宇自控系统：本项目实现数据采集产品与楼宇自控系统DALL控制器、DDC控制器及现场控制器等设备的全面协同，建立楼宇自控体系，完善楼宇管控的自动管理能力。

🛜 打造智慧园区体系

本项目创新性地将中心算力云、本地算力云及智能网关算力云进行能力融合，并按照应用场景不同、算力需求不同，打造多元协同计算体系，实现计算资源协同、计算承载协同、业务场景协同等综合性体系。

传统智慧园区项目仅仅是一些小功能模块的5G融合创新，中科新经济科创园高端智慧园区项目实现了基础设施、网络传输、数据支撑、园区应用及可视化指挥的全面融合，通过技术创新对传统的、独立的应用系统进行重新赋能，建立更快速、更高效、更安全、更绿色的创新园区体系。

相较于传统模式，新一代通信网络传输通过与连接、算力、能力等基础能力融合，赋能园区能耗分析、VR超高清直播及AR全域监控等应用场景，能够根据客户需求，在云－网－边之间按需分配，并灵活调度计算资源、存储资源及网络资源，为应用场景的落地提供了定制化空间。

粤储粮打造"数字粮仓"，
保障粮食安全

> **参与企业：**广东省储备粮管理集团有限公司、浪潮通用软件有限公司

技术特点： 本项目以作业流程为主线，以物联网感知数据、视频数据和储备管理业务数据融合为支撑，打造上下联动、决策与执行一体化的粤储粮"数字粮仓"管理平台，实现了12个省级储备粮库数据的全覆盖，"一张图"看清库存分布、数量变化和质量风险，助力开启数字化监管模式。

应用成效： 本项目实现粮食从港口到粮仓"一码通行、一站直达"，"一张图"看清13个库点粮食分布、洞察仓储安全风险；通过"粮温云图"精准监测和研判霉变、虫害等异常变化，粮情周期由12天缩短为1天；减少了客观或人为因素造成的仓储环节损失，粮食坏品率降低10%，确保储粮数量真实、质量良好；建立消防水压与火情探测、光纤测温、鹰眼巡防、有害气体检测等智能安防体系。

广东省储备粮管理集团有限公司（以下简称粤储粮）承担着广东省政府赋予的地方粮食安全保障任务，是省政府实施粮食宏观调控的载体，下属十余个省级储备粮库，是广东省政府批准设立的省属行政性公司，是广东省政府实施粮食宏观调控的载体，具体负责广东省省级储备粮的收购、仓储、轮换、调运、销售及进出口业务，承担全省粮食总量平衡具体操作等业务。为更好地支撑集团化运营，粤储粮携手浪潮通用软件有限公司（以下简称浪潮）打造粤储粮"数字粮仓"管理平台。

建设粤储粮"数字粮仓"管理平台

粤储粮通过与浪潮合作，依托数字科技，以智能仓储为中心，以作业流程为主线，以物联网感知数据、视频数据和储备管理业务数据融合为支撑，携手打造了上下联动、决策与执行一体化的粤储粮"数字粮仓"管理平台，实现了12个省级储

备粮库数据全覆盖，"一张图"看清库存分布、数量变化和质量风险，助力开启数字化监管模式。粤储粮仓储业务管理系统如图1所示。

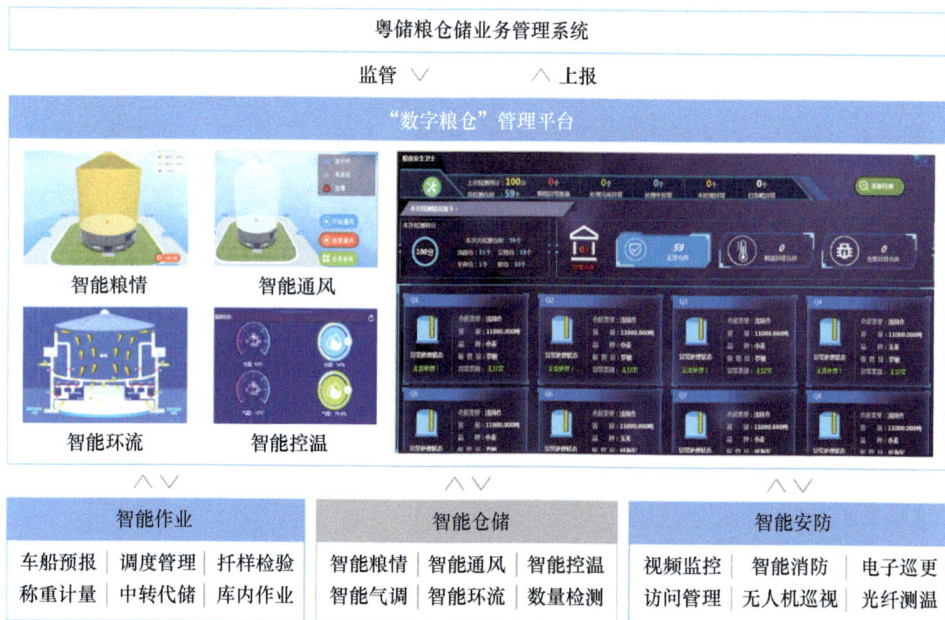

图1 粤储粮仓储业务管理系统

智能作业：全流程智能出入库作业，实现粮食从港口到粮仓的一站直达。

智能仓储：12个省级储备粮库数据全覆盖，"一张图"看清库存分布、数量变化和质量风险。

智能安防：基于三维数字化技术，远程联动空调、风机、气调等控温设备，全面提高仓储作业的科学性、安全性。

打造高效、现代化的仓储管理能力

粤储粮有效落实了新形势下的粮食安全责任，更好地解决总公司面临的粮食安全风险监管难题，并进一步规范粮库的各项作业流程，打造高效、现代化的仓储管理能力，总公司根据"优质粮食工程"相关要求，结合华南地区气候特点和自身情况，启动智慧粮库建设，并在总公司层面同步建设粮食远程监管平台。

本项目包括总公司业务管理系统、总公司下属12家库点智能化管理系统的软件开发应用及硬件并集、东莞直属库智能化粮库硬件建设，建设地点包含总公司、东莞直属库、顺德直属库、储运公司、珠海中山库等12家库点，各部分建设内容如下。

三维库区：软件系统涵盖仓储智能、智能作业、智能安防等相关模块，以集成硬件设备或生成业务流程获取数据，通过三维建模或报表等多种形式，直观显示库区各模块业务运行情况。粮库概览如图 2 所示。通过粮库概览，我们能了解库区的生产情况、库存、仓房信息及设施设备运行情况。库区软件系统采用三维建模技术与组态开发技术，以透视的形式显示粮情、通风、质量、气调、出入库等系统数据，可实现分页和集中显示。

图 2　粮库概览

粮食安全卫士：本项目为各仓粮食提供一键诊断工具，识别异常粮情；实现对整个库区储粮安全的状态一览；提供单仓仓储保管情况鸟瞰，包含数量、质量、仓储作业、异常跟踪处理记录等。粮食安全卫士界面如图 3 所示。

粮温测控：本项目支持粮温远程实时监测，获取测温数据并将其存储到系统中，自动计算出最高粮温、最低粮温、平均温，支持三维展示、分区域展示、温度云图、异常点位变化趋势等。粮温测控界面如图 4 所示。

智能通风：本项目通过单仓模式模拟显示各个仓的通风状态，并用不同的颜色显示，能够显示该仓通风类型、通风状态、风机型号等信息；进入单仓页面后能够关联到粮温，并模拟单仓通风情况，用不同的颜色（温度范围对应的颜色可设定）展示整体粮温的变化。

智能控温：本项目可显示各个仓的控温状态，并用不同的颜色显示，能够显示该仓的控温类型、控温状态、空调及谷冷机型号等信息。

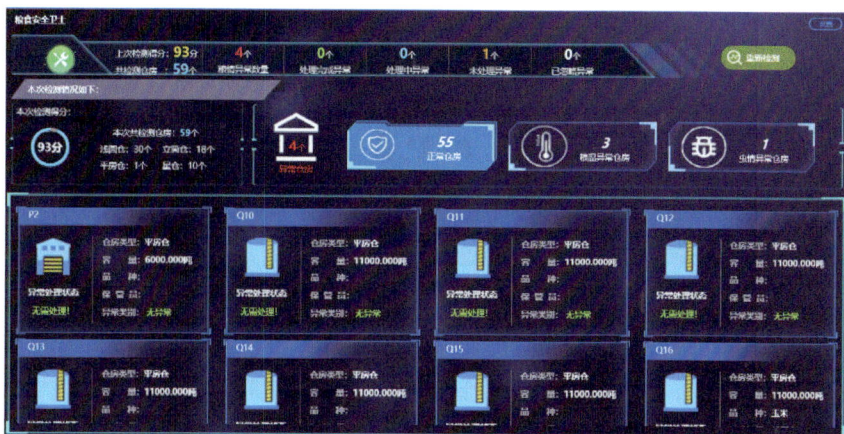

图 3　粮食安全卫士界面

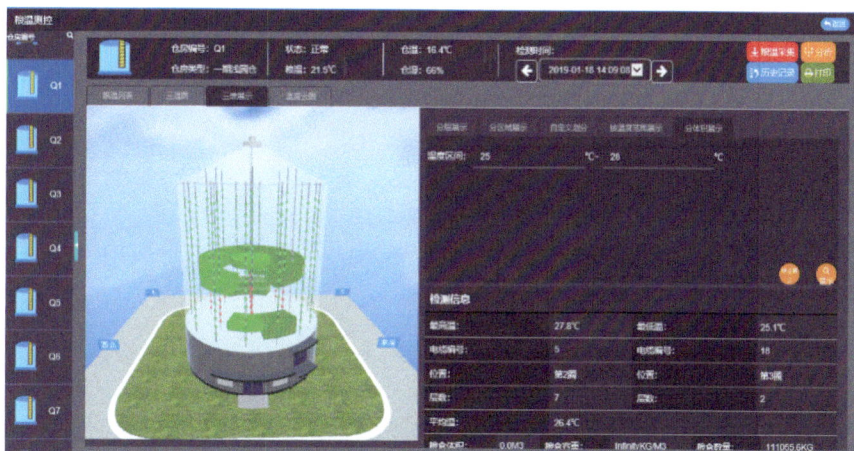

图 4　粮温测控界面

光纤测温：本项目可实时掌握库区皮带机运转温度，超预警阈值报警，定位检测，检修。光纤测温如图 5 所示。

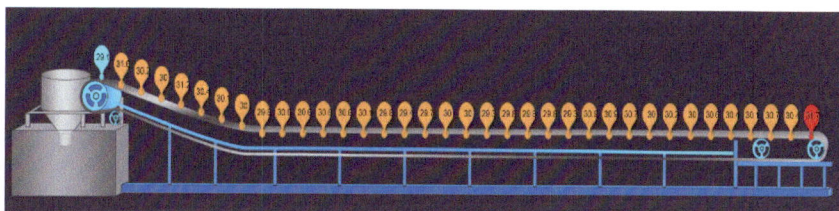

图 5　光纤测温

热成像巡航：本项目可时刻全面巡航仓房仓顶，具有阈值报警推送、周界入侵、鹰眼监控报警等功能。

数据互联互通：结合国家数据互通规范和广东省平台数据上传要求，本项目实现同国家粮食局、广东省级平台系统的数据互联互通，完成东莞库、顺德库等 12 家库的互联互通。

粤储粮围绕储备粮业务成功开展数字化转型，在实现自身业务创新的同时，也为粮食企业数字化转型提供了经验借鉴和样板。

浪潮深耕粮食行业近 20 年，成为粮食数字化转型中最坚定的赋能者和推动者，已助力包括国家粮食和物资储备局、各省粮食主管部门，以及中储粮集团、中粮集团等大型粮食央企，鲁粮集团、吉林储备粮、上海良友集团等粮油企业在内的数万家企业数字化转型。未来，浪潮将进一步发挥在粮食行业的领先优势，落实维护国家粮食安全，助力粮食行业数字化转型。

基于5G+工业互联网标识解析的产业链数字化平台

参与企业： 长飞光纤光缆股份有限公司、汕头高新区奥星光通信设备有限公司

技术特点： 基于标识解析平台，光通信产业链上下游企业使用统一编码替代已有编码或进行编码的映射转换，可实现公有标识与私有标识、异构公有标识之间的兼容互通，解决传统标识在企业外不能读或读不懂的问题，破除信息传递壁垒，进而实现各类主体在更大范围、更深层次、更高水平的互联。

应用成效： 长飞5G+工业互联网标识解析二级节点已注册企业达2000多家，注册标识达到亿级，每日标识解析量达到百万级；订单交付效率提高25%，能源利用率提高18%，库存周转率提高20%，长飞数字化管理水平全面提升。长飞应用工业互联网进行服务化延伸，与中国移动共享质量数据，助力行业高质量发展；通过客户对产品生产和使用场景的虚拟体验，提升客户服务满意度。

光通信行业是万物互联的物理基础，是电子产业增长的关键拉动力量。但是，光通信行业产业链存在供需不匹配、生产协调能力薄弱等情况。一是产业链数据协同难。光通信行业产业链条长，上下游企业众多，大小企业数字化程度不一致，存在协同难的问题。二是产业链应用协同难。不同公司的编码和解析方式不相同，跨工序、跨系统的数据流通存在多种障碍，系统各不相通、产品各不相认，增加了生产管控协同与企业一体化运营的难度。

光通信行业要进一步提升产业链数字化协同能力，提升智能化水平，增强产业链的数据互认和全局协同等能力，以解决上述问题。5G+工业互联网标识解析等新技术是产业链协同的重要利器。5G+工业互联网标识可以解决产业链对象标识编码不统一的问题，在原料、半成品、成品生产和出入库的各个环节将相关产品信息生成工业互联网标识，连通上游供应商和下游运营商，服务全行业，利于产业链的上

下流通和企业间的协同，打造行业生态。

🔵 基于"5G+工业互联网标识解析"的产业链数字化平台

长飞光纤光缆股份有限公司（以下简称长飞）开发的基于 5G+工业互联网标识解析的产业链数字化平台，是工业互联网标识解析在光通信行业的全产业链协同上的创新，为进一步创造新的工业互联网发展动能探索新的道路。

一是实现制造业生产全流程数据标识注册，一码到底。本项目利用 5G 企业专网采集海量生产数据、设备数据、环境数据等，并实时上传至边缘云平台，基于工业互联网标识解析体系，在产品设备层为行业上下游企业设备、产品等赋予唯一的工业互联网标识，将物理身份和数字身份映射，保障数据全面收集、积累。本项目进一步在流程层围绕生产、工艺、流程等场景，利用标识解析数据中间件与标识解析系统的对接，把工业流程数据注册到标识解析系统中，从而实现产品的全生命周期追溯。

二是在线缆行业标识数据生产试点应用以提升生产质量，形成样板点，从而向更多行业推广。本项目推动光通信产业链上下游原材料、产品数据注册标识，在生产过程中，通过使用 App 扫码方式，快速获取原材料、设备等生产数据和厂家信息，提高生产效率，降低人工填写的错误率，提高生产质量。

三是追溯线缆行业产品质量，全产业链条信息一扫可得。用户可以通过使用 App 扫描产品的唯一标识码，一键获取产品信息、各生产环节过程信息、上游原材料信息、原材料厂家等全链条数据，从"棒、纤、缆"扩展为"全流程"，真正实现产品的全生命周期管理。

四是标识解析应用于供应链，统一行业内语言。本项目解决了非标准化的标识和采集数据格式不统一的问题，实现原材料、产品数据的互通共享，以"一物一码，一码到底"贯通产业链上下游，有效减少了产业间产品流转时的频繁换码工作。

🔵 场景应用推动产业链协同

长飞应用 5G+工业互联网标识解析推动了通信行业产业链协同，并应用于多个场景。

一是基于 5G 企业专网高速率、低时延、大连接的特性和设备、产品的工业互联网唯一标识码，实现了与运营商客户从上游原材料生产到预制棒、光纤、光缆加工、成品出入库、网络建设、施工运维的全流程追溯。

二是基于 5G+工业互联网标识解析实现与下游运营商共享质量数据，以提升产品全周期质量管理能力为目标，连接下游运营商，共享可信质量数据，创建覆盖产品全周期的质量管理。

三是基于标识解析服务和工业互联网分布式身份认证技术，与上游供应商、金融机构共享订单数据，建立供应链间的协同网络，为上下游协同企业提供供应链金融服务。产融紧密结合如图 1 所示。

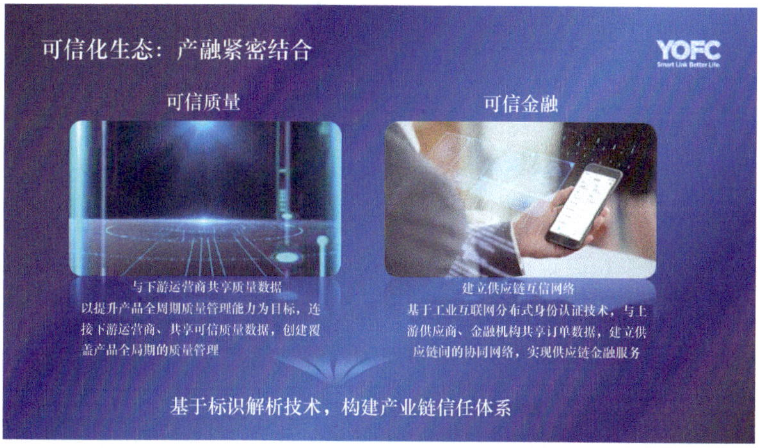

图 1   产融紧密结合

四是基于 5G+工业互联网标识解析赋予生产设备唯一标识码，建立设备运营模型，实现远程运维。产业链运维协同如图 2 所示。

图 2   产业链运维协同

五是基于 5G+工业互联网标识解析促进"棒、纤、缆"协同制造，在原材料入库、投料、半成品及产品入库时，自动生成"一物一码"的工业互联网标识；半成品及产品出库时，自动更新标识信息，填入物流单号标识；在进入物流环节后，物流公司根据物流单号生成标识，并根据物流环节不断更新标识，从而方便整个流通环节可追溯。

🔵 推广标识解析的标准化应用，促进产业链企业互联互通

通过本项目的推广应用，长飞 5G+工业互联网标识解析二级节点已注册企业达2000 多家，注册标识达亿级，每日标识解析量达百万级。5G+工业互联网的可信解析追溯系统、分布式身份认证系统及标识解析 App 等应用，进一步推动标识的应用。基于"一物一码"，长飞建立了全面运营的数据模型，应用工业互联网大数据分析能力，实现数字化驱动的经营决策，提高订单交付效率 25%，提高能源利用率 18%，提高库存周转率 20%，全面提升长飞数字化管理水平。本项目应用工业互联网进行服务化延伸，与中国移动共享质量数据，助力光通信行业高质量发展。

在技术上，基于标识解析平台，上下游企业使用统一编码替代已有编码或进行编码的映射转换，可实现公有标识与私有标识、异构公有标识之间的兼容互通，解决传统标识在企业外不能读或读不懂的问题，破除信息传递壁垒，进而实现各类主体在更大范围、更深层次、更高水平的互联。

在光通信行业上，长飞作为行业龙头企业，带动行业数字化变革。针对产业发展与标准制定步伐不匹配等问题，长飞通过建立产业链系统平台，拉通上下游企业，推广标识解析的标准化应用，制定线缆行业的标识解析编码标准和应用指南。未来，长飞还会将工业互联网标识解析平台推广至更多行业，推动跨行业、跨领域标准的统筹协调。

5G+智慧能源典型应用

数融万物 智创未来

第四部分
5G+智慧能源典型应用

能源革命与数字革命相融并进，为能源产业的数字化、智能化转型升级带来历史性机遇。能源产业数字化、智能化转型升级有利于推动构建现代能源体系，有利于推动构建国家竞争新优势。近年来，先进信息技术与能源生产、传输、存储、消费及能源市场等环节深度融合，推动了能源系统向智能灵活调节、供需实时互动方向发展。

基于5G双域专网的油气开采智慧测井项目

参与企业：中国石油集团测井有限公司、中国移动通信集团陕西有限公司、华为技术有限公司、中国移动通信集团设计院有限公司、中移（上海）信息通信科技有限公司

技术特点： 本项目基于5G双域专网，打造设备全连接、业务全在线、工作全协同的5G双域网络环境，驱动测井业务模式重构、管理模式变革、商业模式创新与核心能力提升，实现降本增效、协同共享、持续创新、风险受控和智慧决策，实现研发系统化、制造智能化、服务远程化、应用价值化。

应用成效： 本项目基于5G双域专网，在业界率先将"5G双域专网+测井远控集成平台+多类型测井终端"融合，从云、网、端一体化定义测井业务的行业架构，推广应用5G智慧远程测井、随钻测井、生产测井等先进技术，服务于钻井、压裂、注水、采油各环节的油气生产全过程，有效解决了油气田地质、人力、工程、降本增效等问题，为油气田增储稳产、提速、提效提供有力的技术支撑，推动石油测井数智化转型升级，打造油气田开采新生态。

根据中国石油集团测井有限公司（以下简称中油）数智化转型及网络安全要求，中国移动通信集团陕西有限公司（以下简称陕西移动）建立"1网+1平台+4场景"智慧测井解决方案。"1网+1平台+4场景"智慧测井解决方案如图1所示。在全国各油气田所在区域支撑测井车载监控、数据采集、移动应用平台、远程运维、远程测井系统、测井大数据平台、财务系统、测井培训系统等生产、办公多类型应用，满足一卡多终端全国4G/5G双域双切网络接入需求。

同时，本项目基于测井5G双域专网，实现5G远程测井作业支撑、绞车智能控制、井场智能采集、实时数据库四大场景创新应用，保障作业中心对测井现场的实时监控和指导，以及对测井资料的实时处理，加快勘探开发进程。

图1 "1网+1平台+4场景"智慧测井解决方案

本项目的目标是满足中油测井需求，打造基于5G双域专网的集测井数据远程采集、测井装备远程智能控制，以及测井远程智能分析决策于一体的系统。5G智慧远程测井系统组网如图2所示。

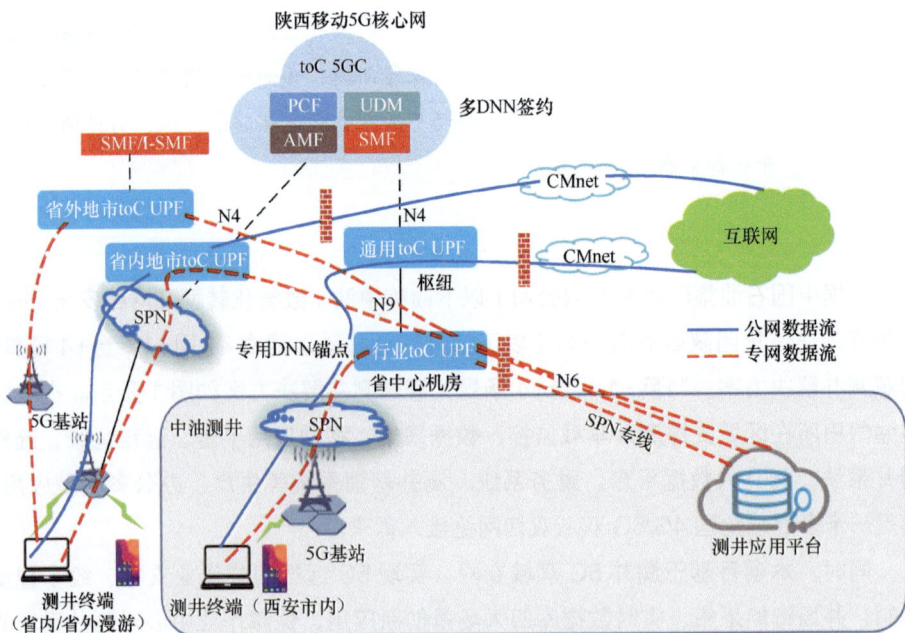

图2 5G智慧远程测井系统组网

"作业井场—数据中心—5G 远程测井平台"落地，全方位掌握实时动态

本项目基于 5G 智能远程测井系统构建地面和井下、现场和基地全 5G 网络环境，建立实时控制、远程采集传输、数据在线处理与快速技术支持的一体化测井作业流程，实现测井作业模式由传统现场分散式作业向远程化、智能化、集中式作业变革，提升复杂油气田测井工作的质量和作业效率，有效减轻工程师的负担和降低服务成本。

该平台主要由井场采集系统、实时数据中心、远程测井平台 3 个部分组成。"作业井场—数据中心—5G 远程测井平台"组成如图 3 所示。

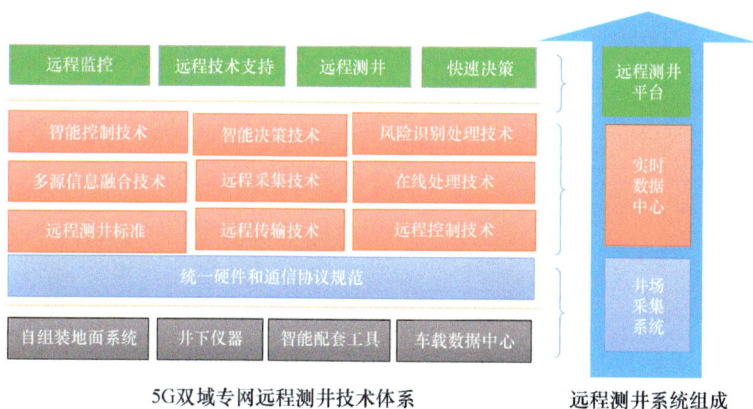

5G双域专网远程测井技术体系　　　远程测井系统组成

图 3 "作业井场—数据中心—5G 远程测井平台"组成

基于 5G 双域专网测井装备远程智能控制

本项目基于 5G 研发电源智能控制技术增加自动判识功能，实现电驱绞车在直井、小斜度井中全自动运行，自动识别井况并发出报警；地面电源和井下仪联动控制，自动上电、断电控制推靠臂动作，将传统的 5 步操作做到一键完成"开收推靠"，提高仪器控制的自动化水平。基于 5G 双域专网的测井装备远程智能控制示意如图 4 所示。

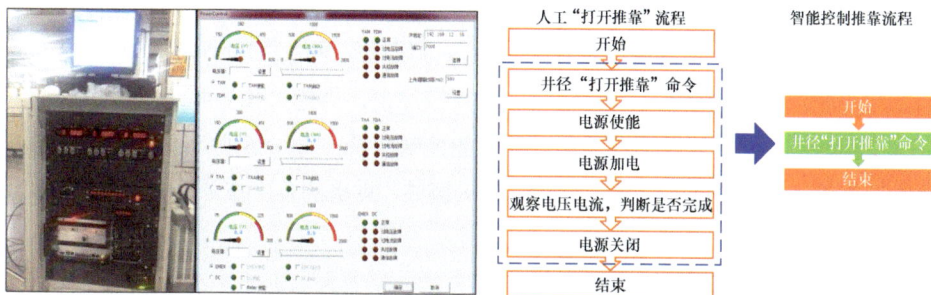

图 4 基于 5G 双域专网的测井装备远程智能控制示意

141 •

基于 5G 双域专网的测井远程数据采集处理

本项目基于 5G 双域专网采集现场数据，进入实时数据库后可以在线处理实时化适配升级，形成"远程采集—实时处理—结果反馈"的工作流程，推动传统流程变革，提升工作时效。现场测井与远程测井网络和数据流对比如图 5 所示。

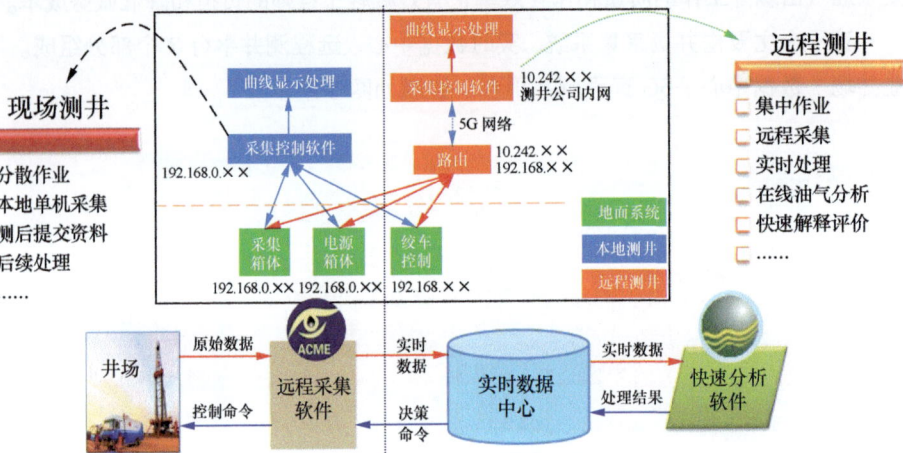

图 5　现场测井与远程测井网络和数据流对比

基于 5G 双域专网形成实时数据存储和数据流转中心

本项目利用 5G 双域专网实现井场测井数据实时回传至监控中心，并根据需要在监控中心同步显示测井曲线，做到边测井、边传输、边处理，保证监控中心对测井现场的实时监控和指导，以及对测井资料的实时处理和解释，并升级实时数据库架构，开发远程测井门户及 Web 端实时曲线显示，集成中油音视频监控相关接口，实现远程作业统一管理和入口。

本项目紧密围绕测井行业需求，充分发挥 5G 网络技术优势，按照三步走的战略技术理念，创新性地提出了多频融合、无缝衔接的"双域融合专网"，以及安全高可靠的"接入点（Access Point，AP）+深度神经网络（Deep Neural Network，DNN）"分流技术，实现应用级切片、切片级加密，构建"作业井场—数据中心—5G 远程测井平台"，以及测井装备远程智能控制技术、"5G+测井"异构数据采集及边缘计算等自主研发技术，最终实现"5G+ 测井"业务的首次技术落地。

突破技术关卡，满足场景需要

创新一：5G 双域专网技术增强。 本项目实现了 5G 双域专网应用从高校场景向能源生产场景的延伸，拓展了 5G 双域专网技术的商用价值。传统高校场景双域访问仅支持在本地市访问，不支持跨地市跨省漫游，但本项目创新性使用中国移动 DNN 分流技术，利用 5G 智能分流 UPF，使中油测井员工凭借"一卡一终端"即可实现跨地市跨省漫游访问企业内网及公网，测井员工可无感切换访问企业内网，为中油测井员工在全国测井作业的开展提供了极大的便利。同时，本项目将 APN 和 5G DNN 融合，满足 2G、4G 用户内网访问，实现了 2G/4G/5G 网络的多网融合。

创新二：5G 野外智慧测井。本项目创新性采用 5G 局域网络进行数据续传，解决野外测井作业无网络覆盖的问题。本项目在野外测井车上搭建 5G 基站及 5G 轻量化核心网，在无网络覆盖处，使用车载 5G 网络将测井数据上传至车载边缘计算平台进行数据预处理及存储。车载 5G 网络比 Wi-Fi 的覆盖性能更好，且可利用 5G 端到端切片技术满足野外测井不同业务的网络需求。本项目利用 5G 边缘计算对数据进行预处理，例如，压缩、合并等，再到 5G 网络覆盖的地方将处理过的数据利用 5G 网络传输至中油测井中心控制平台，完成测井作业闭环。本项目极大地提升了野外测井作业效率，解决了偏远地区无网络覆盖、数据回传实时性差的问题。

基于 700MHz 与 2.6GHz 5G 融合组网的石化工业互联网应用

> 📡 **参与企业：** 中海油惠州石化有限公司、中国移动通信集团广东有限公司惠州分公司

技术特点： 本项目融合700MHz FDD[1] 5G网络深度覆盖优势、不间断传输优势和2.6GHz TDD[2] 5G网络大带宽、大容量、高速率优势，创新性地采用700MHz FDD与2.6GHz TDD双频双制式融合的5G组网部署方案，有效地解决了无线网络在石化厂区内的覆盖与带宽问题。同时，本项目下沉部署了5G UPF及MEC，实现了5G应用业务数据不出企业，满足了数据通信高安全、低时延的要求。

应用成效： 本项目推动700MHz与2.6GHz 5G融合组网及其商业模式在广东惠州创新落地，成功建设了我国石油化工领域首个700MHz与2.6GHz 5G融合组网，构建了工业互联网平台和数字化转型中心，不断拓展垂直行业深度应用场景。

🌐 我国石油化工行业第一个双频 5G 融合专网

石油化工行业的数据通信需要高速率、低时延、低成本、大容量和大规模设备连接能力，同时对数据通信的安全、可靠、定制化有极高的要求。5G 融合组网有效地满足了企业内数据通信高速率、高可靠、高安全、抗干扰的需求，提升了企业内部信息交互的能力。

700MHz 与 2.6GHz 融合组网架构如图 1 所示。

---

1. FDD（Frequency Division Duplex，频分双工）。
2. TDD（Time Division Duplex，时分双工）。

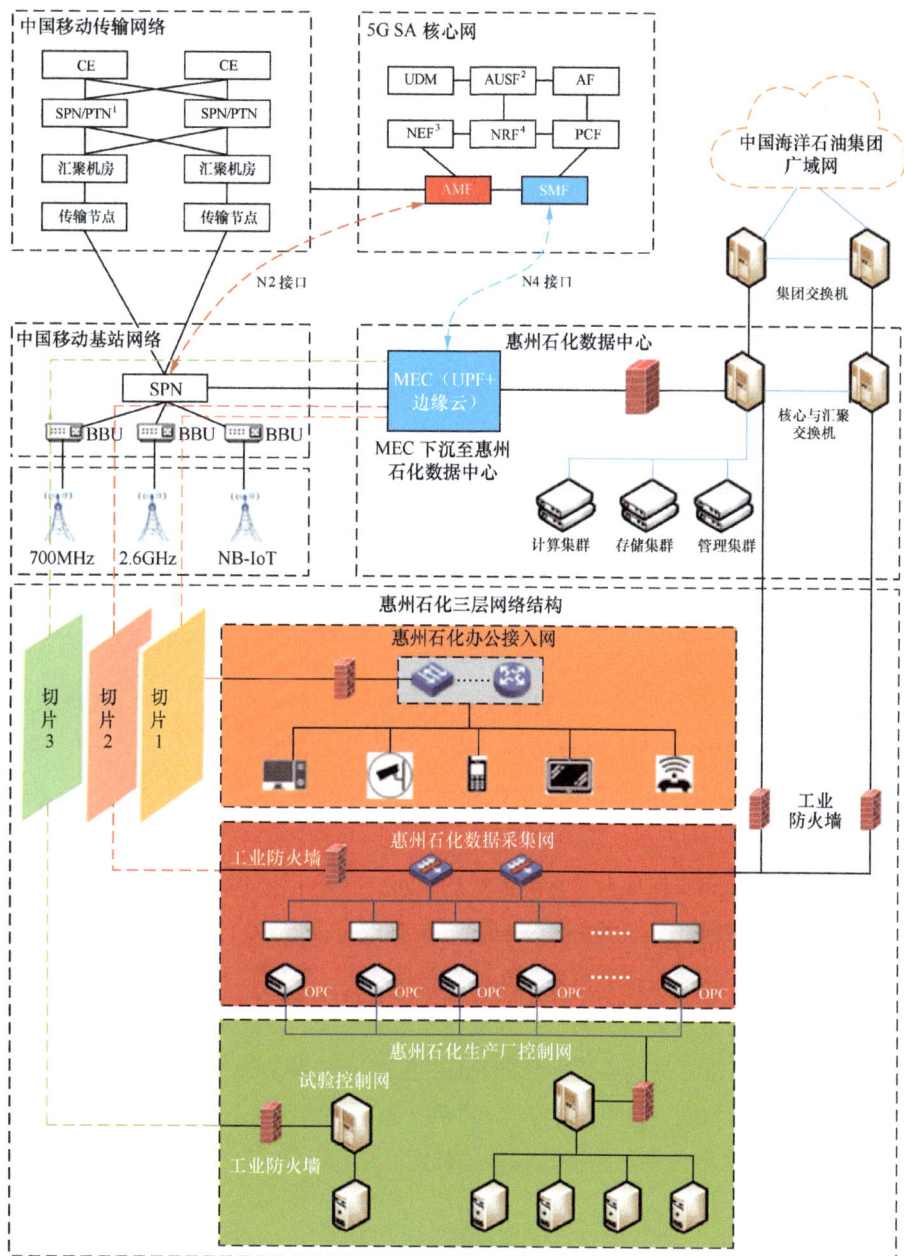

注：1. PTN（Packet Transport Network，分组传送网）。

2. AUSF（Authentication Server Function，鉴权服务功能）。

3. NEF（Network Exposure Function，网络开放功能）。

4. NRF（Network Repository Function，网络仓储功能）。

图 1　700MHz 与 2.6GHz 融合组网网络架构

在 700MHz 与 2.6GHz 融合组网网络架构中，中海油惠州石化有限公司（以下简称惠州石化）工厂内采集的数据和控制指令等通过 MEC 直接分流回传至数据中心，满足惠州石化数据低时延和不出厂区的安全要求，公网上的远程数据通过 5G 基站传输至 5G 核心网。在 MEC 企业专网内，根据惠州石化工厂的应用场景，虚拟出多个具备不同特性的逻辑专网来满足差异化需求，例如，实时控制类切片、MES 数据采集类切片、视频类切片等。

截至 2022 年 6 月，惠州石化联合中国移动在厂区及周边建立了 13 个 2.6GHz 5G 基站、14 个 700MHz 5G 基站、13 个 NB-IoT 基站、4 个室分基站，部署了下沉式增强型 UPF 和边缘云设备，建立了 700MHz 与 2.6GHz 5G 融合组网。

经过现场测试，惠州石化 5G 融合组网上行峰值速率达到 386Mbit/s，比单频速率提升 175%；单区峰值吞吐率达到 30Gbit/s，可以同时满足 2400 台 5G 终端的接入需求；时延从 60ms 缩小至小于 20ms，实现网络资源占用与业务性能的最优均衡。本项目通过共享频谱资源实现了石化智能工厂信息高速通道的建设。

🛰 建成炼化工业互联网应用平台

为加快"5G+工业互联网"智能工厂示范建设，本项目将 5G、物联网、人工智能等数字技术与垂直行业工业控制、生产经营进行深度融合，构建集成、统一、共享、敏捷、众创的"炼化工业互联网应用平台"，推动"数据+平台+应用"模式，实现全业务的无边界化。

炼化工业互联网应用平台可提供覆盖互联网应用全生命周期的技术能力，包括云开发、云测试、云构造、云发布、云部署、云集成、云运维、云运营等工具与服务。炼化工业互联网应用平台需要解决多类工业设备接入、多源工业数据集成、海量数据管理与处理、工业数据建模分析、工业应用创新与集成、工业知识积累迭代实现等一系列问题。炼化工业互联网应用平台自下而上包括 IaaS 层、DaaS 层和 PaaS 层，建立工业对象模型的虚拟运行空间，并提供 API 和一系列快捷开发工具。

炼化工业互联网应用平台的总体架构如图 2 所示。

🛰 惠州石化开展专项业务应用建设赋能企业运营

惠州石化以"5G+工业互联网"技术体系为依托，重点围绕"工业互联网+生产管控""工业互联网+安全环保""工业互联网+节能减排""工业互联网+AI""数字化众创生态"五大业务域开展应用建设。惠州石化工业互联网平台首页如图 3 所示。

"工业互联网+生产管控"方面，在 2020 年 6 月—2022 年 6 月，惠州石化通过生产作业管控应用管理了施工作业许可 80346 次、重要生产作业许可 845 次、消项操作 40959 次、生产巡检 271991 次、隐患排查治理 51883 次、隐患整改完成 51724 次，总体整改完成率达到 99.7%。

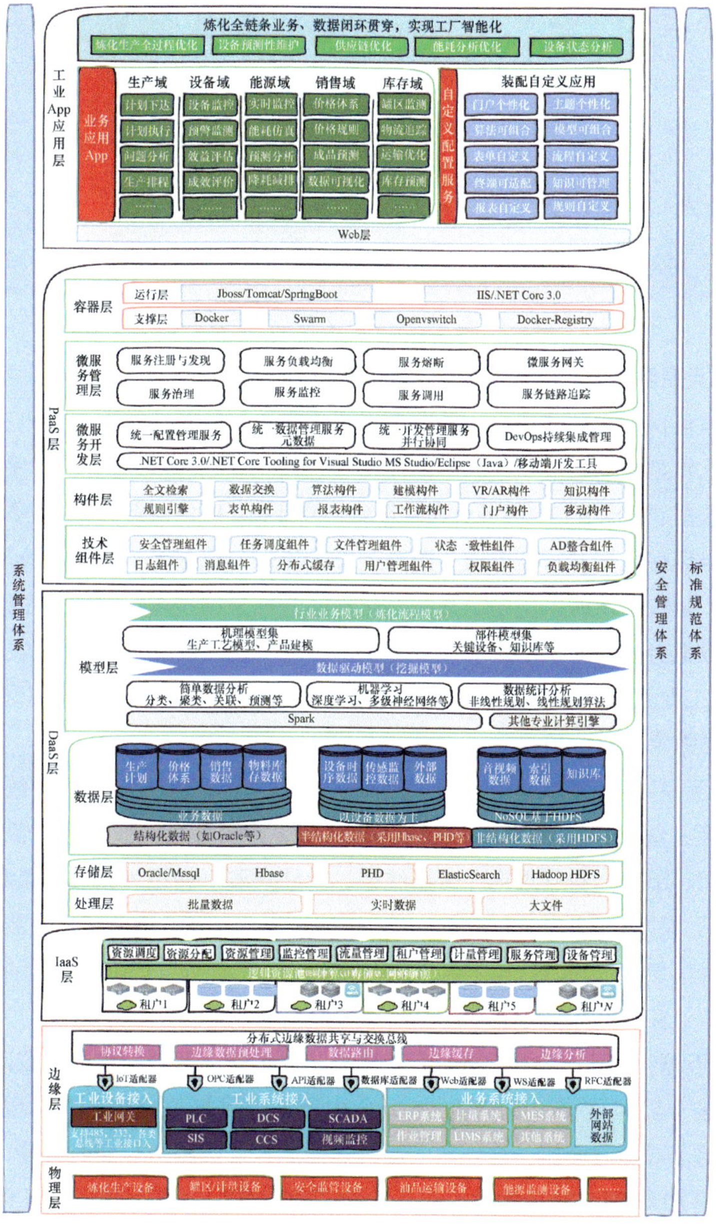

图 2　炼化工业互联网应用平台的总体架构

图 3　惠州石化工业互联网平台首页

　　"工业互联网+安全环保"方面，惠州石化围绕"绿色环保"目标，建立了安全生产应用与环保监测预警应用，助力惠州石化安全环保管理转型。惠州石化安全环保管理模式转型为"智能预警、事前控制"，实现了风险分级管控、环保实时数据、统计分析数据、超标警告、区域分布、监测点位分布、应急疏散等 21 项子模块应用，实现了安全环保数据共享与互通，建立了安全环保分级报警机制，解决了以往环保数据分散、管控不及时的问题。惠州石化借助数据仓储技术，实现了多渠道环保数据管理和数据分析，力求从本质减少环境污染，将惠州石化环境保护的主体责任落到实处。"工业互联网 + 安全环保"业务应用的实施使环保管控效率提升 15%，环保数据报送效率提升 300%。

　　"工业互联网+节能减排"方面，惠州石化建立了能源监控与蒸汽系统优化系统，实现了能耗在线监控、公用工程在线优化、用能检查分析、节能目标管理等 13 项子模块应用，节能减排管理由"分项统计，持续评测"转型为"实时监测，智能调优"。"工业互联网+节能减排"业务应用通过创新工业互联网模式和提升数字化效率，推动新一代信息技术和降碳技术深度融合，实现生产数据与碳排放数据的统一汇聚，赋能惠州石化实现低碳高效运营，年累计效益超过 5000 万元。

　　"工业互联网+AI"方面，惠州石化建立了生产作业区域智能监控应用，集成监控视频至统一监控平台，研制了一款 5G 生产作业区域监控仪，并在现场部署 12 台监控仪用于对测温测振、红外热成像气体泄漏探测数据进行实时传输，并通过移动端内置的 AI 模型，对各类数据进行分析识别、实时报警，辅助现场作业过程安全监控。

另外，惠州石化还推进大数据建模平台项目研发，融合了通用机器学习等算法，建立了端到端智能建模平台，支持开发加氢裂化领域专题数据集、预训练模型等加氢裂化先验知识复用。惠州石化研发了自动机器学习功能，实现了从数据智能标注、数据自动预处理、自动机器学习建模、自动超参数寻优到快速部署的"一站式"自动建模，生产技术人员可使用"拖拉拽"的形式建立大数据模型应用。"工业互联网+AI"业务应用实现了产品收率预测、产品性质预测等 15 个 AI 分析模型，预测精度大于 95%，进一步提升了惠州石化精细化生产运营能力。

"数字化众创生态"方面，惠州石化构建了为业务赋能的创新生态和使能工具，发挥业务人员驾驭数字技术的创造力，以数据要素驱动业务变革。惠州石化在工业互联网平台上建立了用户生态中心，业务人员可利用统一数据资源、服务组件和易用开发工具，结合实际业务需求进行敏捷开发，将业务人员的"业务经验模型"在完全没有信息衰减的状态下复现在工业互联网平台数字应用中，切实解决生产运营中的痛点和难点问题。

目前，惠州石化的管理技术人员可以自行在工业互联网平台上构建生产计划、调度、财务等 14 类 App 及 1000 多个子应用表，极大地提高了相关业务人员的工作效率，形成以工业互联网平台为中心的众创氛围，有效提升了 IT 与 OT 的黏合度，加速业务知识的沉淀与复用，形成业务用户自主演进的"数字化开放应用生态"。

山西省潞安化工集团高河能源全国首个 5G "新通话" 项目

参与企业： 中国移动通信集团山西有限公司、中国煤炭工业协会、潞安化工集团高河能源有限公司、中国移动通信集团有限公司政企事业部、中移（上海）信息通信科技有限公司、华为技术有限公司

技术特点： 在网络方面，本项目基于中国移动通信集团山西有限公司（以下简称山西移动）集中云化架构的智矿通5G专网，实现了全国首个井下5G "新通话"，弥补了井下无法语音通信和权限管理的短板。在平台方面，本项目提供了5G网络可视、可管服务，同时满足井下 "采、掘、机、运、通" 等数据的实时采集与动态更新，实现矿井生产环节的智能管控。在应用方面，本项目搭载着5G+智能综采、5G+智能掘进、5G+巡检机器人、重点区域AI识别等应用，为煤矿企业安全生产、提质增效和节能减排提供了帮助，实现了5G网络从单一传输能力到通信、生产、管理的深度融合，进一步提升矿山5G产品能力，加速了矿山行业向信息化、数字化、智能化迈进。

应用成效： 本项目成功打造了全国首个基于5G新空口承载语音（Voice over New Radio，VoNR）的矿山5G专网，改变了传统5G专网数据传输能力单一的状况，技术水平全国领先。智矿通5G网络开放移动公网资源，免费为客户提供井上5G网络覆盖，同时依托智矿通5G核心网，客户不需要在本地新建核心网，降低了矿山5G专网建设成本。智矿通App是矿山行业首个免费、共享的App，且开放API，以满足煤矿各类信息化App的统一接入和统一管理。

为贯彻落实山西省煤炭行业供给侧结构性改革，推动智能化技术与煤炭产业融合发展，按照国家发展和改革委员会等八部委下发的《关于印发〈关于加快煤矿智

能化发展的指导意见》的通知》（发改能源〔2020〕283号）精神和山西省《关于印发〈山西省煤矿智能化建设实施意见〉的通知》（晋能源发〔2020〕247号）要求，潞安化工集团高河能源有限公司（以下简称高河能源）以潞安化工集团"1+3+N"智能化矿井建设规划及潞安化工集团"十四五"发展规划为蓝本，制定了高河能源智慧矿山2022年建设规划方案。

该规划方案中明确，高河能源作为国家首批智能化示范煤矿，先行先试，向数据要生产力，科学推进全要素、全链条、全方位的智能化矿井建设，建成"5G+一张网融合通信平台""云数据中心"和"智能管控平台"，重点加快5G无线网络多场景、多功能应用，同步推进工业厂区"5G+智慧园区"建设。

🔵 智矿通实现"降本增效、提质增安"

高河能源以建设国家智能化示范煤矿为目标，建设完成智矿通产品体系。高河能源搭建了一张煤矿行业内网，将煤矿的生产办公数据进行汇聚，并通过一个App建立统一入口，以数据为核心实现煤矿智能化产业链由"被动跟随"到"主动出击"的改变，是凝聚煤矿智能化生态的新力量。智矿通产品体系的建设，全面提高了矿井安全管理水平、经营运维水平，实现了"降本增效、提质增安"的目标。

高河能源重点打造智矿通5G网络覆盖，为全面建设智能矿山打下坚实的网络基础，创新地以"井下专享+井上专享一张5G网"为底座，提供"语音+数据"一张网。

基于高河能源MOS智能矿山管控平台（一期）的整体架构全面优化升级，向下融合智能装备、传感器、子系统，向上支撑开发安全生产协同管理、管控一张图、智能调度、自动化监测、智能决策分析、安全动态诊断、预警报警体系、AI视觉分析等模块。

智矿通App基于云原生的微服务架构，提供算力资源，兼顾未来平台扩展性和生态融合能力。用户管理层通过单点登录，实现一个账号多系统互认互通；数据集成层通过丰富的数据传输协议，实现多源异构数据的汇总与统一服务；数据开放层支持将内部数据以标准格式导出至第三方系统，具备良好的兼容性和扩展性。智矿通App的开放API，满足矿区日常办公、生产作业和经营管理等智能化应用的统一接入和部署，支持手机、平板电脑等移动终端的部署。

智矿通5G专网组网示意如图1所示。

核心网部分是井下和园区5G基站通过数据专线、语音专线连接到智矿通5G核心网，为井上和井下用户提供专网数据和语音业务。传输部分是通过自建SPN

全光工业环网综合承载矿区无线和有线的视频、控制、传感等各类业务数据，提供安全稳定的传输服务。

无线部分分为井上无线部分和井下无线部分。其中，井上无线部分使用移动大网基站接入智矿通 5G 核心网，提供井上智矿通 5G 专网服务。井下无线部分是在井下自建 5G 通信设备（隔爆型 BBU+RHUB+pRRU），实现井下无线覆盖，为矿井井下各类 5G 应用场景提供大带宽、低时延、广连接、高可靠的智矿通 5G 专网服务。

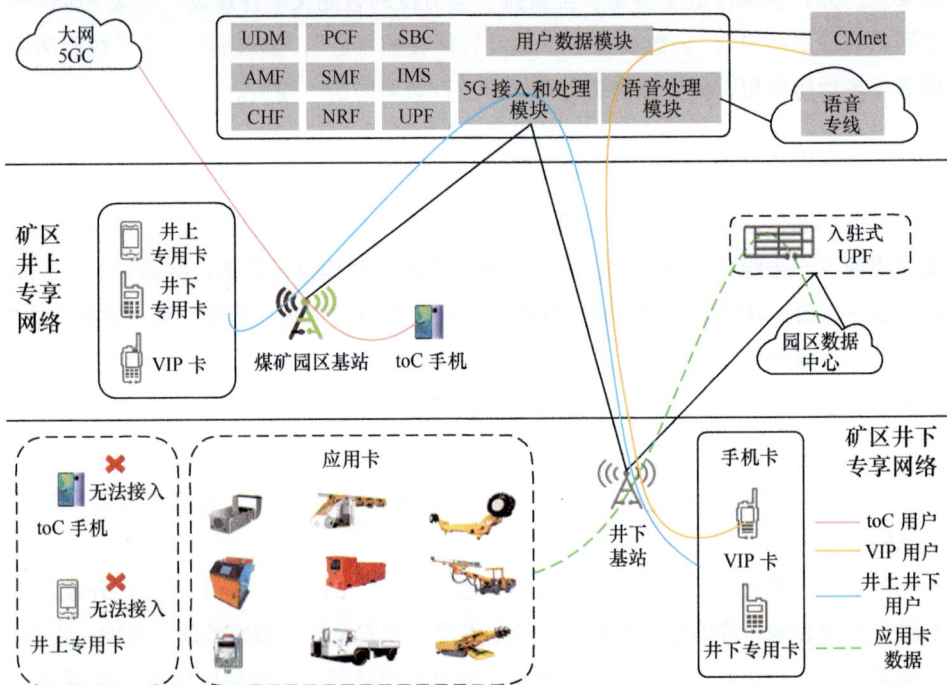

图 1　智矿通 5G 专网组网示意

智矿通 5G 专网可提供专网语音业务和数据业务。

专网语音业务包括以下两个方面：支持 4G/5G 融合，承接矿区通信业务，提供数据业务和语音服务，同时可平滑扩容；实现煤矿 5G 专网环境中短号互通、VoNR、VoLTE 等语音功能，重新定义了煤矿 5G 专网中的井下通话，改变了以往煤矿井下专网仅能实现本地数据传输的单一能力。

数据业务功能包括以下两个方面：支持煤矿井下的生产终端，例如，采煤机、摄像头等，以及其他各种行业终端；实现典型的数据回传场景，例如，综采面视频回传、掘进面视频回传、硐室智能巡检机器人信息回传等业务数据回传。

白名单管理要求包括以下 4 个方面。

一是在语音业务上，可以根据煤矿客户需求，满足 SIM 卡数据白名单管理。二是提供煤矿 5G 专网白名单、权限管理等功能；白名单之内的用户可以访问内网（本地+云端数据平台），VIP 用户可以访问外网。三是井上专用卡、井下专用卡：可以访问内网。四是 VIP 卡：既可以访问内网，也可以访问互联网。

5G 智能化应用实现落地

5G 智能掘进应用。本项目通过解决掘进机整机工况参数监测、工作面视频远程监控、掘锚机关键部位自主检测、人员安全预警、机身自主定位导航、远程可视化控制、冲击等灾害的预测预报、"5G+"双发选收网络框架等技术问题，高河能源将工作面环境、设备和人员有机和谐统一，最终将工人从恶劣、危险的工作环境中解放出来，实现"安全、高效、绿色"掘进。本项目按照总体设计、分步实施的原则，充分考虑集成导航信息、设备状态信息和监控平台，实现多机联动数字化监控，自动截割模块接口。

5G 智能综采应用。本项目通过对采煤机设备监测和精细建模，实现对采煤机相关数据监测统计，例如，采煤机速度、牵引电流、截割温度等，明确各类监测数据的正常值区间与预警、告警阈值，监测采煤机设备的各类故障情况，为后续发生故障提供相应解决方案，以及检修计划。本项目还提供对采煤机运行姿态的监测，例如，抬臂高度、通过液压支架数量及采煤作业区域关键视频监控，实时掌握采煤机运行工况，同时利用 5G 网络对接采煤机实现远程控制，通过平台操控采煤机启停功能实现远程监视。

变电所智能巡检应用。矿用巡检机器人内置 5G 模组，利用 5G 网络传输高清视频和双光谱图像，再利用数字孪生技术，把设备巡检数据实时叠加在视频图像上，实现了设备数据与视频图像的一体化，实现了机器替代人工，并胜似人工的巡检目标。同时，矿用巡检机器人可与电力监控联动，达成事件驱动型的快速反应机制。

AI 分析安全隐患，智能感知预警平台应用。摄像头采集的视频监控数据由井下环网传入井上服务器，并进行异常场景预警及预警信息存储归类。由此搜集的异常数据可进行截图存证，并生成异常行为数据样本集。数据样本集通过标引，可整理生成安全隐患知识库，从而支持异常行为自动识别。视频监控平台可对监控视频数据进行智慧监测，当发现异常时，视频监控平台可进行声、光报警，并记录异常场景的地理位置、时间及类型信息。安全隐患管理平台可支持安全隐患数据挖掘及后续延缓管理。

🌐 智矿通推动行业智能化建设，提升企业能力水平

智矿通 5G 专网在满足井下 5G 语音、视频通话的基础上，可提供 5G 通信权限管理功能，保障井下通信安全，提高井下安全生产水平；解决矿山 5G 应用从生产、办公、管理的统一接入；解决远程掘进高清视频卡顿、远程控制效果不佳的问题。

智矿通 App 已实现健康检测、日常学习、作业监管、订餐出行和打卡考勤等应用场景，体现了高河能源智能化应用对矿井工人生活和工作的关怀，提升了矿井工人的工作效率和井下安全生产水平，让矿井工人有更多的获得感、认同感和幸福感。

智能化掘进工作面在我国率先实现了 5G 和掘进工艺的深度融合，实现了远程控制、姿态实时监测、自动纠偏等功能，工作面当班人数从 13 人降到 6～7 人，实现了掘进作业工序的智能化、少人化。

智能综采工作面的建设，使生产班工作面作业人数由原来的 24 人，减少到 17 人，单日生产班出勤人数减少 14 人，因考虑到轮休，实际减少人员 19 人，按平均工资每年 15 万元计算，每年可节约人工成本 285 万元，解决了人工巡检工作量大、传统通信传输带宽有限的问题。

5G 巡检机器人和 AI 识别能够准确有效地识别井下特定工作场景下的异常行为，解决了传统人工巡检耗时长、效率低、易出错的问题，实现了巡检作业机器代替人工，减少了井下作业人员，提高了作业效率。

5G 赋能海南炼化智慧化工园区项目

参与企业： 中国联合网络通信有限公司海南省分公司、哈尔滨博实自动化股份有限公司、华为技术有限公司、中国石化海南炼油化工有限公司

技术特点： 本项目在中国石化海南炼油化工有限公司的乙烯区、炼油改扩区、炼油区部署了一张5G混合专网，并下沉UPF和MEC，为用户提供一张数据不出园区的无线网络。本项目基于5G混合专网，打造了一个高效、智能、安全的管理体系，部署了园区管理、生产管理和营销物流管理类的多项应用，有效提高了生产和管理的效率。

应用成效： 本项目提供了一个涉及园区管理、生产和营销物流的综合性化工园区解决方案，有广泛的推广意义。

本项目在洋浦炼化园区建设了一张 5G 混合专网，以下称为 UPF 和 MEC，对乙烯区、炼油改扩和炼油区进行网络全覆盖，为园区办公、通信和行业应用提供网络连接。

中国石化海南炼油化工有限公司（以下简称海南化工）基于 5G 专网打造了多个 5G 应用场景，实现了 5G 应用与工业化更大范围、更深程度、更高水平融合发展的建设目标。智慧化工园区整体技术架构如图 1 所示。

5G 技术助力智慧化工园区打造"一张网"

"5G+智慧化工园区管理平台"可将客户的提货预约同步到智慧化工园区系统，进行车辆装货预约。当司机进入园区时，需要经过安全培训，只有司机考核通过后，才能进行排队；车辆被叫号后会分配装货月台；进行入园自动检查（身份证验证、车牌验证）后，闸口放行入园，必要时还需要过磅；司机通过微信小程序导航到仓库月台后进行装卸，然后再到休息室进行装车（装车过程有视频监控），装货完毕后过磅，

即可放行出园。

图 1 智慧化工园区整体技术架构

智慧营销管理系统用于管理成品业务，主要实现基础信息管理、客户管理、销售订单管理、销售发货管理、销售订单核销及结算管理、应收应付管理、收付款及核销管理、售后服务管理等功能。智慧营销及园区物流管理系统架构如图 2 所示。

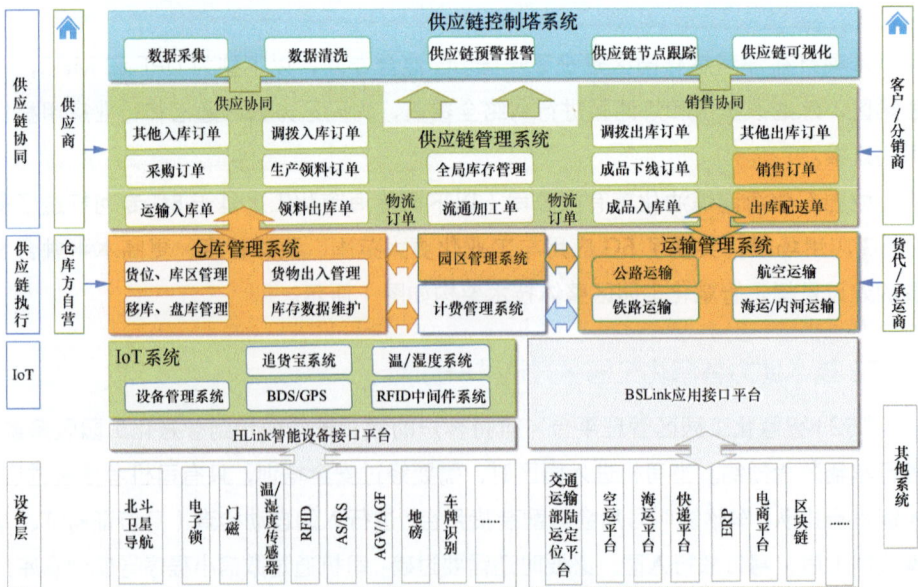

图 2 智慧营销及园区物流管理系统架构

在智慧营销及园区物流管理系统中，工厂、销售公司可以独立创建销售订单，销售订单经过审批后生效，并可以上传对应销售订单、与客户签订合同的电子文件，从而进行凭证管理。销售人员根据客户的要求，管理销售发货，通知仓库发货（DN单包括客户信息、出库产品、数量、计划出库日期等）。如果是客户自提（这是项目要求场景，也支持销售配送），通过预约提货，通知仓库及园区提货预约信息（提货日期、车辆、司机、提货数量等）。仓库发货完毕后，同步发货数量（重量）信息到智慧营销管理系统，对应销售发货单及销售订单进行核销（计划发货数量、实际发货数量）。

5G+融合通信。 联通沃对讲应用通信业务服务方案是一种宽窄融合解决方案，可以在公网 VPN 或公网专属链路上独立构建公网对讲应用通信系统，实现广覆盖、高可靠性的即时通信方案，可基于 4G/5G 网络和联通手机实现对讲调度，进行"一对一""一对多"通话，做到 5G+融合通信。

5G+网联无人机巡检。 本项目部署 5G 网联无人机平台，通过无人机网联设备和网联平台为无人机提供 5G 接入、云联管理、远程控制、集群应用、媒体直播等服务，有效解决了传统无人机飞行距离短、数据实时性低等问题，实现无人机服务的在线化、远程化和智能化升级，可对洋浦炼化园区进行定期或不定期巡检。

5G+智能仓储。 仓储及生产信息管理系统主要包括 WMS 和生产信息管理系统（Production Information Management System，PIMS），主要实现包装生产任务接收及下发、产量数据采集及上传、设备状态采集、仓储业务进行信息化、作业自动化管理，主要包括仓库主数据管理、入库管理、出库管理、库存管理、报表管理等，以及叉车射频识别（Radio Frequency Identification，RFID）智能化改造、自动导引车（Automated Guided Vehicle，AGV）/ 无人搬运车、库房作业定位等应用。5G+智能仓储整体系统结构如图 3 所示。

🌐 开创化工行业多个首次

本项目共建设 92 个 5G 站点（包含宏站、室分、防爆微站、小站），覆盖园区面积 613 万平方米，中国联合网络通信有限公司海南省分公司为海南化工提供了高质量的无线通道，为各项智慧化应用提供了连接的基础。

本项目是 5G+智能仓储在化工行业的首次应用。本项目借助 5G、云计算、大数据等技术对作业设施和管理进行智能化、信息化实施。结合海南化工发展战略、仓库和物流管理的痛点和难点、人力资源现状和条件、技术先进性等，本项目利用 RFID、室内定位、智慧物流营销管理等制定智能化、信息化方案，发挥工业物联网的优势，满足海南化工对智能化转型升级的需求，拓展仓储增值服务，提升物资管理水平和物流管理水平。

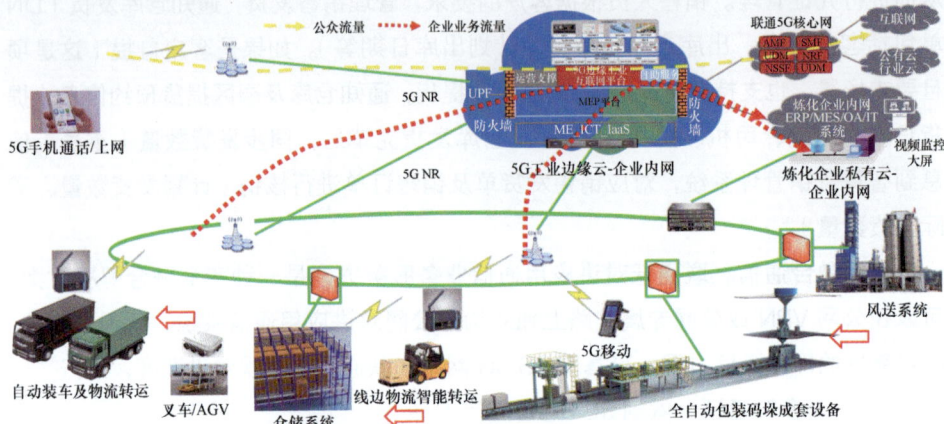

图3　5G+智能仓储整体系统结构

本项目部署了首个化工行业 5G 防爆基站。中石化盈科、中讯邮电设计院、华为技术有限公司、北京联通联合研发了化工行业防爆基站，完成原有微基站电路改造、防雷电路改造、射频单元改造、基带单元改造、隔爆外壳设计制造、防爆送检等任务，获得产品防爆证书，形成满足防爆要求的微基站射频拉远单元（Remote Radio Unit，RRU）产品等成果，并实现了该产品的试用和部署。该产品的研发成功解决了防爆区域的信号覆盖问题。

本项目实现了对 CPE 下挂终端的监控。华为技术有限公司首次商用单 CPE 多静态地址技术，该技术能够穿透 CPE 和 5G 网关，解决 CPE 下挂终端静态 IP 地址分配的问题，满足化工行业无线办公场所终端设备的二次鉴权和状态管理要求，提升 5G 专网的管理能力和安全性，有效杜绝非授权用户通过 CPE 热点访问企业内网的现象。

本项目为化工园区提供了一个较为全面的综合性解决方案。与其他化工行业 5G 应用项目不同的是，本项目的建设内容除了专网，还建设了 5G 融合通信、5G+无人机巡检、5G+智能仓储、终端管控平台、5G+智慧营销等应用，涵盖了办公、管理、一线生产等领域，为化工行业提供了一个综合性解决方案，具有较强的可复制性。

中信科移动 5G 智慧海油

参与企业：中信科移动通信技术股份有限公司、中海石油（中国）有限公司湛江分公司

技术特点：本项目旨在建设海上平台5G全覆盖专网，并基于5G专网优化各类无线应用，通过"5G+海上智能平台"，实现生产控制系统及服务管理系统等应用的融合，形成海上平台5G建设的企业标准，为中海油海上平台的智能化转型提供技术储备，从而全面助力海上平台向数字化、智能化转型。

应用成效：本项目采用新一代无线通信技术，建立覆盖海上平台的无线通信系统，并在此基础上开展各类信息化、智能化业务应用，提高生产过程中通信、巡检、应急、安保、指挥、物资管理等多个流程的自动化程度，提升生产运行管理效率，保证生产的持续、稳定、高效运行，全面提升海上平台生产管理信息化水平，达到提质、降本、增效的建设目的，全面助力海上平台向数字化、智能化转型。

中信科移动通信技术股份有限公司（以下简称中信科移动）根据海上油田信息交互需求特点，通过技术创新、业务创新、管理创新进行海上油田转型升级。

智慧 5G 助推企业升级"5G+"应用

中信科移动 5G 智慧海油解决方案旨在建设海上平台 5G 专网，并优化各类无线应用，形成海上平台 5G 建设的企业标准，为中海油海上平台的智能化转型提供技术储备，主要优势如下。

网络能力强大。5G 时代，流量密度、连接密度、峰值速率、网络能效、用户体验速率、移动性、频谱效率、时延 8 项关键技术指标都有较大幅度的提升。

承载业务范围广泛。5G 强大的通信能力赋能"5G+超高清视频""5G+AR/

VR""5G+无人机""5G+机器人""5G+远程控制"等新型场景应用，激活海油多元化业务应用。

网络架构灵活。5G 的"云化+切片+边缘+开放"，支持智能计算在边缘网络和核心网的灵活配置，优化用户体验，匹配应用。

按照全面规划、统一设计和分布实施的原则，中信科移动通过构建泛在感知、智能决策、敏捷响应、全局协同、动态优化 5 类核心能力，为全面实现智能平台打下良好基础。中信科移动"5G+海上智能平台"系统硬件部署如图 1 所示。

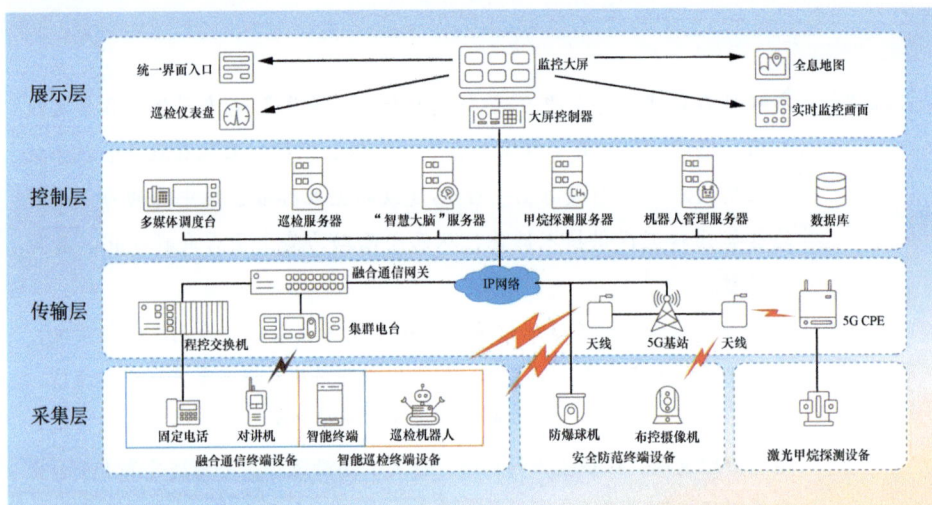

图 1　中信科移动"5G+海上智能平台"系统硬件部署

采集层：该系统主要利用音/视频、传感、射频等技术，感知海上平台人员、设备、资产运行状态，建立覆盖海上平台通信、巡检、管理的信息感知系统，确保采集数据完善准确、过程控制精确到位、安全管理及时有效、系统控制稳定可靠。

传输层：该系统采用有线和无线通信技术相结合的方式，将设备和人员信息高效、安全、稳定地传输到中控室。其中，固定监控采用有线方式，巡检终端、可穿戴设备、移动监控设备数据传输采用无线方式。

控制层：该系统利用实时采集的信息，建立覆盖海上平台生产和处理过程的设备管理及预测预警系统，实现设备实时监测、状态动态分析、报表管理、告警管理、应急辅助、可视化监控等功能，达到设备状态实时监测、事故隐患实时预警、数据信息实时发布、管理决策及时到位的良好效果。

展示层：该系统对海上平台环境及设施进行数字化建模，可加载显示海上平台影像信息，并进行空间平移、旋转、视角缩放操作；可将采集的信息报警内容实时显示在对应位置的具体设备模型之上，也可接入现有在线监测系统采集的数据，并与巡检数据进行实时比对，分析设备运行状态及趋势，为管理决策提供直观的信息支持。

5G 智慧海油打造海上平台"智慧大脑"

多媒体融合通信平台具有调度、音/视频录制、动态群组管理、分组协同调度、多媒体融合调度、集群对讲等功能；依托 5G 大带宽技术，满足多路音/视频数据传输；依托 5G 低时延技术，实现调度、对讲等实时性；提高海上平台指挥调度的可靠性和实时性，提升管理水平。

智能巡检手持终端摒弃了传统式手工记录巡检模式，可接收巡检任务、记录巡检路线及巡检情况等。通过智能巡检手持终端的语音对讲功能可与巡检中心进行语音互通。巡检结束后，通过无线数据通信方式可将巡检记录上传。智能巡检手持终端不仅提高了巡检质量和效率，而且规范了巡检作业行为和标准，通过将巡检数据信息化，大幅简化了过去复杂的巡检流程。

通过智能巡检机器人与部署在边缘服务器/边缘云平台上的巡检分析系统，加载红外热成像仪、气体检测仪、高清摄像机等检测装置，代替人对海上平台生产区域进行巡测，并将高清视频回传至监控中心，便于维护人员及时发现设备问题，提升巡检质量和效率。

中信科移动建设质量安全环保信息化管控平台，将传统的纸质作业单改为电子作业单，可大幅提高海上平台每日各类作业单审批效率，同时可在长期工作中积累数据，为海上平台的安全运维提供帮助。

气体泄漏检测系统具有全方位、多角度、连续自动扫描、提供泄漏位置等特点。气体泄漏检测系统可以全天候在线监测，并具备自动巡航功能，全程不需要人为干预，对现场气体、液体的"跑、冒、滴、漏"进行全面检测，并提供泄漏点方位。

在中心管理平台，油田"智慧大脑"系统实现了对各工作场所视频监控实时预览、录像回放、远程喊话等功能，保障海上平台安全生产。油田"智慧大脑"系统支持电子地图功能，可以将周界视频点位标注在电子地图上，更直观地展现点位部署，同时带给用户更好的交互体验。

"5G 数字海油应用"示范样本

本项目作为首个海上 5G 专网建设和业界先进技术应用，为 5G 在海上的应用推广提供了案例，为世界各国展示"5G 数字海油应用"提供了示范样本，同时推进了传统油田管理模式向现代化、数字化、智能化跨越，实现对我国"海洋强国"战略的有效支撑。

经过多年行业应用及信息化业务发展积累，中信科移动的无线通信系列产品已在海油得到广泛应用，处于该行业领先地位。未来，中信科移动将持续为海油带来全新的业务体验，与人工智能、大数据协同助力"智慧海油"的全面建设。

5G+智慧矿山
典型应用

数融万物 智创未来

和自动化生产。本项目总体建设方案是先在平煤十矿信息中心机房下沉 1 台 5Gbit/s 规模的 UPF，再通过传输光缆连接平煤十矿信息中心机房楼基站的 SPN 设备，上联至平顶山移动机房 toB UPF，实现与核心网的对接。同时，在平煤十矿信息中心机房安装 1 台 BBU 设备，UPF 下联 BBU，实现 5G 网络数据流的收集。通过 GE 的尾纤对接平煤十矿信息中心机房的防火墙，实现 5G 数据流不出园区。网络拓扑如图 1 所示。

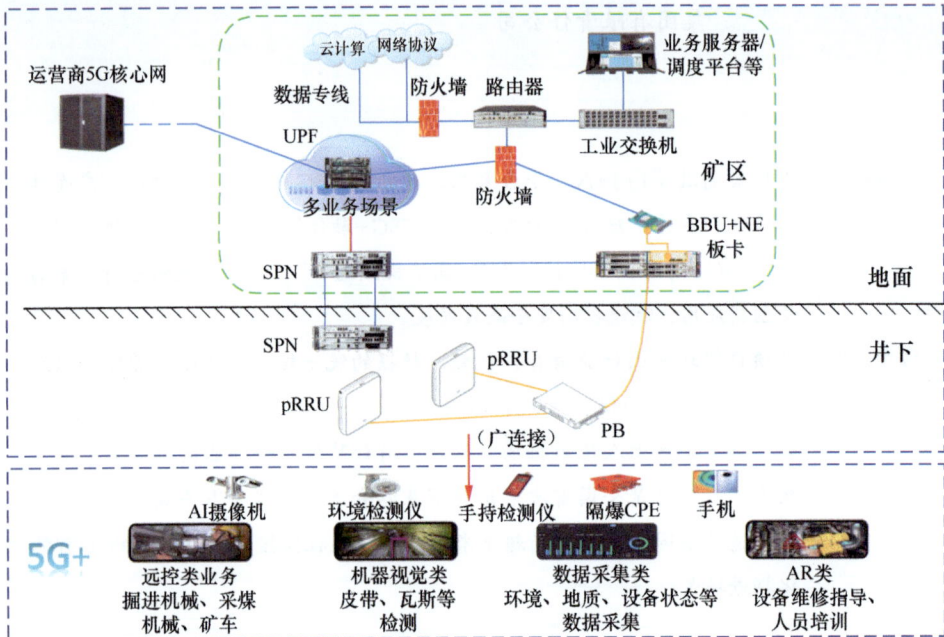

图 1　网络拓扑

依托中国移动 One Power 平台，中国平煤神马集团创新地搭建了"5G+超融合调度平台"。该平台主要实现井下的语音、视频、智能矿灯、定位等矿用系统的融合接入，实现一个平台调度全矿的目标。

五大应用场景凸显 5G 智慧新应用

应用场景 1："5G+融合组网"。 平煤十矿采用了最新的 5G 网络与设备，实现了有线传输的建设、无线传输的低时延高速率接入，矿井 5G 网络具备高可靠、大带宽、低时延、易部署、易维护的特点，需能够支持上下行带宽时隙调整，并在矿井各类复杂环境下长时间稳定运行。"5G+融合组网"如图 2 所示。

应用场景 2："5G+掘进机远程控制"。 该场景主要实现的模式是在掘进机外置 5G CPE，完成掘进机控制信号的转换，然后通过外引的抗压天线将数据传输至井下操控台和地面控制中心。

图2 "5G+融合组网"

应用场景3："5G+高清视频监控"。井下高清视频监控主要应用于掘进机首尾监测，确保井上监控室能够实时看到井下掘进机的工作情况。其实现模式是在巷道锚杆上安装 4K 高清摄像仪，并将其内嵌 5G 模组，使其接入 5G 网络，实现掘进工作面视频图像等数据通过 5G 网络实时回传、就地显示功能。井下施工的指示如图 3 所示。

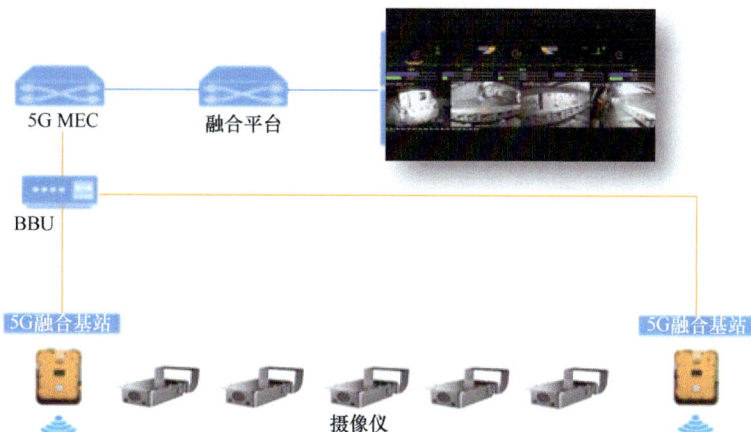

图3 井下施工的指示

应用场景4："5G+高清视频通话"。井下高清视频通话主要是让井下工作人员或带班矿长能够通过井下防爆终端与井下工作人员、地面工作人员进行高清视频通话。

高清视频通话的实现方式有两种：一种是 5G VNR 高清视频通话；另一种是微信视频电话。

应用场景 5："5G+AI 视频分析"。中国平煤神马集团利用"5G+AI"高清智能监控技术建立井工矿区 AI 安防系统，实现区域入侵、人流分析、着装检测、离岗检测等功能，实现无人值守下的 24 小时视频连续监测，同时结合 AI 数据分析手段，进行人员安全监控并及时通知结果，并在出现人员入侵、重要岗位脱岗等情况时，予以自动警告。"5G+AI 视频分析"如图 4 所示。

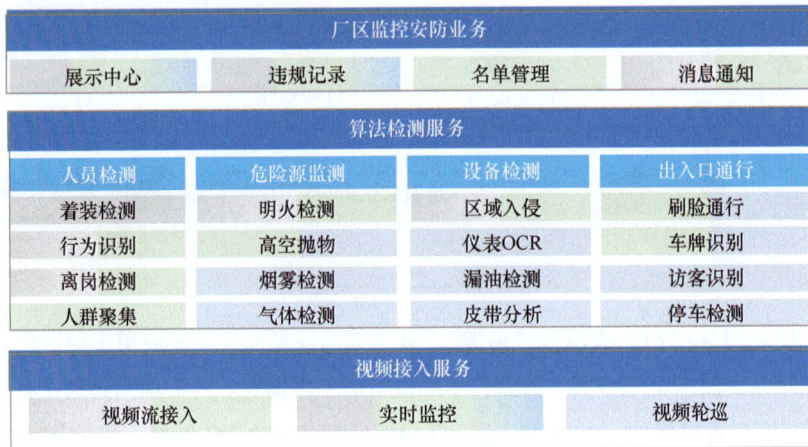

厂区监控安防业务			
展示中心	违规记录	名单管理	消息通知

算法检测服务			
人员检测	危险源监测	设备检测	出入口通行
着装检测	明火检测	区域入侵	刷脸通行
行为识别	高空抛物	仪表OCR	车牌识别
离岗检测	烟雾检测	漏油检测	访客识别
人群聚集	气体检测	皮带分析	停车检测

视频接入服务		
视频流接入	实时监控	视频轮巡

图 4　"5G+AI 视频分析"

🌐 "5G+"应用横向复制推广

在超千米的深井矿上实现 5G 网络覆盖及 5G 深度场景应用，并破解井下高浓度瓦斯的难题，对于井下煤矿的 5G 场景应用具有重要示范意义。

一是"5G+智能掘进"，实现在井上操控井下，巷道自动截割轨迹控制精度小于 100 毫米，自动截割成型率超过 80%。二是"5G+高清视频监控"，实现井上看得清井下，视频像素达到 800 万，备用电池可使用 4 小时。三是"5G+高清视频通话"，实现井上井下高清视频通话，机巷 1051 米、风巷 1074 米、切眼 260 米，5G 网络无缝覆盖。四是"5G+AI 视频分析"，对皮带机头进行数据分析，主要应用于皮带跑偏、皮带堆煤、异物检测、区域入侵等场景。

本项目聚焦矿山核心生产环节，实现重点环节"5G+应用"，技术工艺成熟，可复制推广。目前，本项目已在永煤新桥煤矿、义煤耿村煤矿实现规模应用，并在华泰金矿实现行业横向"破冰"。

泰安中联水泥 5G+无人矿山

参与企业：泰安中联水泥有限公司、中国联合网络通信有限公司泰安市分公司、河南跃薪时代新能源科技有限公司、华为技术有限公司

技术特点：本项目在园区内部署5G基站，实现园区5G全覆盖，并使用边缘计算设备和双路由备份的网络进行传输。本项目融合多种5G行业应用，使用远程驾驶挖掘机、无人驾驶矿车、5G巡检无人机、"5G+AR"远程辅助维修眼镜、5G巡检终端等多种内嵌5G模组的前端设备，搭建混合云，代替现有服务器，其中，私有云整合子系统和数据，公有云用于备份。

应用成效：在智慧矿山应用领域，远程无人控制作业可完成矿山无人矿卡的智能互联以及矿区统一的智能化生产、调度和管理工作，实现矿山开采自动化、信息化、智能化、无人化。本项目改善矿区工作人员环境，提高系统安全生产等级；将客户现有的十余个信息子系统整合起来，解决"信息孤岛"问题；并利用无人巡检、设备图像识别检测等技术减少安全事故，实现安全生产。

本项目以投入客户生产使用环节为主要目的，结合中国联通在5G建设方面的行业资源优势，以及在5G行业应用中的研发优势，协同共建融合5G生态体系。

破解技术难点，提升工作效率，提高产能

矿卡是最常用的工程机械之一，目前工程机械一般工作在高浓度粉尘、地形复杂等场所，给操作人员的生命健康带来极大的隐患。在这种作业条件下，企业如果24小时不停机作业，将会给操作人员带来生命危险，用工成本极高。在工程机械的远程控制系统中，远程信息传递的带宽及时延问题较多，远程操控工程机械还面临巨大挑战。

　　"5G背包+无人机巡检"。客户现有的大疆无人机可俯拍园区，实现基础的园区巡检功能。由于在无人机飞行的同时，无人机无法将画面实时回传到监控室屏幕上，为解决视频信号同步传屏问题，中国联通推出广电级5G背包。"5G+4K视频编码传输背包"可用于移动环境下的广电级别4K视频编码，并通过5G网络进行实时回传。该产品符合国家超高清视频发展战略和5G发展政策，未来会大范围地运用在5G超高清视频直播的视频采集环节中。

　　"5G+AR辅助维修"。该方式可以解决客户重点问题，一是解决装配组装功能，二是解决设备维修功能。现如今，操作人员佩戴AR眼镜后，可根据全息画面的指导进行标准化操作，可看到接下来的工作步骤、面前设备或物品的信息、工作行动路线。这样不仅避免操作人员出错，还能提高工作效率，也能缩短培训周期。如果操作人员遇到问题，可佩戴AR眼镜，与技术专家远程连线，技术专家就能以操作人员的第一视角观察情况，进而了解问题所在，指导操作人员处理问题。

　　工业设备种类越来越多，数量也越来越多，同时现场环境也越来越复杂，维修、维护已经成为日益严峻的问题。维修人员佩戴AR眼镜，扫描机器编码后就可以得知设备的产品型号、维修记录等，并可直接下载设备的维修手册，查看解决设备故障的具体操作步骤，甚至细化到如何拆卸零部件，这样可以大幅减少维修人员的培训费用和缩短培训周期。

　　在实际应用中，大量的操作人员需要进行操作类培训。由于传统的培训效果有限，企业花费高昂的培训费用，但培训一直存在学习者无法做到即学即用、耗费教导人员的时间精力等痛点。如果操作人员佩戴AR眼镜，由系统指导所有的标准步骤，使学习场景与工作场景无限接近，直至重叠，从而解决"学时不能用，用时不能学"的问题，则可极大地提高培训效率。

　　"5G+边坡检测"。露天矿山在线安全监测系统由安置在露天矿边坡、排土场边坡等建筑物上的传感器子系统、数据传输子系统、监控中心子系统及辅助支持子系统4个部分组成，实现系统的整体建设目标。露天矿山在线安全监测系统的实施，有利于企业和安检部门快速掌握与矿区安全密切相关的技术指标的最新动态；有利于及时掌握矿区不稳定边坡的状况和安全现状；有利于捕捉该区域中不稳定区域的特征信息，为边坡不稳定区域的分析、评价、预测、预报及治理提供可靠数据和科学依据；有利于根据边坡堆积或开挖不同阶段的形变情况建立理论模型。客户可不受地域限制随时掌握露天矿边坡的稳定运行情况，及时掌握边坡不稳定区域监测预警信息。

　　输送带无损检测系统。钢绳芯输送带因具有抗拉强度高、承载能力强、工作平稳可靠等优点，在煤矿、码头、冶金、建筑等行业中得到广泛应用。在长期运行中，几百米至几十千米长的钢绳芯输送带由于荷载量增加、被障碍物划伤及老化等，会造成钢绳芯锈蚀、断裂，接头伸长，甚至拉断，钢绳芯与胶带的粘合力下降而脱落等故障。一旦钢绳芯输送带发生故障将造成设备损坏、运输物料损耗，甚至引发重大安全事故，严重影响安全生产。为了保证钢绳芯输送带安全、可靠的运行，避免事故发生，延长使用寿命，节省生产成本，对钢绳芯输送带进行有效检测具有十分重要的意义。

社会效益与环境效益实现双收

本项目使用了远程驾驶挖掘机、无人矿卡、无人机巡检、AR 辅助维修、边坡检测与输送带无损检测系统，解决了矿山行业在恶劣工况下的作业效率低、人员安全系数低、机器控制精度低、维修效率低、矿山各项安全指标多、设备故障检测等问题。本项目打造了以 5G 网络为中心，以 AR、MEC、云、物联网技术为协同的无人矿山，促进矿山智能化水平的整体提升，提高了矿山行业的资源利用率，降低了能耗，实现了节能减排。本项目可使远程群控产品增加产销量，促进当地财政收入。通过边坡检测、远程维修、无人机巡检等技术，本项目使安全事故等成本减少，产生巨大的效益，实现安全、环保、高效生产和零重大安全事故，为矿山生产"低风险"提供技术支撑。

节约资源、节能减排

节能方面：结合客户原有生产线，本项目通过改造矿山行业生产线技术，提高生产效率，节能减排，节约人工成本，使用清洁能源进行生产作业，具有节能、减排、降耗、清洁环保等优点。

减少排放和污染方面：本项目能够促进矿山行业提高作业效率，通过"5G+无人驾驶系统"规划，降低油耗，合理减少燃油，减少尾气排放，实现从石灰石开采、破碎和原材料的进厂至成品的出厂全部是自动化操作，减少污染。

资源节约和循环利用方面：本项目通过无人驾驶技术、远程遥控无人机技术、物联网技术、AR 技术、边坡数据采集系统、机器识别检测技术等，实现对资源进行有效管理及合理分配，打造基于 5G 网络的无人矿山。

阳塔煤矿 5G+万兆环网示范项目

参与企业： 内蒙古聚祥煤业集团有限公司阳塔煤矿、内蒙古显鸿科技股份有限公司、北京百度网讯科技有限公司、浪潮通信技术有限公司

技术特点： 本项目基于浪潮通信技术有限公司5G+边缘计算产品，整合多方智慧基础设施，形成矿区感知网络，以"5G+工业互联"为基础，构建"一张网，两朵云，一平台，N个应用和一个矿山大数据中心"，全面提升矿区管理、智能防控和运营效率，形成业务端到端一体化解决方案。

应用成效： 本项目通过核心网MEC下沉建立矿区5G专网，通过边缘站点和中心控制节点提供更高级别的灵活云边协作方式，提供更接近端点客户设备的云化处理能力，提供高效的矿区数据处理能力，使矿区数据不出园区，满足矿区对数据传输速率及安全的要求。

内蒙古聚祥煤业集团有限公司阳塔煤矿（以下简称阳塔煤矿）始建于1997年9月，2010年9月建成投产。矿井设计规模为120万吨/年，设计服务年限约38年。矿井下设安检科、通防科、技术科、机电科、调度室等科室，是一座按照高起点、新技术、新装备、高效益的原则建成的现代化矿井。浪潮通信技术有限公司（以下简称浪潮）基于5G产品，融合矿山各类传输网络、感知系统，搭建"融合、协同、高效、开放、绿色、智能"的矿山网络，助力矿山智慧化转型。

本项目包括浪潮5G轻量化核心网、5G融合基站、5G边缘计算平台、5G端计算网关等产品。浪潮iCore系列产品涵盖了3GPP所定义的5G核心网主要网元，可与自有或第三方5G基站配合，形成端到端的完整5G移动通信网络。浪潮iRAN是一款具有共享、开放、高效特点的5G扩展型基站产品，可进行室内外覆盖，支持5G能力全面开放，包括5G超宽带、5G室内精准定位、5G高可靠性等。浪潮

5G 边缘计算产品覆盖云、网、端、边、物协同的系列产品，包括云网操作系统、云网管理平台、行业应用能力集等，可为客户提供快速网络连接、智能数据处理、安全运营管理等方面的关键支撑。浪潮 5G 端计算网关 iTGW 可提供面向 5G 的多形态网关设备组合，能够满足客户对于现场级边缘应用场景的高速网络接入、数据采集处理、现场实时控制、边缘智能协同等需求。基于矿区井下安全需求，井下设备均需要进行防爆处理。

满足发展需求，解决痛点难点

本项目用 5G 无线网络代替有线网络，解决固网布线难、改造维护成本高等问题，为矿山园区提供便捷高效的 5G 无线网络覆盖，满足应用场景的移动连续性需求。

本项目通过核心网 MEC 下沉建立矿区 5G 专网，通过边缘站点和中心控制节点提供更高级别的灵活云边协作方式，提供更接近端点客户设备的云化处理能力，提供高效的矿区数据处理能力，使矿区数据不出园区，满足矿区对数据传输速率及安全的要求。

整合多方智慧基础设施，全面提升矿区管理、智能防控和运营效率

本项目以"5G+工业互联网"为基础，构建"一张网，两朵云，一平台，N 个应用和一个矿山大数据中心"，形成业务端到端一体化解决方案。

一张网：本项目提供 5G 矿山专网，可支持多种网络制式接入，支持 5G CPE 及部分矿用终端的接入。

两朵云：本项目提供智慧矿山边缘云和核心云，提供包含模型管理、设备管理、工具管理及系统管理的体系化支撑能力，还提供更接近端点客户设备的云化处理能力，以满足小于约 20ms 的应用时延要求。

一平台：矿山工业能力平台依托视频 AI 分析引擎、物联网数据接入引擎和边缘计算平台等，支撑行业应用灵活、高效地部署到网络边缘，满足大带宽、低时延、业务本地化的应用创新需求。

N 个应用：本项目提供 N 种智慧矿山应用，包括"5G+智能巡检"、矿区监控、无人矿卡、智慧采掘、AR 远程指导等，实现矿区智慧化作业。

一中心：本项目提供一个矿山大数据中心，管理底层资源，支撑上层应用运行，实现资源动态按需分配、自动化高可用部署集群、合理高效调度任务、标准化接入和管理服务、全生命周期支撑应用等。

浪潮提供矿山 5G 专网和边缘计算方案，构建一张融合网络，支持多制式接入，实现无人开采、智能运输、远程管控等目标，提升安全生产水平，降低人力成本。

在本项目中，地面核心网和井下万兆环网交换机形成工业环网，地面核心网、融合通信平台与井下基站形成独立的 5G 融合通信网络。

在工作面关键节点部署基站进行现场 5G 信号覆盖，实现无线传感器、无线摄像头借助 5G 网络的大带宽、高可靠性进行部分传感数据、机载高清视频的高速传输，同时基站作为有线传输网络的备用冗余通道，可以有效保证数据的正常传输，最终实现在井下监控中心完成对采煤机、液压支架、运输三机、泵站系统的远程集中监控。

本项目利用 5G 大带宽的特点，采用带有 5G 通信模块及摄像头的头灯或便携式监控设备，管理人员在地面实时远程监视井下作业人员的工作状态，实现现场作业的透明可视化，规范作业人员的行为，有效保障现场井下作业人员的安全。

本项目在矿井下安装大量传感器，覆盖 5G 网络，让传感器实现无线化，简化现场系统结构，省去现场繁杂的线缆，便于系统维护和检修。

本项目在 5G 专网的基础上部署 iPOC 融合通信系统，实现井下 / 井上视频、语音等数据的综合接入与调度，配合远程控制、智能巡检等技术，为智慧矿山建设提供高效调度保障。

🌐 行业发展势在必行，需求带动技术革新

煤矿智能化是行业发展的必然趋势，煤矿智能化的演进路径同样遵循从机械化到自动化、信息化、智能化的事物客观发展规律。煤矿智能化对煤矿"5G+万兆工业以太环网"系统提出了新要求，需要通过超大带宽工业环网、Wi-Fi 6/5G/AI/V2X 等新技术实现数据的传输，从而实现井下少人化、无人化的目标。浪潮提出了基于煤矿智能化的"5G+万兆工业以太环网"系统解决方案，助力实现煤矿行业"安全、少人（无人）、高效"。

煤矿行业随着自身的发展、社会各方面要求的增多及新技术发展，其生产和管理方式也在不断更新变革，各种自动化、智能化、信息化系统和设备不断应用于煤矿行业之中。但是，在变革中，煤矿各类数据也在增加，千兆环网的支撑达到极限，甚至无法满足这种变革带来的数据传输要求。在这种变革之下，万兆环网交换机作为信息系统的数据传输设备，支撑信息系统的数据交换，为了满足日益增长的高效数据传输要求，煤矿井下 5G+万兆环网应运而生。煤矿井下 5G+万兆环网不是千兆环网交换机的简单升级，而是在多方面技术上都有新的突破，功能上更强大，

无论是整体结构设计还是整体性能，都有很大的提升。

实现良好的产业效应和社会效益，助力 5G 智慧矿山生态体系构建

产业效应。本项目通过智能化升级系统来解决高危作业、非计划停机等问题，实现企业的无风险运营管理。员工接触粉尘、噪声的时间减少。**实现作业的高效科学**。本项目通过智能化升级系统实现了设备的实时查看，并对设备故障的判断结论形成科学、客观的数据支撑，实现作业效率的稳定提升。**实现智慧生产**。通过智慧化升级系统实现人与设备的无障碍交流、深度交互，对设备的故障预警、潜在隐患实现了智能决策。同时，企业通过大数据的长期积累，优化生产，提高效率，实现产能的最优化配置。**实现降本增效**。通过智能化升级系统实现了设备的预警、故障预判，从而降低备件库存，降低企业运维成本，降低电力消耗，实现企业效益的提升。

社会效益。本项目以生产工艺环保化、矿山环境生态化为基本要求，实现节能减排、安全、绿色低碳发展。"机械化减人、自动化换人"可推进数字化和智能化发展，实现矿山艰苦岗位用工少人化或无人化，改善矿山工作环境，提高用工待遇，提高劳动生产率。浪潮 5G 智慧矿山建设在 5G 产品创新、企业数字化转型等方面形成典型案例，具备可复制、可推广的基础，加速 5G 产业链发展，助力推动 5G 智慧矿山生态体系构建。

第六部分

5G+智慧工厂典型应用

数融万物 智创未来

第六部分

5G+智慧工厂典型应用

5G 时代，工厂生产发生翻天覆地的变化。随着 5G、物联网、人工智能等新一代信息技术的高速发展，拥有"智慧大脑""火眼金睛"的现代化智慧工厂逐渐普及。车间生产线自动化运转、生产数据即时采集、自动分拣合格产品和残次品、生产少人化/无人化……传统生产模式中生产效率低、管理难度大等问题，正在 5G 的助力下不断得到改善。

安琪酵母5G定制网+标识解析二级节点项目

参与企业： 中国电信股份有限公司湖北分公司、武汉元数通科技有限公司、安琪酵母股份有限公司

技术特点： 智慧园区5G建设结合产品规划、园区需求调研分析，针对需求选择网络技术，定制端到端网络方案，包括终端及模组选择、接入覆盖、网络组织、信息化系统规划等。在设计阶段，安琪酵母股份有限公司有针对性地逐点落实客户需求，输出规划及实施方案。

应用成效： 安琪酵母健康食品产业园区以5G信号传输为基础，实现智能化生产业务系统，利用5G低时延的特性进一步提高企业园区信息化管理的准确度、透明度，降低人工成本。

安琪酵母股份有限公司（以下简称安琪酵母）健康食品产业园区结构复杂，通信设备繁多，安防和生产系统的通信需求日益迫切，行为识别和智能管理要求越来越高，只有5G网络才能满足产业园区综合网络建设的要求。

技术赋能，实现产品全生命周期管理

安琪酵母借助5G大带宽和MEC，结合标识解析系统，实现线边设备（蜘蛛手、喷码机）无人操作生产，根据原料产地和采购时间为产品分配仓库，并将信息传输至已建立信号连接的AGV进行卸货、入库、原料传送，工厂生产线由智能管理系统自动化控制作业。产品出厂时，仓库管理系统（Warehouse Management System，WMS）会通过5G网络将产品信息发送到客户手机上。

安琪酵母基于"5G+MEC+智能分布式标识系统"技术，以特定的场景为切入点，从原料到半成品再到成品，对所涉及的流通环节、产品全部赋码，再通过5G网络传输数据，实现信息关联。整个系统软件部署在天翼云端，搭建数据支撑平台，提高系统运行的稳定性，同时整个系统使用星火链网等技术支撑平台，提高了安琪酵

179 •

母的安全等级和处理能力，在园区 5G 网络基础设施的支持下提升了业务应用能力，生产系统实现了产品全生命周期的溯源管理。

制定端到端网络方案

5G 园区专网：通过切片服务，安琪酵母园区使用一套物理网络，提供差异化服务。

MEC 边缘云节点：UPF 实现流量的本地分流，MEC 应用编排器（MEC Application Orchestrators，MEAO）、MEC 平台管理器（MEC Platform Manager，MEPM）与 MEP 协同完成 App 的资源编排与生命周期管理。

边云协同：公有云与 MEC 共生态，实现应用无缝向边缘迁移；AI 服务在云端训练，边缘推理。

安琪酵母经过"5G+视觉识别"查看箱体是否符合标准，同时在堆垛时，通过摄像头识别箱体二维码，堆垛机抓取堆垛，实现边生产、边质检，以及不停机的目标。

基于 5G 的智慧服务

基于 5G 的生产设备远程控制。在本项目中，5G 网络实现视频和传感器数据的收集、回传；远程控制喷码机等线边设备，喷码机通过线边 5G CPE 接入园区生产专网，通过 5G 网络回传设备信号，后台管理系统也使用 5G 网络下达生产指令；按需选择 UPF 的部署位置，从功能测试的角度，UPF 在机房可以支撑园区网络测试功能。

基于 5G 的 AGV。5G 设备满足实时传输对网络大带宽、低时延的要求，支持 AGV 管理功能下移。5G 为 AGV 大规模调度组网提供能力支撑，可实现集中控制，大幅降低单台 AGV 的成本。

紧抓科技创新，引领食品工业经济高质量发展

"5G+智慧园区"必将赋能安琪酵母园区的智能化发展，随着 5G 的发展和普及，以及传感器和人工智能等技术的进一步发展，智慧园区必将迎来更广阔的发展空间。数字技术在智慧园区中的作用也逐步从辅助走向主导，5G、AI、云、IoT 等技术将为智慧园区提供广泛的连接和计算能力。开放的数字平台整合数据和技术，使能业务协同和敏捷创新，为智慧园区的体验提升、运营管理改进及业务增值提供全面的支撑。

东风电驱动 5G+ 智慧工厂

参与企业： 中国电信股份有限公司湖北分公司、东风电驱动系统有限公司、东风设计研究院有限公司、中国电信股份有限公司襄阳分公司

技术特点： 本项目分期对东风电驱动系统有限公司（以下简称东风电驱动）新电子工厂进行5G智能化改造，实现生产设备运行状态的实时监控，实现对厂区能耗和环境的智能监控和实时预警，实现对AGV调度系统的上移，联动仓储管理等多个业务平台，提升仓储作业效率及管理水平，利用5G平板电脑实现移动办公，实时掌握生产线数据，及时调整生产计划。

应用成效： 东风电驱动新电子工厂利用5G、MES、SMT、智能物流等"工业4.0"技术手段，创建具有省级示范性的智慧工厂。目前，该新电子工厂已具备年产汽车组合仪表及工程机械用表60万套、各类车用传感器600万个、车身控制模块60万套的能力。

采用 5G+MEC 切片专网架构

本项目采用先进的 5G+MEC 切片专网架构，保障 5G 基站、城域网、MEC、企业内网、5G 终端之间的无线通信服务。本项目采用符合业界开放的标准技术，多厂商设备解耦混合组网，具备与第三方网管/控制器对接、网络能力抽象和开放，支持 IPv6、下一代全业务承载的通用个人号码（Universal Personal Number，UPN）解决方案、FlexE、SR/SRv6、性能检测等能力，支持本地数据分流，具备业务快速开通、SLA 质量保障、自动化管理和配置等能力，满足 5G 业务大带宽、低时延、安全可靠的差异化承载需求。

5G 无线化实时接入

本项目使用 5G 无线化实时接入代替有线电缆部署，减少走线、布线的耗材

成本和巡查检修成本。本项目在设备上增设高灵敏度传感器，采集生产过程、工艺流程设备运行数据，并实时传输至设备管理系统、质量管理系统等后台应用集中存储、管理和分析，实现生产过程实时可控，辅助领导层决策，用于指导工艺流程优化、设备操作规范化。

5G+AGV 优化仓储管理

基于 5G 大带宽、低时延的特性，AGV 的实时高清画面可通过 5G 网络传输，并通过 MEC 进行本地分流，直接上传到云端进行数据的实时分析，实现基于 5G 的云化 AGV 分析和控制，提供回传数据的存储管理服务，以及控制系统上移、实时视频调度、工况数据存储、视觉导航服务，本项目集中控制 AGV 定制化路线调整，并大幅降低单台 AGV 运维成本，生产线柔性配置。

移动办公与生产线可视化

本项目基于 5G+MEC 网络，利用 5G 大带宽、低时延的特性实现移动数据展示，5G 平板电脑搭载办公自动化系统、生产管理系统等，可随时查看设备工作状态和生产效能，并根据可视化数据做出指示。本项目的采集数据、实时视频、财务报表等经过 5G 基站上传至边缘 UPF，通过识别本地数据，分流下沉至企业内网，外网不可见，实现内外网数据隔离，保障生产数据安全。生产线技术人员可通过 5G 平板电脑登录内网，实时查看相关数据，把控生产线运行状态，实现生产线可视化、透明化、扁平化管理。

降本增效，助力智能制造应用升级转型

本项目通过 5G+MEC 打造智能制造 ICT 基础平台，通过"切片+MEC+虚拟无线专网"构建工业 5G 园区，解决了大中型工业企业关注的数据安全、网络性能及可靠性问题，有效缩短了规划时间与生产周期，缩短在制品停滞期、异常处理周期，减少纸张浪费，提升了生产计划及时达成率、车间管理可视化实现率，提高了数据的可追溯性、完整性。

构建新生态，助力产业良好发展

新格局：东风电驱动主导制定 5G 网络边缘技术、MEC/UPF 下沉及业务接入的技术规范，对未来整合产业链各个环节、构建 5G 运营时代的新生态至关重要。

新营销：东风电驱动不只向普通用户提供流量套餐、语音业务，还面向企业定制网络，这一新营销模式对企业运营提出新要求。

　　新资费：本项目验证 5G 边缘计算专网的商务模式，探索新资费策略，对企业内外业务收取不同的费用。

　　新能力：本项目为企业灵活开展终端和用户角色管理提供开放能力。

　　新建设：本项目打造面向工业生产制造业的全新建设模式、运维模式，打造按需定制网络及运维协作新模式。

钢研纳克 5G 智慧工厂项目

参与企业：中国移动通信集团江苏有限公司、钢研纳克江苏检测技术研究院有限公司、中移系统集成有限公司

技术特点：本项目依托"5G+边缘云"数字底座，建设一张覆盖整个生产园区的 5G 专网，采用 UPF 下沉到钢研纳克苏州工厂机房，专网采用 5G 专享模式部署，"宏站+室分覆盖"区域超 20000 平方米，实现了生产区域及周边 5G 信号的连续覆盖，保证各类 5G 终端可以接入。

应用成效：本项目以智能制造为主，推动装备、生产线和工厂的数字化、网络化、智能化改造，着力提高生产设备数字化率和联网率，提升关键工序数控化率；加快建设数字营销网络，实现用户需求的实时感知、分析和预测。

　　本项目提升了钢研纳克江苏检测技术研究院有限公司（以下简称钢研纳克）苏州工厂的整体信息化水平。本项目通过打造创新应用场景，例如 5G+全连接、AI 视觉分析、安环一体化监测、云化 AGV 等，钢研纳克苏州工厂达到了提质、增效、减员、降本的目的。同时，本项目通过打造金属检测领域的标杆工厂及 AI 视觉分析场景上的创新，引领了行业智能化建设的方向，驱动了检测行业的创新升级。

🌐 "5G+"多场景应用

　　5G 工厂：钢研纳克是离散型生产企业，针对生产设备类型繁杂、生产环节分散、生产设备均为单机未联网、设备协议较多等问题，通过 40 套紫金院自研工业网关将生产、办公设备统一接入，实现数据互通。

　　5G+质检智能化：针对钢研纳克的两项主要生产业务（仪器仪表生产及金属样品质检），本项目依托 10 套 5G 高清摄像机通过机器视觉技术为客户提供产品瑕疵检测、仪表盘识别、样本 AI 识别、液面及沉淀面识别（二期）等功能，实现无人化、自动化质检识别。该应用为钢研纳克提升的效率超过 30%，提升的可靠性超

过 10%，每年节约成本约为 60 万元。

5G+生产园区调度指挥中心：针对危险物种类多的问题，本项目通过建设物联网感知系统，对实验过程中产生的挥发性有机物、易燃易爆炸气体进行泄漏监测，利用 5G 低时延的特性实时回传到后端监测系统；通过打造 5G 指挥调度中心，对危险源进行统一监测，直观地呈现整体安全态势；通过多个数据分析模块，为企业领导者提供辅助决策支撑。

5G+物流自动化：本项目通过云化 AGV 实现仓储物流自动化，利用 5G 专网超大带宽及超低时征特性，云化 AGV、有轨制导车辆、自动化叉车、射频识别标签等实现自动化分拣、装运，并构建仓储管理系统，实现统一调度和管理。针对仓储库房分散的问题，钢研纳克苏州工厂实现全厂 5G 覆盖，室外采用宏站，解决传统 Wi-Fi 厂外覆盖功率不足、覆盖半径小、安装部署困难的问题，使整个仓储物料能够通过 5G AGV 搬运到工厂的每个角落，解决样品、试剂、分析仪器的电子配件跨楼层、跨区域运输的问题。

打造智慧工厂运营中心，支撑工厂高效治理

本项目采用"5G+云网+边缘计算"技术构建，相关高新技术已经日趋成熟，实现界面清晰、顶层设计、接口规范、乐高式搭建的目标。

本项目从满足实际需求出发，严格遵循"投资合理、规划统一、立足现在、适度超前"的设计方向，为用户提供一个全面优化的解决方案，力求使系统既充分满足当前的应用需求，又全面考虑后续系统的维护和今后技术的发展趋势，以使拟建的系统充分发挥厂区 / 园区的综合服务功能，并能够迅速适应未来的发展变化。

项目效益显著，激发企业活力

本项目为冶金检测领域全国首次尝试，是落实我国关于推动数字经济和实体经济融合发展指示精神的重要实践，发挥国有企业在新一轮科技革命和产业变革浪潮中的引领作用。钢研纳克进一步强化数据驱动、集成创新、合作共赢等数字化转型理念，积极开展创新大赛、成果推广、交流培训等活动，营造勇于、乐于、善于数字化转型的氛围。

本项目已被钢研纳克定义为重点项目，后续将在沈阳、青岛等分厂区复制推广。本项目二期将在冶金分析领域开展"5G+智慧冶金分析应用研究"，并纳入工业和信息化部人工智能产业创新任务揭榜挂帅项目——高精度工业视觉检测系统，示范效应由点向面已逐步展开。

江苏盐电阀门 5G 智能工厂项目

参与企业： 中国移动通信集团江苏有限公司盐城分公司、南京粒聚智能科技有限公司、中国移动通信集团江苏有限公司、江苏盐电阀门有限公司

技术特点： 基于中国移动5G网络与工业互联网平台，本项目以盐电阀门的数据和业务为基础，实现IT和OT融合，搭建企业的数据管理体系和生产运营指标管理体系。本项目具体内容有能耗监测管理、5G试压和焊接在线监测、设备联网、分布式数字控制（Distribute Numerical Control，DNC）管理、生产执行管理、生产质量控制、生产可视化看板，同时部署工业安环系统，加强安全生产的智能化管理。

应用成效： 本项目解决了传统车间管理模式上的低效沟通问题，车间实现可视化、透明化管理，工作人员可以实时查看车间生产情况、设备运行情况，提升生产效率和管理水平。通过本次系统标准化作业后，试压时间缩短为8~12分钟，单件效率提升60%以上。

中国移动通信集团江苏有限公司盐城分公司（以下简称盐城移动）利用"5G+物联网"深度融合，推动盐电阀门行业数字化转型落地。IoT 数字孪生通过设备物理采集，结合高速率、低时延的 5G 网络推送，可实现车间状态透明化、车间生产透明化、车间管理透明化。通过盐电阀门行业信息的高度整合，实现盐电阀门行业关键工序制造过程可视化监控，帮助客户提升现场生产效率并实现作业过程监控、质量追溯。本项目将传统设备、传统制造模式与数字技术、物联网技术、5G 相结合，不仅为客户提供了实用的信息化工具，更为客户提供了高效、透明的生产管理工具。

江苏盐电阀门试压及焊接监测系统采用浏览器 / 服务器（Browser/Server，B/S）+

服务器 / 客户机〔Server/Client，C/S〕架构，通过现场设备、管理平台、工位终端的融合，打造生产试验监测一体化平台。

本项目对设备状态进行数字化、可视化改造，通过 5G 工业网关进行数据推送，利用 5G 网络的高速率、低时延、超大连接建立数字孪生，使数据传输更加高效、准确、及时。盐电阀门试压及焊接监测系统中间层通过工位终端打通员工和设备沟通的壁垒，员工通过工位终端进行生产报工，工位终端可直接反馈工艺标准、作业监测，提升员工的工作效率。顶层通过搭建管理平台，使车间设备透明化，作业过程可追溯，作业结果可报告，提升生产管控水平。盐电阀门试压及焊接监测系统如图 1 所示。

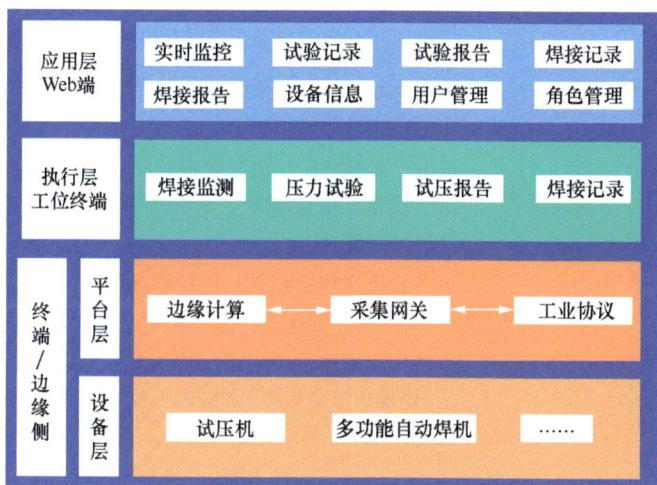

图 1　盐电阀门试压及焊接监测系统

盐电阀门试压台由继电器控制，通过机械指针查看实时压力，无法进行数据采集。在不改变设备原有可靠性的基础上，增加带有 RS485 通信模块的压力变送器，并通过网络模块将 RS485 有线通信转换为无线通信，实现盐电阀门试压台数据采集功能。

B/S 架构管理平台使工作效率更高

基于盐电阀门企业的特点，本项目贴合盐电阀门的阀门压力试验、阀门焊接生成过程，结合现场管理要求，建设 B/S 架构管理平台，实现设备数字孪生、作业过程回溯、作业报告产出。B/S 架构管理平台的主要功能见表 1。

表1　B/S 架构管理平台的主要功能

模块	功能	描述
设备信息	设备信息管理	设备信息维护包括新增、修改、查看、删除设备信息，设备信息包括资产编号、设备名称、设备类型、操作人员、工位机号、设备位置、所属车间等内容
实时监测	实时监测	设备实时看板，可查看当前设备的运行状态、作业项目、实时数据、工作状态、工作参数曲线图
系统设置	角色信息	角色信息维护包括新增、修改、查看、删除角色信息，角色信息包括角色名称、菜单权限范围、是否禁用等内容
系统设置	用户管理	用户信息维护包括新增、修改、查看、删除，用户信息包括用户名称、用户工号（登录账号）、角色名称（用户权限）、部门名称等
系统设置	登录日志	可查看所有用户登录 / 登出系统的记录及登录 IP
监测记录	试验记录	可查看盐电阀门试压记录，包括产品信息、试压标准、试压过程压力曲线
监测记录	试验报告	根据产品的试压生成试验报告，包括产品信息、作业人员、试压设备、试验项目、试验结果、各项目试压曲线图等，支持打印和导出
监测记录	焊接记录	可查看批次焊接记录，包括焊接工艺、焊接过程数据（焊接电流、焊接电压、焊接速度）
监测记录	焊接报告	根据批次焊接记录生成焊接报告，包括批次信息、焊接工艺、焊接电流曲线图、焊接电压曲线图、焊接速度曲线图等，支持导出和打印

工位终端方案快速生成报告

本项目通过工位终端建设，实现车间现场生产报工、现场报告查看。车间配备工业级触摸工位机，根据项目规划开发试压监测、试压报告查看、焊接监测、焊接记录查看功能。

本项目的设备改造方案适用于大部分盐电阀门企业。B/S 架构管理平台基于 5G、IoT、边缘计算等前沿技术，为阀门试压、焊接业务提供可复制的标准化解决方案。

盐电阀门 5G 智慧工厂项目的特色

项目通用性： 阀门试压、阀体阀芯焊接是阀门制造的关键工序，无论是铸造型阀门企业还是装配型阀门企业，均需要开展相应业务，本项目目前所开发的功能均可在阀门行业内适用。

　　项目可复制性：通过调研数十家阀门制造企业，现场设备类型大同小异，试压设备通常为继电器控制水气泵，可通过对试压工位管道改造实现数据采集，通常由 PLC 控制焊枪速度，电信号线输出电流电压信号。

　　阀门制造是盐城石油机械产业的重要环节，整个盐城有超过 500 家阀门制造企业，阀门产业产值占江苏省阀门行业产值的三分之一，年总产值超 300 亿元。本项目的示范应用会进一步提升盐城移动在阀门行业中的应用价值。

基于 5G 智云专网的玛氏智慧巧克力工厂

((●)) **参与企业：** 中国移动通信集团浙江有限公司嘉兴分公司、玛氏食品（嘉兴）有限公司、中兴通讯股份有限公司

技术特点： 本项目创新性运用5G边缘计算网络，为企业提供基于算力网络智云专网的AGV调度平台，降低了时延。

应用成效： 中国移动5G边缘云可满足5G无人叉车应用所需的20ms时延网络要求。以车间内物流运输为切入点，部署中国移动5G边缘云算力网络，通过"5G+AGV"方案实现车间内快速物流周转，集成相应的功能模块，实现AGV调度系统与生产系统等进行交互对接，解决了车间内物流运输的难题，节省了人力成本，助力食品加工企业智慧化转型。

玛氏食品（嘉兴）有限公司（以下简称玛氏食品）是全球大型食品生产商之一，拥有众多知名消费级产品，嘉兴工厂是玛氏食品在亚洲最大的巧克力生产基地。本项目的建设内容包含5G无人叉车场景、天眼系统、5G巧克力裱花检测和5G数据采集4个系统平台。

搭建使用 5G 边缘节点、算力网络的 5G 高质量专网

本项目无线网采用2.6GHz组网模式，选择2.6GHz公共区域宏基站，采用2.6GHz同频组网，时隙配比与大网一致，为7D:2U:1S。对于上下行保障，可按QoS配置相对优先级，使用特定5QI承载保障业务。

传输网方面， SPN可按需采用MTN硬隔离或SR-TP和SR-BE方案。MTN支持按业务类别划分MTN通道进行业务硬隔离。

核心网方面， 控制面网元为5G SA行业网核心网控制面网元，用户面网元UPF采用共享的UPF，下沉至所属地市机房。对于业务隔离需求，本项目可为场景规划专用切片及行业专用DNN。

边缘计算方面，本项目可在中国移动通信集团浙江有限公司嘉兴分公司（以下简称嘉兴移动）机房部署边缘计算平台（包括边缘 IaaS 平台、边缘 PaaS 平台），并通过核心网用户面网元提供本地分流能力。边缘计算平台可根据项目需求提供用户标识、带宽管理等网络能力，视频处理、AI 识别等行业能力，以及数据库、域名系统（Domain Name System，DNS）等平台基础能力。

5G 无人叉车场景

结合玛氏食品当前招工难、运输效率低的难点，本项目在车间内使用 5G 无人叉车代替传统的人工运输方式，同时结合玛氏食品生产系统，连通梯控、门控，实现在用户生产车间、楼层间、仓库间自动搬运包材、原材料、成品、生产辅助用品等物料，确保工厂内部生产物流信息的可靠性及可追溯性。从多个方面降低成本，提升物流管理能力、提高生产效率、保障运输稳定。

打造天眼系统

通过机器视觉，本项目实现库位货物状态、货物类型的自动识别，并与 5G AGV 场景融合，使 5G 无人叉车与调度系统、天眼系统、生产系统、梯控、门控、消防系统等进行多平台对接，加强生产与运输的衔接，使车间内的运输契合工厂的生产计划，减小仓库存储压力，提升转运效率和空间利用率，实现全流程 5G 无人运输。

5G 巧克力裱花检测

搭载机械臂的 5G AGV 能够代替传统的人工质检模式。AGV 上的机械臂可以根据生产要求随机抓取生产线上的产品，在质检台周围放置 5G 工业相机进行抓拍，通过 AI 算法对缺陷产品进行问题产品数据比对分析。本项目从重量和外观两个维度进行质量检测，为生产工艺的改进提供有力的数据支撑。

5G 数据采集

本项目采集设备状态、关键工艺参数、加工情况、能耗等数据，形成数据模型，呈现领导驾驶舱、数字工位、工业 App 等应用，可实现对工厂运营数据的分析。

云南神火 5G 智能工厂

参与企业：云南移动通信集团云南有限公司、云南神火铝业有限公司

技术特点：本项目将5G作为整个智慧工厂的"黏合剂"，以工业互联网平台及数字孪生中台为依托，将生产制造端的实体世界与以物联网、5G、大数据、云计算及人机交互技术等为代表的虚拟技术整合起来，借助物联网技术串联虚实两个世界，实现数据的格式清洗和垂直应用的横向打通，再辅以创新应用和制造控制系统的深度融合，推动有色金属冶炼行业突破传统模式下的技术瓶颈，并向智能化方向转型。

应用成效：在引入5G应用后，云南神火铝业有限公司（以下简称云南神火）在安全生产及产品质量方面有了大幅提升：5G电解槽数据采集及能耗分析增强了企业的精细化管理；5G高温铁溶液视觉精准分析，提升了电解阳极铸造工艺，阳极铸造品质提升15%；5G传送带管廊裂纹分析，减少了安全事故的发生；基于5G的天车集中远程操控，减少了天车资源争夺的情况，并节省了60%的人力成本。

实现水电铝行业绿色制造

基于 5G 的光纤应变温度监测系统。电解槽漏液是一直以来困扰整个有色金属冶炼产业的技术难题，电解槽漏液会给电解铝企业带来严重的经济损失和极大的安全隐患。但限于电解槽结构复杂、测温点众多、实施环境恶劣及造价成本过高等，此难题一直未能解决。该系统使用光纤应变测温原理，结合 5G 的高密度终端接入能力，实现了超过 73920 个光纤测温终端的接入；同时由于光纤测温终端可以串联布放，且可以实现多台电解槽共用一台光纤多通道仪表接入，有效控制了经济成本。

有色金属冶炼能耗分析系统。节能降耗一直以来都是工业企业的重要战略，耗

电量是直接与水电铝行业挂钩的指标，也是水电铝行业提高利润及绿色生产的关键所在。该系统通过对槽控机数据的实时采集及 5G 海量终端的接入，并结合历史数据和 AI 算法，实现对 Al_2O_3 与阳极碳棒及能耗模型的分析，寻求最佳原材料与铝成品的产出比。通过能耗缝隙应用进行车间分组控制、分析、能耗 KPI 考核，以及异常告警等功能，从而实现绿色生产、节能增产的目的。

基于 5G 的阳极碳棒铸造工艺。在电解阳极的组装工艺中，浇筑的铁溶液在 1400℃时成品率最高，浸入式温度探测仪由于长期超高温作业，在一周内便会损坏，电解阳极的高品质率一直无法保障。本工艺通过 5G+工业视觉分析，利用双目双色性高温热成像仪，通过 MEC 侧边缘 GPU 运算能力的下沉完成 1400℃铁溶液的精准测量分析。

基于 5G 智能工厂的有色金属冶炼领域创新示范应用。本项目基于 5G 的超高温铁溶液检测、传送带管廊视觉分析及空压机仪表自动抄表，以及基于 5G 的天车集中远程操控、5G+数字厂房等多个应用场景，为 5G智能工厂在有色金属冶炼行业的应用树立了标杆。

云南神火智能工厂赋能企业创新应用

云南神火智能工厂整体系统架构采用 5G+MEC+切片技术构建基础通信网络，借助边缘云及私有云平台完成智能工厂平台、创新应用的部署，赋能企业创新应用孵化。整体系统架构如图 1 所示。

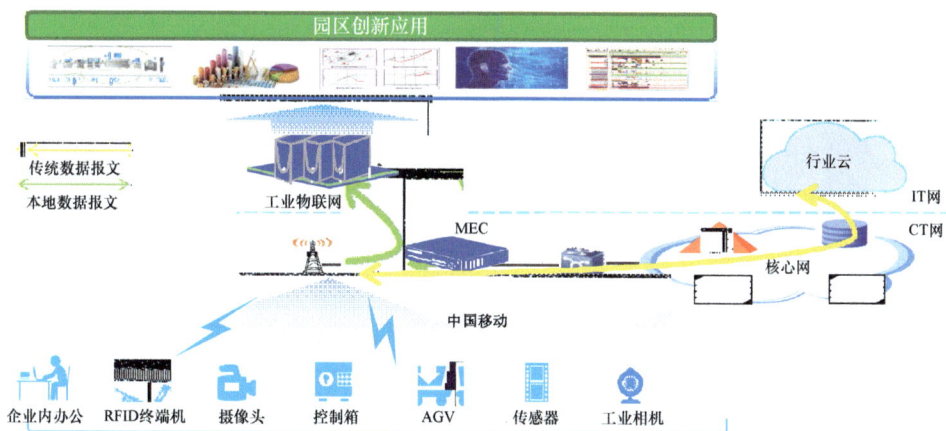

图 1　整体系统架构

各个行业终端采集的数据通过部署在云南神火园区的 5G 基站接入无线网络，

193

通过行业专网网关截断数据并分流到本地部署的 MEC 边缘云平台，实现生产和管理数据不出园区，保证企业数据生产、使用的全业务流程均在园区内完成，保证企业数据的安全。同时云南神火借助网络切片技术，实现公网数据与企业数据的隔离，保证企业数据传输的 SLA 性能。

🛜 基于 5G 的有色金属冶炼创新应用

有色金属加工企业的信息化升级过程面临诸多问题，例如，离散的应用无法融合，车间数控设备难以集中管理与控制，人工检测效率低且易错检、漏检等。本项目借助 5G、AI、大数据、云计算、数字孪生等技术，助力云南神火打造一流的绿色水电铝智能工厂。该方案通过光纤应变测温系统结合 5G 接入能力，实现超长时间高温（–180℃ ~350℃）、恶劣环境及超高密度终端传感器的接入，解决了原有通信模式下无法实现的超高密度终端接入、布线困难、数据不出园区等难题。

🛜 基于 5G 的空压机仪表自动抄表

云南神火空压站拥有 8 台空压机，工作环境恶劣，噪声过大。由于空压机缺少数据接口，无法实现数据采集，为保障安全生产，当前需要安排人员每小时进行抄表，效率低下且难以形成信息共享，会出现预警不及时等情况。

云南神火通过 5G 回传到部署于云南神火园区的 MEC 机器视觉平台进行数据处理，借助机器视觉平台 GPU 运算能力及专业算法，自动提供数字报表及核对结果，优化生产效率、降低人员投入并营造舒适的工作环境。基于 5G 的空压机仪表自动抄表如图 2 所示。

图 2　基于 5G 的空压机仪表自动抄表

🛜 基于 5G 的传送带管廊裂纹视觉监测

云南神火拥有 11 段架高 20 米的独立天车传送带，用于运输电解铝原料 Al_2O_3，为减少粉尘污染，传送带均为密封管廊方式。在传统模式下，企业需要每周在传送带空转情况下让安全员打开管廊进行人工检测，存在传送带断裂后造成经济损失与安全隐患的情况。

该系统在封闭传送管道中安装视频采集设备（包括工业相机/镜头/光源等），并协同自动清洗灰尘、铝屑，对传送带横截面进行扫描分析，通过5G网络传送至部署于云南神火机房内的机器视觉平台，经过机器视觉平台专业计算，当传送带出现裂纹时，实时告警。传送带缺陷检测监控系统如图3所示。

图3 传送带缺陷检测监控系统

基于5G的中频炉铁溶液1400℃精准分析

在电解铝阳极铸造时，当铁溶液为1400℃时，浇筑成品率最高，由于浸入式温度探测仪在超高温环境下一周内便会损坏，传统行业基本采用人眼对溶液表面的颜色进行辨别，存在判断误差，生产工艺无法得到有效保障。

该系统通过双目双色性高温热成像仪，对熔炉进行非接触式高温测量，不受测量物体本身辐射的影响，也不受测量视域内灰尘及其他污染物的影响。该系统通过5G网络将温度值传送至部署于云南神火机房内的机器视觉平台，实时显示铁水温度，保障铁溶液在最佳温度（1400℃）出炉。中频炉温度监测系统如图4所示。

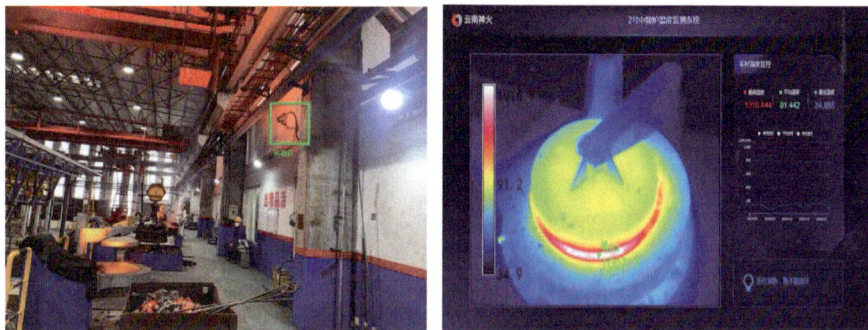

图4 中频炉温度监测系统

基于 5G 的天车远程集中操控

云南神火天车采用人工控制方式，存在人工成本高、效率低、危险性高、舒适度差及天车资源争夺等问题。

本项目对仓库的 5 台天车开展 PLC 改造，将天车的控制信号及通过安装在天车车身、墙壁上的高清摄像头捕捉的信息用 5G 网络实时回传，从而让操作员在操作室实时控制天车。基于 5G 的天车远程集中操控如图 5 所示。

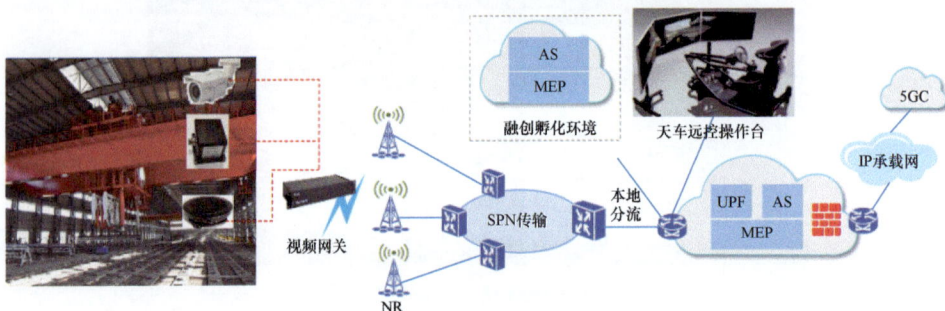

图 5　基于 5G 的天车远程集中操控

经济效益和社会效益显著

云南神火 5G 智能工厂规模化生产后可形成有色金属冶炼企业模式化生产，结合设备改造，通过工业互联网平台对设备能耗进行采集分析，制定设备能源优化方案，持续降低能耗成本。

提高产品质量。 云南神火将原有的生产"黑箱"进行开箱曝光，将现场的生产数据实时展现在看板上，以随时掌握生产进度、质量等信息，提高产品质量。

异常告警，杜绝安全隐患。 云南神火实施集成了设备运行数据、生产质量等数据，根据实时数据提供的运行趋势及时发现异常。

提高生产效率。 云南神火通过 5G+工业互联网平台实现天车精准出铝等系统改造，实时掌控产品及关键耗材数据，提高生产效率。

树立智慧工厂标杆

本项目形成的有色金属冶炼行业 5G 高质量网络建网用网模板，可以帮助相关企业实现工厂的数字化、信息化、智能化转型升级，提升有色金属冶炼行业生产制造过程的灵活性和柔性，使加工过程更加准确高效，节约人工成本和时间成本，提升产品质量；能够及时反馈生产线真实状态的实时数据，反映生产线中的生产过程、生产设备的真实运行状态；根据现场传回的实时数据进行动态更新，使生产人员能够实时、便捷地掌握生产线的运行状态，为安全生产提供有力保障。

5G智能工厂的发展离不开丰富的生态圈。本项目通过部署在云南神火园区的MEC搭建智能工厂平台，解决离散应用无法融合的难题，并在智能工厂平台的基础上聚合生态资源和力量，孵化创新应用。通过 5G 高质量的网络服务配合以工业为基础的边缘云，形成融合开放的云网生态，驱动有色金属冶炼企业的智能化升级。

红狮集团 5G+全球专网

参与企业：中国移动通信集团浙江有限公司金华分公司

技术特点： 本项目通过中国移动通信集团浙江有限公司金华分公司下沉的MEC平台构建5G专网，结合5G的技术特点和增强能力，满足水泥行业场景对网络的需求，为水泥工厂应用提供优质的数据连接。

应用成效： 本项目通过5G+无人机实现爆破巡检模式，提高巡检效率，提升矿山安全；在工厂环境中通过快速部署的5G摄像头+边缘云+AI实现了对工作人员不安全、不规范行为的监测，有效减少了安全事故的发生；通过5G+视频的应用实现了水泥工厂的远程参观、高清厂区监控，叠加5G网络切片技术，可以在一张网络内实现视频和控制信号的传输，实现矿车无人驾驶，挖机和钻机远程驾驶；通过5G+AI+云平台分析实现了生产环节（投料口堵塞、冒灰检测、翻斗阀状态检测、皮带撕裂检测等）的AI分析。

2020 年，红狮集团在工业和信息化部的指导下，作为水泥行业首批试点 5G 智慧工厂的企业，实施"立足水泥主业、打造水泥'生态圈'、做好资产配置"战略，以"'十四五'再造一个红狮"为目标，一心一意做水泥、聚精会神谋发展，不断提升整体竞争力，致力于成为国际一流的绿色建材企业。红狮集团采用中国移动通信集团浙江有限公司金华分公司"优享"5G 专网，通过电信运营商共享的 UPF 实现数据本地分类，并结合统一部署的 MEP 平台，部署业务应用及其他第三方应用。

红狮集团的水泥园区面积大，覆盖矿区、生产、办公等多个场景，结合业务需求，可灵活采用多种模式，进行无线网络覆盖，打造生产办公"一张网"，通过采用混合云、边云协同的架构，满足核心业务对性能、可靠性、安全性的需求，同步满足员工手机终端接入需求。本项目通过分流实现生产与办公业务隔离，提升安全性，实现一张 5G 网络承载企业业务。边缘 UPF+MEP 平台如图 1 所示。

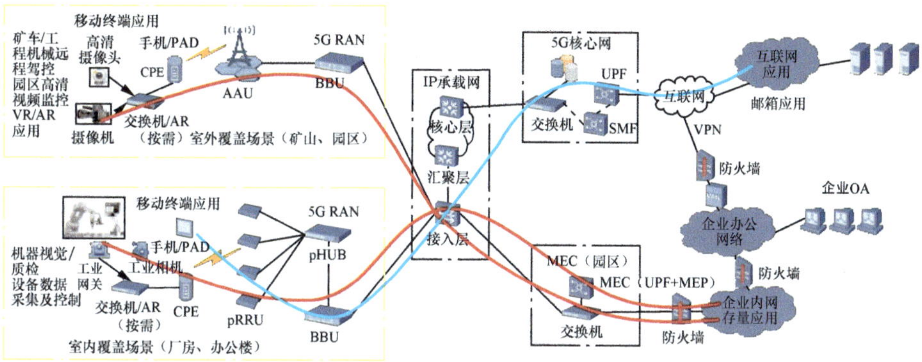

图 1　边缘 UPF+MEP 平台

5G+无人机爆破警戒

本项目通过接入 5G 无线移动网络，实现无人机定位调试自主巡航。运维及调度人员不受距离限制，可随时随地查看现场状况，真正实现智慧巡视；无人机上装有全景摄像头，5G CPE 可根据无人机承重等情况，选择挂载在无人机上或者放置在地面上，后者通过无人机自有图传系统回传至 CPE 并进行图像上传。

本项目通过无人机航拍，结合 AI 技术进行图像识别，对矿山爆破区域进行巡查，自动识别人、动物、车辆等目标，警告目标撤离，航拍视频同步回传到视频监控系统，方便工作人员及时调取查看。

爆破完成后，红狮集团借助第三方 AI 和云服务，利用图像采集技术，重新收集并实时更新地形地貌数据，用以指导矿车采集区域选择下一个爆破点，进而降低人力采集成本。

5G+不安全行为监测

在很多单独的工作场景中，工作人员不佩戴安全帽等违规操作很难被及时发现，高清视频+AI 图像识别技术可以实时监测工作人员的身体状况、行动轨迹，自动检测工作人员的不规范行为，从而规范工作人员的操作，有效防止安全事故的发生。

本项目依托 5G 打造人员安全管理系统，通过 5G 融合精准定位技术，结合智能佩戴终端，实现对工作人员的精准定位、轨迹追踪、健康监测等功能。

📶 5G+设备远程操控

矿山作业的无人化是解决安全问题和招工难的方法之一。本项目利用 5G 网络对设备进行远程操作，并实时监测设备状况。通过车辆实时监测系统，对车辆的位置、车况、速度、油耗、工时等信息进行实时监测。云平台对采集到的车辆行驶信息、路况采集信息、高精度定位信息进行处理，实现对矿山地区运行环境的实时管控。在云平台的统一指挥下开展相关的生产作业。云平台为作业车辆提供行驶的决策建议、控制参数、最优线路规划及故障预警等信息，帮助作业车辆顺利完成任务。5G+设备远程操控流程如图 2 所示。

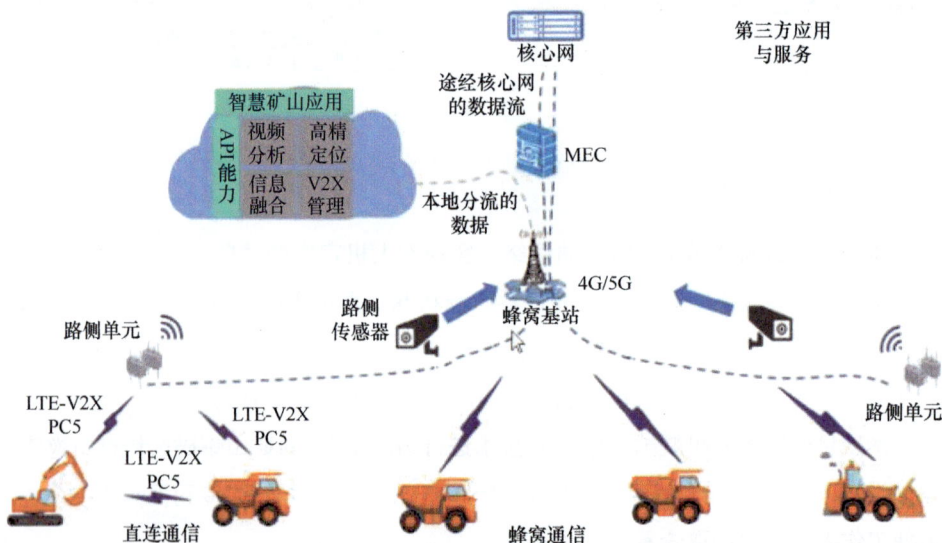

图 2　5G+设备远程操控流程

📶 5G+数据采集

水泥园区内设备多样，存在大量的传感器和控制器，需要对数据进行收集和处理。有线网络传输布放复杂，变更困难，不同的设备及控制系统对网络带宽、时延等性能要求不同，只有大带宽、低时延、高可靠性的 5G，才能将传感器及控制器数据实时回传到园区数据中心进行集中处理。同时，本项目通过分析后台大数据，能预判设备、工作人员的状态，实现对设备的预防性维护，从而在数据平台上进行集中展示。

📶 5G+AI 监测

投料口、翻斗阀容易出现水泥堆积堵塞的情况，工作人员在监控室操作容易因视觉疲劳漏检误报。在石灰石投料口运用 AI 视觉检测，借助 5G 网络实现与后端品控平台的高速数据传输，利用该平台预置算法进行判断，从而及时发现石灰石投料口的堵塞情况。

传送物料的皮带易出现损坏、抽丝、打滑甚至反转等现象，人工巡查难以及时发现，从而影响生产线的正常运转。本项目利用 5G+机器视觉技术，将高清图像传送到云端，结合人工智能算法，可快速、精确地分辨出皮带发生故障的类型，并及时通知相关工作人员进行维修。

在运输水泥时，工作人员操作不当会导致大量水泥灰飘散到空气中，不但影响环境质量，而且会损害工作人员的健康。本项目借助 5G+AI+云平台的智能分析功能，可以有效缩减识别时间，提高处置效率，避免环境污染事件的发生。

水泥库管道会产生裂纹，需要定期巡检。目前多采用人工 +望远镜结合的方式进行检查，漏检率高、效率低下，存在严重的安全隐患。本项目通过 5G 高清摄像头或无人机航拍对水泥塔表面进行画面采集，并将画面回传至 AI 图像识别系统，可以实现各类裂纹的自动识别和及时告警。

业务数据云化

本项目通过集中部署的 UPF+MEP 平台和边缘云平台助力水泥企业应用上云，边缘 UPF+MEP 平台帮助水泥企业的实时监测平台、人工智能算法分析平台等不同平台之间实现数据互通，避免以往水泥行业信息化"数据烟囱"效应，以云网融合为基础，助力数据上云，实现三维工厂建模升级，以及流程全连接。

愉悦家纺 5G+MEC+AIoT 印染行业工业智脑

> **参与企业**：中国联合网络通信有限公司滨州市分公司、联通数字科技有限公司、中国联合网络通信有限公司山东省分公司、愉悦家纺有限公司

技术特点：针对车间100多台PLC设备及大量的仪表全互联，本项目在满足数据采集要求的基础上尽量减少PLC设备控制系统的改动，以减少设备停机时间及后续存在的风险。

应用成效：本项目通过AI质检代替人工，良品率由85%提升至98%，通过无线数据采集和数据分析调整生产线，生产周期由14天缩短至8天，另外通过全部生产工序的智能化调配，每生产1万米布的用电成本由28元降至22元。

愉悦家纺项目的转型之路

愉悦家纺有限公司（以下简称愉悦家纺）一直在智能化和数字化转型之路上不断探索，但纺织印染行业的操作工序复杂多样，在九大生产工序中，原烧、印花、整纬、验整工序目前由人工进行质量控制，效率低、精准度差。中国联合网络通信有限公司滨州市分公司（以下简称滨州联通）经过调研，总结了愉悦家纺目前面临的三大问题并提出建议：一是工艺信息管理差，关键生产数据未能实时采集，车间老旧有线改造难度大，建议通过无线网关实现 PLC 数据采集；二是数字化程度低，在生产过程中，质检和机器运行状态完全由人工监管，精准度差、耗时长；三是智能化生产难度大，基于基础数据建设工业智脑平台，实现关键数据分析和智能化生产线调整，助力愉悦家纺提质增效。

愉悦家纺车间共有 100 多台 PLC 设备，涉及十余个品牌，滨州联通需要实现全部 PLC 设备联网。滨州联通采用支持 5G 通信的接口可扩展模块，解决设备接口不足和设备不能智联的问题，实现生产管理系统和下层设备通信，完成对生产过程

的实时管控，保证数据的实时性、精确性和完整性。

设备智联 AIoT 平台发挥智能价值

愉悦家纺的设备智联 AIoT 平台是工业智脑平台的重要组成部分，融合了工业设备采集、工业环境感知数据，提供了统一接口服务，解决了复杂工业设备协议异构、不同区域服务需求、分级客户管理和数据异地灾备等问题。AIoT 平台以设备管理为基础，采集感知数据，解决不同应用数据融通难题，可以形成集团级横向行业大数据，完成以企业设备数据和环境数据为基础的数据湖，也可以形成纵向数据，为集团提供感知数据的整体展示平台，形成感知数据可采集、可存储、可调度、可逻辑编译的工业设备智联数据中台。烧毛、退浆、丝光、整纬、印花、蒸化、水洗、下机、扎花全流程的设备数据被采集后，通过 AIoT 平台，实现生产设备、工业仪表、楼宇设备、视频采集等相关设备物联网泛接入，面向应用软件提供对应的数据基础和数据仓库，将应用数据与工业控制数据进行有效的隔离，同时提供平台化的数据服务。

愉悦家纺印染数据信息管控平台实现设备轻松对接

愉悦家纺印染数据信息管控平台向客户提供了统一的全局设备管理界面，主要包含以下 4 个功能。

一是向用户提供设备全生命周期管理维护功能，包括控制设备上线、下线、状态监控、运行轨迹、单个设备运营状态等内容，对设备运行到报废的整个生命周期提供管理和服务。

二是允许客户充分获取设备属性和运行信息，包括设备档案、状态、告警、内存占用率、应用程序编程接口调用次数等信息，通过大数据技术分析挖掘其价值。

三是向客户提供可编辑的全局设备看板，客户能够通过该看板清晰地获取设备运行状态的图表化分析报告，包括上线率、告警、应用程序编程接口调用峰值等，协助客户开展技术分析与市场分析。

四是向客户提供可视化的应用程序编程接口调用报表统计信息。客户可以清晰地获取任一应用程序编程接口在历史时刻的用量信息，利用数据进行存量经营分析。

本项目的实施为山东省乃至全国家纺行业提供了示范案例。本项目降低了民营企业的试错成本，通过智能化改造推动纺织业绿色健康发展。同时，随着产量的提升和成本的降低，更多的人可以享受到家纺科技带来的幸福感。

工业智能化——5G 多智能系统助推水泥生产

参与企业： 中国联合网络通信有限公司陕西省分公司、陕西声威建材集团有限公司

技术特点： 本项目针对矿料运输实现了智能控制、自动纠偏、AI异常监控、风险智能分析和分级告警等功能，保证生产线正常生产、设备和人员的安全，保证矿料输送智能化监管和精细化生产，达到提质、增效、节能、降耗的目的。

应用成效： 陕西声威建材集团有限公司的5G工厂依托5G技术，建设了5G专网，共打造了6个5G应用场景（5G+智能点巡检系统管理服务、5G+预测性维护系统管理服务、5G+设备台账系统管理服务、5G+智能润滑系统管理服务、5G+能源管理系统服务、5G+无人值守皮带数字孪生系统），实现企业内各要素、各环节、各系统、各平台的互联互通，完成企业内业务数据、管理数据、运营数据、生产数据的动态交互。

我国是水泥大国，受益于经济高速增长，水泥产能迅速跃居世界第一，技术和装备制造水平跃居国际一流。但长期粗放式发展模式带来了结构性产能过剩的顽疾，目前我国水泥行业存在集中度偏低、企业规模偏小、局部区域产能过剩、科技含量低、能耗高等问题。

陕西声威建材集团有限公司（以下简称声威建材）5G 工厂项目于 2019 年 9 月开工建设，2020 年 6 月底完全交付。声威建材联合中国联合网络通信有限公司陕西省分公司（以下简称陕西联通），依托 5G 技术，结合厂区信息化现状，建设了 5G 专网，共打造了 6 个 5G 应用场景，并通过应用 5G+智能运维平台，整合智能点巡检系统、预测性维护系统、设备台账系统、智能润滑系统、能源管理系统、无人值守皮带数字孪生系统，以提高水泥厂的设备、生产、能源智能化管理水平。5G+智能运维平台如图 1 所示。

图1　5G+智能运维平台

采用先进的设备故障诊断技术，开发设备全生命周期管理系统

5G+智能运维平台以水泥制造过程中磨机、窑炉、风机等关键主机设备为主要研究对象，实现设备状态数据的采集、处理、存储及展示，通过研究现代智能诊断技术中的模糊数学、神经网络和专家系统等技术，结合水泥制造过程中的关键主机设备的运行情况，对故障类型、产生机理、表现特征及故障防治方法进行研究分析，实现关键主机设备的状态监测与故障诊断，降低设备故障率。声威建材开发设备全生命周期管理系统，实现设备从进厂的档案到设备运行的维修维护及设备的报废封存等全生命周期的规范管理，依据设备的不同状态，采取计划检修、预测性维护等不同策略，结合备品备件库存管理，对设备的维修维护过程进行全面管理，控制备品备件的合理库存，减少

图2　5G+智能运维平台的诊断结果

单位产量的备件成本。5G+智能运维平台的诊断结果如图2所示。

设计和开发设备异常报警功能

5G+智能运维平台设计和开发了设备异常报警功能，并进行了广泛的兼容性测试和技术验证；通过实时采集现场传感器数据，实现设备运行参数图形化查询、参数趋势查询回放、动态报警、停机统计等功能，提升设备运行的可追溯性。

完善的设备状态在线监控功能

5G+智能运维平台提供简单明了的设备监控报警信息，可根据后台设置的阈值进行智能提醒，提供具体的信息分析和历史趋势查询功能，提高设备巡检结果的处理效率，同时便于管理者做出决策。

🕸 基于 B/S 架构的 Web 组态的设备监控画面

企业管理者可以在 Web 页面查看主要设备的运转情况，还可查看主要设备的历史运行轨迹及设备异常报警，有效提高企业管理能力。技术人员可以根据工厂的实际情况自行配置和修改 Web 组态画面，使整个系统更加具有灵活性和自主性。

🕸 水泥制造全流程工业大数据平台

针对水泥制造生产过程中数据量巨大，不同数据之间相互影响、耦合性强的特点，本项目研究大数据分析技术，从中选择适用于水泥制造的分析技术，构建多维度的智能数据分析平台，同时研究数据存储和数据压缩技术，进而开发工业大数据平台，实现异构数据的长周期存储、统一管理和多维度的智能数据分析应用。

🕸 5G+无人值守皮带数字孪生系统

本项目实现首次将工业的 OT 数据（例如传感器参数、电机参数、皮带运行参数）和传统的 IT 数据，以及通信的 CT 数据统一起来，使其具备工业数据标准化基础，由电信运营商向各类系统统一授时；首次采用多频谱偏振光+红外智能算法摄像头，在肉眼不可见或模糊的恶劣环境下，工作人员清晰可见现场画面；率先采用时空图像拼接技术，代替了机器人巡检，降低了成本，将复杂的工业控制和 AI 形成闭环。

在工业自动化水平不断提高的今天，设备智能在线管理系统的建立是大势所趋，同时也是一项保障企业生产设备能够正常运转的智能管理系统，它的应用能够使员工及时发现设备隐患，延长设备的使用寿命，同时也是企业实现信息化管理的途径，能够在真正意义上实现实时通信，为企业生产运行提供有力的保障。根据水泥厂生产的特点，本项目将智能点巡检系统、预测性维护系统、设备台账系统、智能润滑系统、调能源管理系统、无人值守皮带数字孪生系统都整合到统一的 5G+智能运维平台上，是全面走向智能化、迈出水泥行业信息化管理的第一步。

基于 5G+MEC 在服装智能车间的融合应用

参与企业： 中国联合网络通信有限公司江苏省分公司、中讯邮电咨询设计院有限公司、无锡市红豆男装有限公司、江苏红豆工业互联网有限公司

技术特点： 5G专网部署以"按需建网"为原则，本项目基于智能工厂的业务需求和场景特点，实现了根据场景特点匹配适合的室内覆盖方案，在个性化定制、智能化生产、网络化协同和数字化改造方面实现突破。

应用成效： 本项目打造了全国首个面向个性化定制的5G柔性生产车间，带动服装产业上下游企业的转型发展。

本项目依托物联网、大数据、云计算、人工智能、虚拟现实等新一代信息技术，重点打造贯通于服装产品制造链全过程的 24 个 5G 应用场景，实现全自动裁床、智能吊挂系统、全自动铺布台、全自动模板机、AGV 机器人、智能压烫机、智能终端显示、互联网数据中心数字机房等设备 5G 联网的全连接工厂架构，并接入智能研发设计系统、智能生产执行系统、大数据分析系统、企业资源管理系统等系统平台，设备数据上传到工业互联网，推进质量管理、设备检测和数据采集等工业互联网的全面应用，从而实现 5G 物联设备自动化库位存储、自动化送布、分床优化排产、目视化电子看板管理、模组化专业生产、AGV 自动送料、生产平衡动态调整、数字化工艺指导、数字化质检。

5G+自动裁剪机：真正实现机器取代人

自动裁剪机是配合柔性化生产的重要服装裁剪设备，具有裁剪与准备工作同时进行、无线续料的特点。在每个裁剪周期前，数据中心会根据作业单指令，将裁剪报告通过 5G 网络实时地推送至裁床；裁剪设备在裁剪过程中会自动采集裁床上的数据，并将数据加工整理成标准的裁剪数据，通过 5G 网络将裁剪数据传送至数据中心。在传统非 5G 网络的环境下，时延无法满足场景需求，对裁床的裁剪数据也

无法做到实时标定，引入 5G 网络以后，端到端时延下降至 20ms 以内，大幅提高了裁床数据的自动采集效率，真正实现了机器取代人。

5G+AGV：提高工作效率

AGV 物流在车间作业中可节省货物的搬运时间，提高工作效率。数据中心通过 5G 网络提交传输任务，通过裁剪、缝制计划进行有序生产。自动化操作将减少人为的误操作，加强计划生产的控制力度，实现物与人的无线连接，向机器取代人的生产模式转变。通过加装 5G 网关模组，解决了原来使用 Wi-Fi 切换的痛点，AGV 能在大面积的厂区内自由穿梭。加装 5G 网关模组确保了 AGV 连接的稳定性，时延更低，反馈控制更加敏捷可靠。

5G+BI 智能辅助决策系统：实现大数据分析

商业智能（Business Intelligence，BI）软件可以从大量的数据中提取信息与知识，帮助车间更好地利用数据提高决策质量。本项目运用 5G 网络可以在不同业务系统中提取有用的数据进行整合，在确保数据正确性的同时，进行数据分析和处理，利用合适的查询和分析工具实时、准确地为企业提供报表并实现大数据分析，为企业提供敏捷的决策能力。同时，本项目通过 5G 网络对接系统实现边生产边决策的柔性化生产的目的，实现精细化管理、敏捷化制造，满足市场个性化定制的需求。

5G+量体仓：实现定制化服务

量体仓将 5G 技术与服装领域先进的制版技术和测量技术融合，建立数字化设计与虚拟仿真系统，发展个性化设计、用户参与设计、交互设计、产品个性化重组。基于 5G 大带宽、低时延的特性，量体仓利用红外线激光对着装人体进行全方位扫描，通过 5G 工业智能网关将采集数据上传至 MEC 边缘云，通过 MEC 边缘云的智能算法进行点云数据标定和融合，实现人体模型的三维逆向建模，从而获取人体的净体数据，实现一人一版的定制化服务。

5G+智能筛选：快速筛选，灵活调整

智能筛选系统是服装工业中的一项高科技自动化系统，在吊挂运作过程中，特别是订单调整时，通过 5G 网络对吊挂衣架进行精准控制，筛选订单、款式、时间等，还可以实现分级控制、多次筛选、秒级控制。5G+MEC 与服装吊挂筛选流水线的结合，具有自适应能力，能够根据作业数据实现毫秒级反应，实现快速智能筛选，促使整个业务流程的灵活制造与自动化控制。

基于 5G+MEC 的汽车智能制造融合应用

参与企业： 中国联合网络通信有限公司广州市分公司、中国联合网络通信有限公司广东省分公司、广汽本田汽车有限公司

技术特点： 本项目基于5G+MEC专网模式提供全栈优质的ICT融合服务，独有"小循环"本地5G UPF CT调用（Mp2接口）能力，为应用提供边缘算力，实现云、网、业三位一体的全场景连接服务，支持不同终端的固移融合。

应用成效： 广汽本田汽车有限公司致力于生产制造全方位数字化、智能化转型升级并与5G深度绑定、融合，探索"5G+工业互联网"场景，攻克工业现场5G网络高要求的难题。本项目整体投资后能为广汽本田生产经营每年节省574.29万元。

本项目整体架构终端层支持工业机器人、AGV、PLC、PDA 等多样化的 5G 生态终端，以 5G+MEC 专网和专网自服务平台为 CT 底座，贯通工业互联网平台、大数据平台、SaaS 平台、工业 AI 平台四大 IT 平台，支持数据采集、汽车零部件 AI 识别收货、"无人超市"仓储自动化、加工刀具及主传系统预测性维护等多项应用，打造工艺管理数字化、生产管控可视化、生产运营智能化的智能工厂。

"5G+MEC 云、网、边、端、业"一体化服务

随着 5G 商用的推进，以及"5G+智能制造"的深度融合，越来越多的新应用对网络时延、带宽和安全性提出了更高的要求。MEC 是应对"海量数据、超低时延、数据安全"发展要求的关键。广汽本田汽车有限公司（以下简称广汽本田）将 MEC 边缘云作为发展"5G+智能制造"高价值业务的重要战略，充分发挥 5G+MEC 的价值，以 CT 的连接能力和 IT 的计算能力为切入点，提供丰富、低时延的边缘应用，提升"云、网、边、端、业"一体化的 5G+MEC 服务能力，为广汽本田整车装备制造提供真正具备价值的应用和能力。"5G+MEC 云、网、边、端、业"一体化服务能力如图 1 所示。

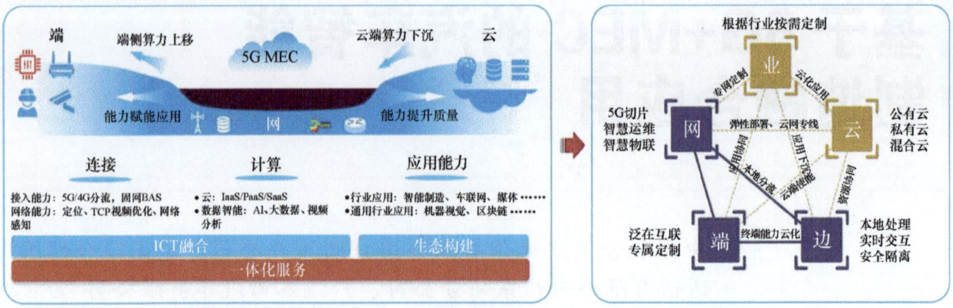

图 1 "5G+MEC 云、网、边、端、业" 一体化服务能力

MEC 平台是网络与业务融合的桥梁，是应对 5G 大带宽、低时延、本地化垂直行业应用的关键。广汽本田将 MEC 边缘云作为实现 CT+IT+OT 融合的锚点，基于边缘云平台结合网络连接的控制与管理能力，融合 CT 能力和云 IT 能力，向应用能力和创新产品渗透。广汽本田的专网类型为 5G+MEC 混合专网，保障广汽本田黄埔厂区内的敏感数据不出园区，对数据进行单独隔离，实现本地云化存储、传输和计算。

🌐 5G+MEC 多样化的应用场景

5G+MEC 专网。本项目整体以 5G+MEC 专网与专网自服务平台为 CT 底座，实现高性能 UPF 及边缘算力下沉至广汽本田黄埔厂区。

5G+AI 汽车零部件收货。基于 5G+MEC 专网底座，收货员手持 PDA 拍摄零部件图片进行智能识别，借助 5G+AI，零部件识别准确率提升至 99%。

5G+AGV 仓储自动化。基于 5G+MEC 专网底座，本项目利用 5 台堆垛 AGV 和 15 台举升 AGV 实现自动分拣、自动配送、自动搬运，提升了仓储效率。

5G+AGV PO1 科仪表台物流自动化。基于 5G+MEC 专网底座，本项目将 PO1 科仪表台生产工序中的注塑成型、真空成型及无缝加工工序间的物流通过 9 台 AGV 实现自动化。

5G+IoT 关键设备数据采集及可视化。基于 5G+MEC 专网底座，本项目实现关键设备数据采集及可视化应用。采集 PLC、设备控制器等的数据后，经 5G 网关进行数据映射等处理，实现关键设备报警管理、预防性维护等功能，打造汽车制造行业的关键设备数据采集和可视化应用示范。

5G+IoT 加工刀具及主传系统预测性维护。基于 5G+MEC 专网底座，振动传感器、功率传感器通过 5G 网关采集振动、功率、工件信息，开发加工刀具及主传系统预测性维护系统，集成加工刀具状态图监测分析、机床进给轴状态分析、生产过程数据可视化等智能化应用，从而在应用层实现异常报警、预测性维护等功能。

5G+IoT 生产线动设备健康管理及预测性维护。基于 5G+MEC 专网底座，本项目对动设备加装振动传感器、温度传感器进行数据采集，通过 5G 网关将数据传送到 IoT 平台，在系统应用层进行波形数据分析、指标趋势分析、频谱分析等，根据智能诊断模型、报警规则等完成故障处理，实现异常预测性维护。

5G+物联网能源电房数据采集。基于 5G+MEC 专网底座，本项目实现对广汽本田黄埔厂区及开发区工厂共 14 处电房数据的采集，实现能耗精细化管理。

🌐 实现良好的经济效益

本项目整体投资后能为广汽本田生产运营每年节省 574.29 万元。

5G+MEC 混合专网项目。该项目投资后，实现广汽本田黄埔厂区专网流量本地分流，不再占用大网的传输资源，从而节省了专线费用。

5G+AI 汽车零部件收货项目。该项目试作新车型规格管理表每年可节省 1.36 万元，减少收货异常导致的停链所造成的加班损失，每年为广汽本田黄埔厂区节省加班成本 16.6 万元。5G+AI 汽车零部件收货项目投资后，每年收益共 31.36 万元。

5G+AGV 仓储自动化项目。5G+AGV 仓储自动化项目投资后，削减第三方作业人员 18 人，每年减少劳务费用 180 万元，每年新增 AGV 维护费 20.75 万元，实际每年减少支出 159.25 万元。

5G+AGV PO1 科仪表台物流自动化项目。5G+AGV PO1 科仪表台物流自动化项目投资后，削减第三方作业人员 6 人，每年减少劳务费用 72 万元，减少台车每年维护费 0.72 万元，每年新增 AGV 维护费 1 万元，实际每年减少支出 71.72 万元。

5G+IoT 关键设备、加工刀具、动设备数据采集及预测性维护。工业互联网平台项目投资后，每年减少设备维修费、生产加班工时费、生产品质报废费、能源费共计 105.96 万元。

服务器设备更新项目。服务器设备更新项目投资后，能实现服务器全年不宕机。若服务器发生一次宕机，则需要一天时间才能恢复生产，一条生产线损失 170 万元，故每年至少可节省宕机导致的损失 170 万元。

江南造船 5G 智慧船厂

((•)) **参与企业：** 中国联合网络通信有限公司上海市分公司

技术特点： 5G超强性能可用来解决船舶总装企业多样化应用场景下差异化性能指标带来的挑战，本项目从船舶总装企业的主要应用场景、业务需求及挑战出发，可归纳出高速率、低时延、高可靠、大连接、低功耗、云边协同、网络切片等5G主要技术场景。

应用成效： 基于5G专网，江南造船5G工厂项目已落地的应用有：供应链协同云平台应用、5G+智能安全帽应用、高空作业车联网管理应用、5G+钢结构精度测量应用、5G+AI钢板麻点检测应用、5G+AR远程船检应用、5G自组网+卫星通信应用、环保监测平台+5G全连接平台应用。

中国联合网络通信有限公司上海市分公司（以下简称上海联通）在稳固传统网络、全速建设 5G 网络的同时，大力拓展以物联网、大数据、云计算、人工智能为代表的新兴领域创新能力，在网络强国、制造强国与深化"互联网+先进制造业"发展工业互联网的战略指引下，上海联通积极响应信息化与工业化深度融合的号召，面向制造业数字化、网络化与智能化升级的广阔市场需求，依托网络、平台方面的优势，推出面向工业企业的工业感知终端、泛在网络连接、边缘计算、云平台等多种工业场景应用的智能制造产品和解决方案，助力传统制造业企业开展数字化转型，迈入个性化定制、网络化协同、智能化制造、服务化延伸的新时代。

◉ 智慧船厂项目的发展

我国正逐步成为造船强国与海洋强国，但我国海洋工程与高技术船舶制造业的整体制造工艺技术水平和生产作业管理模式仍相对滞后，迫切需要以信息技术和制造业深度融合为重要特征的新科技革命和产业变革来推动船舶制造业生产方式的转变。

5G 是新一代移动通信系统，5G 与工业融合后，逐步成为支撑工业生产的基础设施。5G 与工业生产中既有的研发设计系统、生产控制系统及服务管理系统等结合，可以全面推动 5G 垂直行业的研发设计、生产制造、管理服务等生产流程的深刻变革，实现制造业向智能化、服务化、高端化转型。工业企业率先引入 5G，建立高效的 5G 网络，实现设备数据与工业应用的无线互联。

聚合先进技术将对船舶 / 海洋制造行业实现信息化和智能化具有重要意义，也是实现网络强国与制造强国的关键驱动力。

智慧船厂项目的应用场景

供应链协同云平台应用。该平台创建了基于三维模型的供应链协同管理新模式，深化与船舶行业上下游配套厂商的协作关系，已有国内外 500 余家配套供应商注册，上传三维模型 1300 个，配套厂商累计上传设备模型、技术资料千余个。船舶行业供应链协同云平台供应商直接参与建模，模型线上交付，统一管理。供应链协同云平台如图 1 所示。

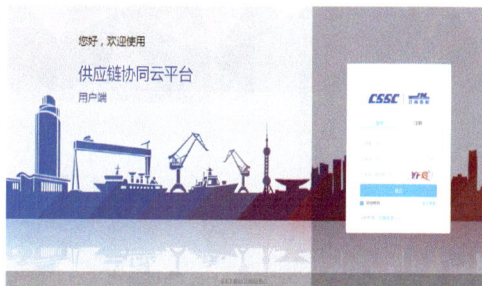

图 1 供应链协同云平台

5G+智能安全帽应用。船舶工程的施工环境差，各工种交叉作业情况复杂，特殊场景下施工人员需要在密闭的舱室中工作，发生问题时难以通信或无人知晓。本项目的智能安全帽集成了北斗卫星导航系统、ZigBee 定位、4G/5G 模组、视频交互、通话对讲、SOS 告警等诸多功能，利用配套的平台可实时监控施工人员的施工情况。该应用已于 2021 年交付给江南造船厂。智能安全帽的高精度定位、群组对讲、主动告警等功能，提高了生产班组的工作效率，同时也保障了施工人员的安全，得到广泛的好评。

高空作业车联网管理应用。船舶总装企业工程资源紧张，车辆设备没有配置监控，管理粗放，造成资源分配不均衡，车辆维保不及时，时常发生因没有登高车而等待的情况。车辆管理部门通过高空作业车联网管理应用监控到的数据，可以为生产部门合理配置车辆资源，使车辆使用率提高到 85%，每年可少租赁 4 ～ 6 辆车，节省租赁费用约 50 万元。

5G+钢结构精度测量应用。 船用大型钢结构尺寸大、范围广，其装配精度的检测耗时较长，且精度检测期间需要停工，等待检测结果。上海联通将检测过程简化为单人手持相机移动拍摄，配合磁性靶点工装，检测平直钢板、小组片体的平面及立体尺寸坐标，并使用 5G 网络进行在线测量及数据传输，即时输出检测结果，指导后续流程，大幅提升工作效率。

5G+AI 钢板麻点检测应用。 船用钢板存储时间过长容易被腐蚀，经过预处理工序后，钢板表面杂质会脱落形成麻点板，影响产品质量。上海联通在辊道上下加装视觉系统，可以快速检验钢板表面麻点情况，并实时反馈钢板质量评级。该检测系统的精度完全满足钢板麻点深度评价模型的要求，检出率可达 98% 以上，避免麻点板流入后续工序。同时，每张钢板的数字化模型将被永久保存，用于钢板质量评级及供应商的综合评定。钢板数字化模型如图 2 所示。

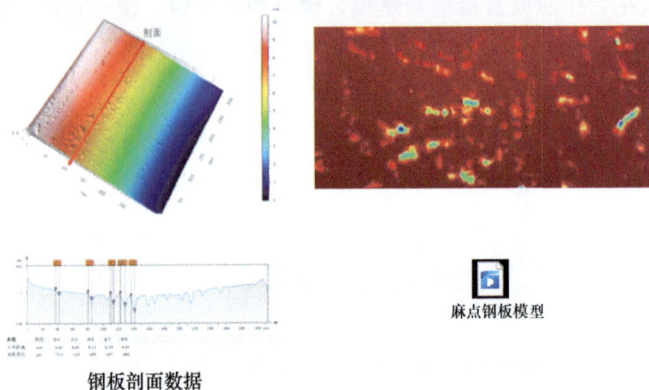

钢板剖面数据   麻点钢板模型

图 2　钢板数字化模型

5G+AR 远程船检应用。 当需要部分专家、外籍船检员和技术人员远程对生产现场遇到的设备问题、技术问题进行线上指导及品质验收时，上海联通利用"云+网+X"的能力，提供"一站式"AR 远程船检方案，有效解决了远程船检问题。

5G 自组网+卫星通信应用。 为了保障船舶在试航过程中顺利地完成每一项调试，出海工作人员及时与船东、船检员和服务商沟通，上海联通为江南造船厂提供了"一揽子"卫星通信服务，更是首创通过船舶 5G 自组网的方式，在船舶上安装了 4 个自组网节点，让驾驶室的信号能够延伸到下层舱室。各个自组网节点间通过无线方式连接，可释放 Wi-Fi 信号，满足了试航船舶出海工作人员的终端接入及通信需求，他们在工作之余还可以通过卫星网络与家人取得联系并能满足基本的视频娱乐需求。

环境监测平台+5G 全连接平台应用。江南造船厂二区切割车间部署了 6 类共 12 个传感器，分布在 5 个点位，可以检测车间内的粉尘、噪声、可燃气等环境信息，并在车间内部显示当前数值，实现车间跨工作区内的环境全感知。江南造船厂厂房环境监测平台如图 3 所示。

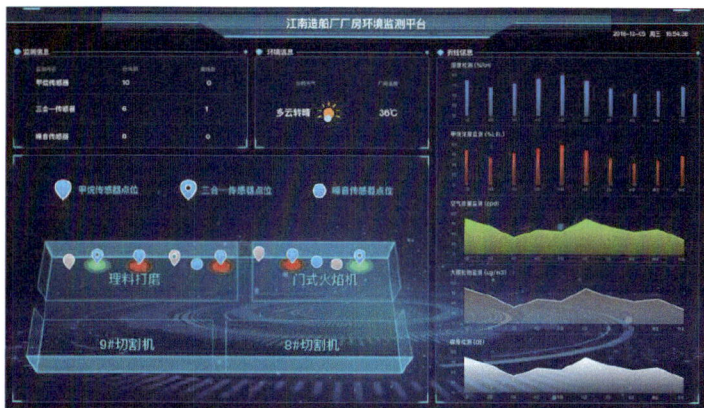

图 3　江南造船厂厂房环境监测平台

应用效果与推广前景

在数字化车间的基础上，上海联通利用 5G 和设备监控技术加强信息管理和提升服务，江南造船厂可以清楚地掌握整个生产线的产销流程，提高生产过程的可控性，减少生产线上人工的干预，及时正确地采集生产线数据，同时合理编排生产计划与生产进度。本项目旨在构建高效节能、绿色环保、环境舒适的人性化智慧车间，智慧车间以实现数字工厂为前提。数字工厂以产品生命周期的相关数据为基础，在计算机虚拟环境中，对整个生产过程进行仿真、评估和优化，并进一步扩展到整个产品生命周期，在虚拟环境下将生产制造过程压缩和提前，使之得以被评估与检验，从而提高产品的可靠性与成功率。

上海联通从环境监测平台切入，打造新型的工业互联网应用平台、基于 5G 的工业互联网全连接平台，满足船舶总装企业的基本信息化需求，同时融合物联网、边缘云等新兴技术，承载各类 5G 创新应用。未来，上海联通还将聚焦船舶制造流程中的断点、痛点，关注企业的研发设计生产管理体系，利用 5G 虚拟专网和创新技术，打造行业变革性技术与生产方式，赋能行业企业生产技术的革新。

长城精工自动化 5G-A 黑灯工厂

参与企业： 中国联合网络通信有限公司保定市分公司、华为技术有限公司、精诚工科汽车系统有限公司保定自动化技术分公司

技术特点： 本项目旨在研究、开发、验证5G-A超可靠低时延通信（uRLLC）技术在工业制造领域生产线级OT层的应用，5G-A概念的提出在国内属于首次，5G-A具备低时延、高可靠性，如果能在工业OT层应用，将给当代工业领域网络结构带来颠覆性变化，也将使能更多的工业应用场景，开拓"5G+工业互联网"的市场。

应用成效： 本项目应用了首批5G-A化OT设备，同时也支持工业协议软件的国产化创新，未来将形成5G-A+OT的新生态圈。

《"十四五"智能制造发展规划》明确提出开展智能制造技术攻关行动、行业智能化改造升级行动。汽车工业是国民经济重要的支柱产业，被称为工业文明"皇冠上的明珠"，自动化程度高，生产线对通信要求苛刻。当前我国处在汽车工业转型的关键时期，汽车的高度个性化制造和高度互联网化对通信的要求高。同时，2021—2025年是汽车"新建生产线"高峰期，亟须加快基于"5G+工业互联网"的数字化转型步伐，全面提升研发设计、生产制造等环节的数字化水平。5G/5G-A在汽车工业领域的创新和实践，对国家智能制造的升级具有深远意义。

中国联通与国内多家车企合作，在几十个车厂进行5G+汽车制造实践，对汽车制造需求具有深刻的认识。

🔵 工业产业转型中遇到的挑战

当前，以汽车制造为代表的工业制造产业在向智能化转型的过程中遇到以下挑战。

现有的OT层现场网络以有线网络为主，无法满足智能化升级过程中的柔性要求，并且IT层和OT层是两张网，OT层内实时控制业务和非实时业务割裂。

OT 层的现场网络包括 PLC 及南向控制的 I/O 设备等，大部分节点要求 1~4ms 通信周期，单节点可靠性要求达到 99.999%~99.9999%。

面对挑战，中国联通积极践行"数字技术融合创新排头兵"担当，率先倡导"5G-A uRLLC+汽车制造 OT 现场网络"产业联创，创新探索"5G-A 替代 PLC 南向工业总线"。中国联通与华为技术有限公司在精诚工科汽车系统有限公司保定自动化技术分公司搭建了 5G-A uRLLC 样机，部署了主控 PLC、伺服控制器、机械臂、焊钳、滑台、升降台等设备，组成焊装试制生产线。5G-A uRLLC 样机与 PLC、I/O 设备等对接，成功适配 PLC 南向实时业务，能够满足智能制造现场实时控制指令的通信需求，实现汽车制造工业设备全自动化运转。

5G-A uRLLC 对汽车制造生产线柔性提升的价值

本次试点初步验证了 5G-A uRLLC 对汽车制造生产线柔性提升的价值，具体价值如下所述。

汽车车型通常一年一小改，三年一大改，带来生产线调整且相关设备重新拆装、有线组网调测周期长，而本项目采用 5G/5G-A 技术则不需要大幅调整网络，缩短了调测周期，使产品快速上线。

随行夹具、焊钳等移动设备摆脱有线束缚后，能够在传输过程中被全程监管，既解决了脱离工作状态时无法监控的难题，也避免了重新对接带来的通信恢复时间损耗。

随性夹具、焊钳等工具的工业以太网线缠绕在机械臂，机械臂 360° 旋转会导致线损，进而导致宕机，而采用 5G-A 可避免线损，减少宕机事件的发生概率。

机械臂上加装高清视频摄像头，可实现自动识别抓取零部件，而现有工业总线带宽不足以支撑视频信号的传输。

中国联通倡导的"5G-A uRLLC+汽车制造 OT 现场网络"产业联创孵化的能力将用于能源、装备制造、石油石化、纺织、印刷等多个领域的核心生产环节，为工业智能化升级带来变革。本次试点将打破目前分层垂直化管理的企业内网架构，实现扁平化的全连接工厂，降低组网复杂度，减少数据传输的层级，提升数据传输的效率，实现生产线生产工艺的柔性化，助力企业实现定制化、规模化生产，并且一张 5G-A 网络可同时支持实时业务和非实时业务，减少企业的投资。

郑煤机 5G 智能制造，引领煤矿机械产业升级

参与企业： 中国联合网络通信有限公司郑州市分公司、郑州煤矿机械集团股份有限公司、中国联合网络通信有限公司河南省分公司、联通数字科技有限公司、中讯邮电咨询设计院有限公司、华为技术有限公司

技术特点： 基于5G专网赋能煤机的生产和运营环节，本项目构建了从工厂车间智慧化生产到煤矿综采面智能化作业的全流程场景应用，打造了 1 个煤机智能指挥中心、N个工厂智慧应用和 1 个智能煤矿综采工作面。

应用成效： 中国联通在郑煤机园区内部部署专供MEC及DNN隔离业务，助力郑煤机智慧园区、智慧工厂、智慧矿山的网络化、数字化升级。

中国联合网络通信有限公司郑州市分公司和郑州煤矿机械集团股份有限公司（以下简称郑煤机）为解决智能化发展历程中面临的瓶颈问题，2020 年与中国联合网络通信有限公司河南省分公司（以下简称河南联通）成立 5G 创新实验室，共同探索 5G 在煤机行业的深度应用，分别签订 5G 智慧园区和智慧工厂商业合同。

🌐 郑煤机应对数字化转型的解决方案

郑煤机数字工厂搭建了 5G 内网，通过边缘云、工业控制系统对接各种 PLC、仪器仪表、机床、摄像头、传感器，以及 AGV 等要素的数据实施采集、上传及分析，完成对车间生产设备的透明化安全管理；实现车间设备的远程控制、重型 AGV 智能调度、AR 远程维修指导、工业 AI 视觉监测功能，使作业流程更加精准、减少工人的工作量、减少事故的发生。

解决方案一：5G+无线工业控制网络。 电焊机是煤矿机械制造的关键设备，平均每天不间断工作 20 小时，需要实时上传电流、电压等数据。中国联通智网创新中心自研产品先锋者 2 号可以使电焊机高速率、低时延地上传数据。

郑煤机厂区内的电焊机原来使用工业以太网传输数据，现在被改造为使用 5G 传输，同样满足大带宽和低时延的需求，同时满足电焊机灵活移动部署需求，使车间更整洁，维护成本更低。

解决方案二：AGV 远程控制。 人工智能应用于工业生产首先必须依托无线通信技术，以往一般使用 Wi-Fi 来传输 AGV 运行信息，但是 Wi-Fi 的覆盖范围有限，接入点（Access Point，AP）数量多，系统出现故障的概率大；安装要求高，维护难；扩展性不好（柔性不够）；特别是当 AGV 在频点切换区域运行时，丢包率大。

为了实现 AGV 远程控制，郑煤机车间内部部署 5G 室分基站，信号覆盖厂区内部，每台 AGV 配置一个 5G 网关，AGV 监控调度系统配备工业适配网关设备。5G 工业网关用于数据传输，与 5G 室分基站通信，5G 室分基站与 MEC 连接，工业适配网关设备通过 MEC 分流与中心机房交换机连接。基于 5G 网络与工业适配网关设备，实现 AGV 的远程控制和无人化控制，AGV 运行及控制敏感数据本地化，MEC 分流处理，以及 AGV 设备状态监测和管控，取代原有的工业 AP 传输方式，提升无线信号的稳定性，满足控制低时延的要求。

解决方案三： 5G+视觉检测。视频信息回传点位主要分布于天车和密闭车间。视频信号在经过 MEC 或 UPF 服务器本地下沉之后传入存储阵列。5G+视觉检测系统架构示意如图 1 所示。

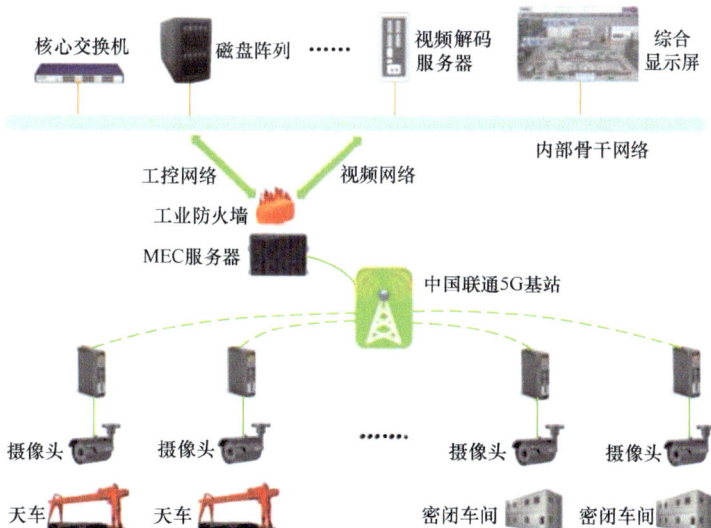

图 1　5G+视觉检测系统架构示意

5G 增强型移动宽带（enhanced Mobile BroadBand，eMBB）大于 100Mbit/s，

适用于 3D/ 超高清视频等大流量移动宽带业务，可以完美地解决视频回传过程中的卡顿问题。综合显示大屏接入天车和厂区密闭车间内的摄像机，以多宫格的形式呈现，也可以进行视频内容的回放、抓图等。

解决方案四：设备远程操控。为实现设备远程控制，工厂设备通过工业网关接入工业内网，控制人员通过控制终端接入工业内网，远程控制操作设备。郑煤机厂区采用数字孪生技术，实时收集设备的运转情况并在操作平台上进行汇总分析，形成视频及分析报告，方便控制人员全面地掌握井下作业的情况。

远程控制期间，设备数据的分析及上传均使用厂区内的 MEC 设备，实现数据不经电信运营商的远程直传，大幅提升数据传输的速率，保证数据传输的安全性。

综采工作面是现代化煤矿生产的主要环节，是煤矿生产中设备最多、环境最恶劣、工作最复杂的部分。郑煤机结合河南联通打造 5G+智能综采平台，实现了井上对井下综采面的"三机"（刮板运输机、运输机、液压支架）设备的超远距离联动。

5G+智能综采平台助力煤炭企业节能增效，推动建设节约型社会；通过对矿山井下、设备工厂等环境参数的全面感知和 AI 视频监控，可以一屏掌握矿山整体的安全状况，减少安全灾害发生的概率；煤机设备智能化可减少对现场人工的需求，缓解"用工荒"的状况。

打造本溪工具专精特新 5G 智慧工厂标杆，助力东北工业振兴

参与企业： 中兴通讯股份有限公司、本溪工具股份有限公司、中国移动通信集团辽宁有限公司本溪分公司

技术特点： 本溪工具股份有限公司为中国移动通信集团辽宁有限公司本溪分公司建设了2.6Gbit/s+4.9Gbit/s双模4×4 MIMO有源室分基站覆盖的车间5G网络，提供精确充足的业务支持能力，实测应用并发速率可达到256Mbit/s，处于类似体量企业部署的5G园区专网的领先水平。

应用成效： 本智慧工厂解决方案是一种通用型解决方案，MEC服务器下沉是未来智慧工厂的发展趋势，其提供的低时延、高可靠与工业控制要求极为契合。工业网关辅助数据回传部分，将数据回传时延有效压缩在50ms以内，同时兼具数据准确性；MEC服务器可针对核心数据层替代原有"云"模式的存储方式，让数据更安全，同时也为智能搬运系统及视觉检测系统提供了网络能力支撑。

5G+工业互联网建设智慧工业园区

自 2015 年起，本溪工具股份有限公司（以下简称本溪工具厂）逐步推进企业数字化、自动化和智能化转型升级，先后部署了 MES、EPR 系统，并实施企业上云。2020 年，在 5G、工业互联网等相关宏观政策的指引下，本溪工具厂先后调研了中兴通讯股份有限公司南京滨江智能制造园区、常州精研科技机器视觉创新中心、青岛海尔智慧工业园区等 5G 创新示范企业，决定开展 5G+工业互联网智慧园区建设，并投入相关智能配套设备，开展自身数字化改造项目的二期工程建设，以优化现场的生产、物流、管理过程。

本溪工具厂制定了"1+N+IOC[1]"的 5G+工业互联网智慧园区规划，即建设一张

---

1. IOC（Intelligent Operations Center，智能运营中心）。

连接生产数字化要素的精品 5G 专网，落地 N 个 5G+工业互联网创新应用，打造一个企业级别的全方位数字化升级管理的智慧园区智能运营中心。

🌐 5G 企业虚拟专网赋能智慧园区

本溪工具厂 5G+工业互联网智慧园区二期工程首先建设一张 5G 企业虚拟专网，实现工业园区全覆盖，在园区部署 3 个 5G 宏站，在厂房部署室分系统，通过 5G 专网下沉 UPF 分流至园区内的新建机房和移动公有云，迁移既有应用和系统。

同时，本溪工具厂在业务层面使用 5G 工业网关与客户生产线控制系统 PLC 机柜互联并进行协议解析，实现生产线数据的全面感知；落地智能仓库管理系统和 5G 无人叉车、5G AGV 设备，实现厂区内物料周转的无人化搬运和透明化管理；部署机器视觉应用对齿条产品进行齿形检测，以提升产品品质和市场竞争力。

数字车间主要基于生产线布局和基于各类生产设备、人员、物流等信息建模，形成虚拟的生产线模型，并借助生产线数据采集方案，形成信息流，驱动虚拟的生产线模型进行生产动作的仿真和三维展示。总体部署架构如图 1 所示。

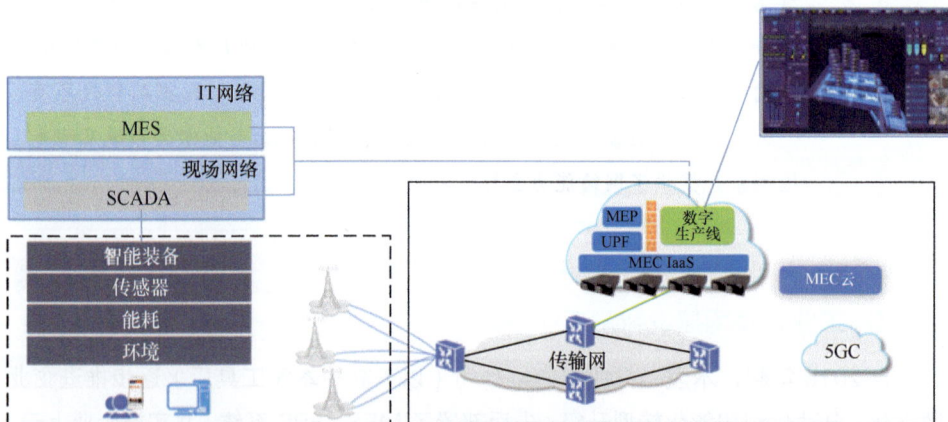

图 1　总体部署架构

本溪工具厂以 MES 为信息流汇聚层，打破原有接入设备协议标准众多且封闭的难题，以 5G 工业网关为接入终端，采集和解析 PLC、变送器等发送的数据，并能够反向控制启停、调温等开关。园区生产线数据采集如图 2 所示。

在 5G 创新业务单点落地的基础上，本溪工具厂还建立了智慧工业园区平台，做到先期部署的数字化工业 App 和 5G 行业应用的"一站式"集中纳管。

基于已落地的数字化应用和不断发展的企业数字化系统，本溪工具厂搭建了智慧园区 IOC，集成所有的智能化监测设备、物联网数据，实现工业园区的可视化运营管理。

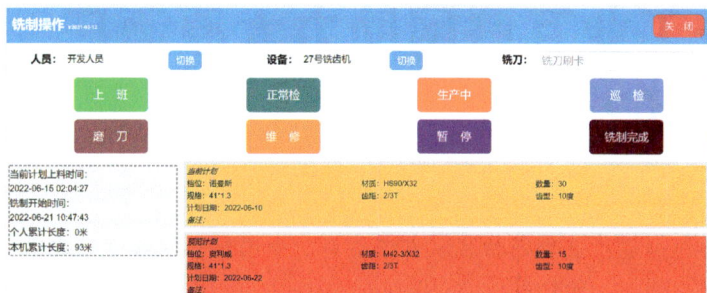

图 2 园区生产线数据采集

数字化转型红利

本溪工具厂 5G+工业互联网智慧园区项目已获得以下数字化转型带来的红利。

本项目采用的广覆盖的数据采集系统和设备监管的实时报警，以及预测性、精细化维护的手段避免了停产等问题，一线工人每人可操作 12 台设备，3 人可管理整个车间的上百台设备，搬运人力节省超 10 人，同时解决了人员闲置和安全问题。本项目优化了人员的结构，引进了高水平的人才。

本溪工具厂产品产量从信息化改造之前的年产 1000 万米到现在的年产 1500 万米；传统的物料储备人工管理通过信息化解绑，实现了实时管理，原材料采购提前期缩短 40%，停工待料时间减少 50%，交货期缩短 20%，资金占用减少 50%；外部客户质量问题反馈售后处理、问题溯源、质量排查一气呵成，不仅为产品质量提升找到了完善的闭环路径，而且提升了本溪工具厂在国际市场的产品声誉和综合竞争力，使其成为专精特新"小巨人"企业。

本溪工具厂利用 5G 加快内网改造，推动内网与外网互联互通；优化私有云，提升服务能力；建设基础数字技术平台，适应企业的业务特点和发展需求，以数据平台和业务平台的顶层设计为方针，极具"战未来"意义价值，引入智慧园区 IOC，集中体现智能园区建设成果和价值，让智慧园区变得可感、可知、可管、可控。

5G+工业互联网助力太原酒厂数字化升级

((•)) **参与企业：** 浪潮通信技术有限公司、中国联合网络通信有限公司陕西分公司

技术特点： 太原酒厂热备轻量化核心网通过与5G基站对接，与公网共享基站资源，并通过端计算网关实现5G应用场景的终端设备接入，进而打造轻量化核心网下沉式5G专网。

应用成效： 本项目利用5G+物联网+边缘计算+人工智能技术+工业互联网，将5G+质量检测、酿造上甑、智慧供应链、安全生产预警、能耗监测综合管理等与生产深度融合。太原酒厂使用5G无线网络的部署方式，直接节省了18.5千米（六类线）有线部署施工，且保证了AI质检、酿造流程的自动化、智能化。

在太原酒厂项目建设推广过程中，浪潮通信技术有限公司（以下简称浪潮）推荐采用"本地核心网为主、公网为辅"的协同架构及核心网双挂模式，这种双链路可以确保"大网断、小网不断"，支持灵活的容灾部署机制，通过"控制面本地部署"实现自主管理、自主运维的能力开放，保障酒厂专网的高可靠性。经过多轮的交流与测试，浪潮的轻量化核心网为太原酒厂提供新一代通信专网服务。

太原酒厂占地20万平方米，车间多且距离较远，安防监控、视觉AI检测等5G应用通过有线传输建设成本高，维护困难，安全性低。浪潮利用新一代通信专网大带宽、低时延、广连接等性能，适时推出浪潮5G端计算网关产品（iTGW），该产品具备计算能力，为酒厂终端提供网络接入和管理控制，较有线传输成本更低，安全性更高，可以在复杂的生产环境中组网。

针对太原酒厂实际情况，浪潮提出了5G核心网双挂方案，可灵活容灾，结合端计算网关双活热备，确保网络的高可靠、高稳定，打造5G+智慧工厂新标杆。

5G专网建设方案如下：基于多运营商核心网（Multi-Operator Core Network，

MOCN）使公网和专网互通，实现与 5G 基站互通，实现核心网双挂混合专网搭建；基于混合专网，协助应用厂商完成安防监控（1 ～ 2 台试点）、视觉检测（重点应用）、仓储管理 5G 应用，展现核心网的业务支撑能力，保持业务 24 小时不中断。

◉ 太原酒厂项目的应用场景及效果

本项目利用 5G+物联网+边缘计算+人工智能技术+工业互联网，将 5G+质量检测、酿造上甑、智慧供应链、安全生产预警、能耗监测管理、智能安防与生产深度融合。智慧酒厂酿造项目的主要功能如图 1 所示。

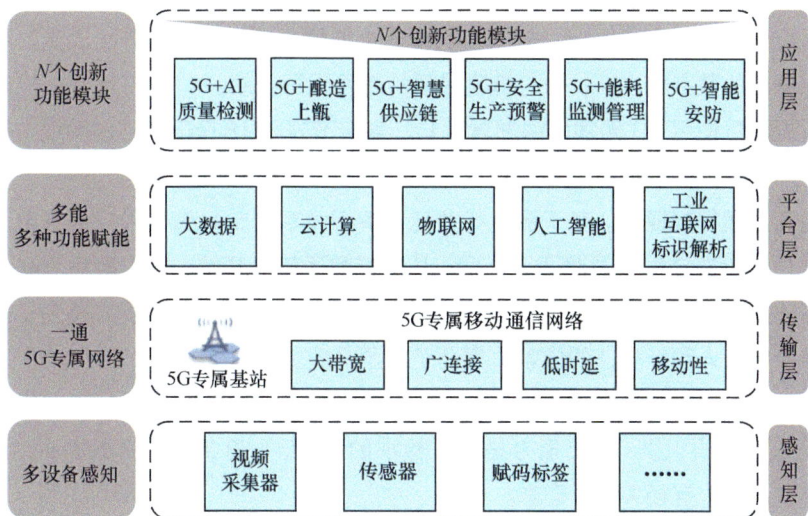

图 1　智慧酒厂酿造项目的主要功能

行业专网：本项目实现 5G 无线网络全厂区覆盖，为太原酒厂提供高速率、低时延、高可靠、海量连接的 5G 专网，实现生产数据不出厂区，太原酒厂 5G 网络与中国联通大网容灾协同，从而满足对生产数据安全性、网络可靠性的严苛要求。

5G+质量检测：本项目基于 5G 网络，使用 AI 技术实现全自动、非接触式的图像扫描在线检测透明酒瓶酒体内的异物，同时完成数据的收集，方便追溯。

酿造上甑：通过酿造上甑机器人的建设，本项目实现仿人工簸箕的智能化机器视觉上甑，从而达成酿造车间操作全自动化生产，降低劳动强度，减少用工数量，同时有助于提升优质酒的出酒率。

智慧供应链：通过标识解析，太原酒厂产业链上下游企业能够利用统一的数据格式和技术架构，实现酒品数据和信息在各要素间的无缝传递，为太原酒厂创造整合自身信息流及为上下游企业提供一条龙数据服务的条件。

安全生产预警：太原酒厂通过 5G 工业网关，利用传感器和控制开关等设备实现对车间各区域的酒精浓度、烟雾和用电安全进行预警。

能耗监测管理：太原酒厂利用 5G 无线网络和智能仪器仪表设备，检测和控制电、水、热、气等能源消耗，实现各类能源消耗的动态监控、实时数据统计和分析，以及能耗预测、分析系统故障诊断、用能预警等。

智能安防：通过视频管理平台+存储服务器+数据交换机+高清摄像机+5G 工业网关实现数据回传，本项目实现对太原酒厂安防合规内容全天候、全方位的实时监测监控，并可对太原酒厂进行更准确的监测、分析、预测、预警。

通过建设以上主要功能，本项目实现对太原酒厂的智慧生产升级改造，从而提升太原酒厂的数字化水平，为打造高品质纯粮酒保驾护航。

太原酒厂使用 5G 无线网络部署方式，直接节省了 18.5 千米（六类线）有线部署施工，并且保证了质量检测、酿造流程的自动化、智能化。

白酒品质得到提升。基于酿造行业标识解析体系的 5G+智慧供应链系统，太原酒厂对白酒酿造全生命周期进行管理，从选择酿酒粮食开始，到发酵后酒醅的上甑蒸馏操作，均通过设备数据采集管理，辅以人工智能边端计算分析，减少了传统酿造过程中对工人和经验值的依赖，提高了白酒品质。

不良品检出的准确率得到提升。基于 5G+机器视觉的质量检测，替代原有目视白板的人眼杂质识别：检出能力是人工检视的 2.8 倍～3.3 倍，检出率高达 97%，检出异物的最小直径为 0.1 毫米。

智能化程度得到提升。本项目利用 5G+智能网关+多传感器融合算法，实时规划机器人上甑路径，符合传统上甑"轻松匀薄准平、探汽上甑"的工艺要求，出酒率和一级品率优于熟练工人的操作水平，成本节约 12%。

厂区管理能力得到提升。本项目采用 5G 传输方式进行数据采集，与厂区、生产车间 160 套视频监控、消防管理系统的融合应用，24 小时不间断对厂区内烟火、温度、湿度进行监测预警，提高安防等级，切实落实太原酒厂的社会责任。

效益不断增加。本项目应用 5G+机器视觉质量检测替代大量人工，降低成本，每年可节约生产线人工成本 350 万元，节约上甑烤酒师人工成本 78 万元。

🌐 太原酒厂项目的行业前景和价值空间

酿造行业目前还处在数字化转型的过程中，通过数字化转型，结合 5G+智能网关+机器视觉质量检测技术，太原酒厂能够提升白酒品质，深入挖掘数据价值，构建智慧大脑。但数字化转型不是盲目追求新技术，而是要结合酒厂自身的状况明确转型目标及要解决的问题，把新科技与传统酿造工艺结合起来，逐步完善并形成高品质的白酒酿造生产方案，真正挖掘出新技术应用的价值，实现技术创新，为后续的车间建设和新车间规划起到有效的借鉴作用，使白酒的酿造技术更先进，推动酿造行业的快速发展。

太原酒厂作为白酒生产企业，是连接产业链上下游企业的核心。太原酒厂引进5G、大数据、云计算等新技术后，形成万吨级的生产能力，获得千万元的利税水平及亿元级的销售收入。太原酒厂自动化程度在国内同行业酿造老车间改造方面极具代表性，本项目的新技术可拓展到山西省30多家知名酿造企业，新技术与传统酿造工艺的结合使5G应用在传统酿造业上的延伸更具价值。

5G+智慧港口 &
智慧物流典型应用

数融万物 智创未来

第七部分

5G+智慧港口 &
智慧物流典型应用

　　智能化程度已成为衡量港口竞争力的重要指标。抢占"智"高点，我国各大港口紧抓数字经济发展契机，积极推动智慧港口建设，为国际贸易在港口物流环节提速增效。

　　智慧物流是指利用一系列智能化技术，使物流系统能够模仿人，具有思维、感知、学习和推理判断的能力，并能自行解决物流中的某些问题。近年来，以"互联网+物流"为特征的智慧物流建设正加速推进，铺就了产业发展的"快车道"。

全球首个 5G 数字孪生的
顺丰货运机场——鄂州花湖机场

参与企业： 中国电信股份有限公司湖北分公司、顺丰科技有限公司、中国电信股份有限公司北京研究院、民航机场规划设计研究总院有限公司、南京会鉴科技有限公司、中兴通讯股份有限公司

技术特点： 鄂州花湖机场运用建筑信息模型（Building Information Model，BIM）技术全程数字造，跑道下方埋设了5万多个光栅阵列传感器，实现机场道面全时全域感知；建立模拟仿真中心，通过智能算法建立数学模型预判客流向和货流向。本项目初步解决了物联网新型基础设施建设的关键环节和重点问题，在技术发展和融合应用中取得创新性突破，满足了行业的迫切需求，推广价值高。

应用成效： 中国电信已在鄂州花湖机场内敷设了总长150千米的光缆，建设16个室外5G基站，在转运中心、海关、综合楼、航站楼、货运站等地建设完成5G室内分布系统。中国电信独家承建了转运中心内"比邻"模式5G定制网。在中国电信5G定制网技术的支持下，鄂州花湖机场在国内率先探索大规模运用AGV进行快递自动分拣。

2022 年 7 月，一架波音 767 飞机起飞，这标志着历时 3 年建设的全亚洲和全国第一个专业性客货运双枢纽机场——鄂州花湖机场正式投入运营。从这里出发1.5小时飞行圈覆盖包括长三角城市群、珠三角城市群在内的中国五大国家级城市群，实现了货物"一日达全国、隔夜达全球"，在我国中部地区形成辐射的同时，为我国在全球快递物流市场增加了必胜砝码。5G、融合通信、大数据、云计算、人工智能等新一代信息技术的创新应用和实践，正在推动着这座全新的智慧机场蓄势腾飞，为通航后的数字化运营做足准备。

"四型"机场

本项目基于"科技赋能、数字孪生、智慧运行"的理念，建设"四型"（平安、绿色、智慧、人文）机场，全面实施"数字建造"，打造数字孪生机场。中国电信 5G 专网大带宽、低时延、广连接、高安全性的特性为鄂州花湖机场的规划设计、建设施工、验收测评、运营管理、改造升级、外联延伸等全生命周期保驾护航。

目前，鄂州花湖机场综合楼内的中国电信机房设置了 2 套 UPF，新建承载网承担 BBU 至 UPF 互通的数据流量，下沉 UPF 上连 STN[1]-B 设备用户面转发的业务数据。新增 5G 系统覆盖转运中心临时开辟的可穿戴设备及各类搬运机器人业务测试场，覆盖面积达 2000 平方米。鄂州花湖机场占地面积为 11.89 平方千米，机场区域内暂无 5G 基站覆盖。为满足机场内客户信息化应用业务需求，中国电信规划新增 16 个 5G 室外基站，全面覆盖鄂州花湖机场转运中心、停机坪等区域。

中国电信在鄂州部署的 5G 公网采用 3400MHz ～ 3500MHz 频段。本项目 5G 定制网拟使用 3300MHz ～ 3400MHz 室内专用频段进行 5G 网络覆盖，有效地避免了 5G 公网的同频干扰，保障机场专用网络的高质量及高可靠性。后期根据机场业务发展需求，可进一步扩展定制网频谱带宽，并且根据业务需要，可叠加 2.1GHz 网络覆盖，为机场提供超级上行服务。

鄂州花湖机场开创多项"第一"

全球首个全程运用 5G+数字技术打造的数字孪生机场。鄂州花湖机场是全球首个应用 BIM 进行全过程质量验评和计量计价的项目，首次打通了"数字建模—按模施工—按模质量验评—按模计量结算"的路径。每一个构件都有编码，近亿个构件在机场建成时"合模"，在建设实体机场的同时，诞生了一个与实体机场完全对应的数字孪生机场。在 BIM 业务需求的基础上，中国电信定制了 5G 云网底座，可全面承载和支持数字孪生机场的全生命周期建设运营和管理，同时也将通信网络的数字化仿真与 BIM 深度结合。

全球首个 5G+AR 智能运维业务规模商用的智慧机场。鄂州花湖机场是全球首个通过 5G+AR 智能运维等方案的应用，实现设备管理、人员管理的远程智能运维的智慧机场。通过 5G、AR 技术与运维业务系统的结合，鄂州花湖机场建立了统一、规范、层次化的运维管理流程，巡检按标准执行，实现了机场运维现场紧急情况快速实时高效精准的处理，提升了运维效率，减少了人员工作量，降低了工作强度。

---

1. STN 是指中国电信的 5G 承载网技术标准。

目前，运维业务系统已在鄂州花湖机场规模商用近 20 套。

全球首个装载航空板箱的新型 5G+AGV 产品商用。鄂州花湖机场是全球首个采用装载航空板箱的新型 5G+AGV 产品进行试点并正式商用的智慧机场，该产品的成功研发标志着 5G+AGV 产品在航空运输领域获得重大突破。该 5G+AGV 产品同时承载两个航空板箱，并在占用较少空间的情况下实现自动装 / 卸箱，车辆导航采用了先进的多传感器融合导航技术，运用了 5G、卫星导航、激光雷达、UWB、视觉识别等技术。该 5G+AGV 产品的环境感知技术可以识别人与障碍物，保证车辆行驶安全，还可以通过识别平台车实现无固定站点自动靠停功能。

全球首个实现机坪 5G+无人驾驶的大型货运枢纽机场。鄂州花湖机场是全球首个实现机坪 5G+无人驾驶的大型货运枢纽机场，其特点是以货运为主，夜间作业较多，高峰作业量很大。根据这些特点，中国电信设计了单车智能和车路协同相结合的"云、场、车"一体化建设方案，云端是重要且庞大的调度系统，场端是安全冗余，可用来支撑整个自动驾驶和交通指挥的关键系统，车辆则是执行任务、坚守安全底线的终端，从而实现了鄂州花湖机场 5 种车型的自动驾驶和业务协同，并为业界规模商用奠定了坚实基础。

在 5G 创新业务应用方面，鄂州花湖机场在行业内率先实现 BIM 正向设计，首创研发了国内最全的 BIM 数据字典，形成包含建筑、民航、市政 3 个行业 29 个专业共计 35000 种构件的多维度信息数据库，创建总构件数超过 3800 万个的机场 BIM。与传统工程相比，本项目节省造价约 3 亿元，节约工期 200 余天。5G+AR 方案的应用，降低了机场维修保养成本 40%，降低了设备停机时间 50%，将故障解决率提升到 75%，将总体作业效率提升到 40%。5G+AGV 自动化分拣和运输系统的应用，实现了对 4.8 吨航空板箱的分拣，实现了与输送机自动对接重型货物的无人化分拣，减少了操作人员的数量，降低了操作人员的工作强度，实现了搬运过程数据化管理、数据流程实时监控、数据结果可视化追踪。机坪 5G+无人驾驶系统实现车辆、航空器、设备、人员的智能和自动调配，既保证了机场的运行效率，又保证了机场的运行安全。

在航空领域，各类新技术应用日新月异，新一轮科技革命和产业变革正在全方位重塑航空业的形态、模式和格局。本项目在 5G 网络、人工智能、大数据、物联网等技术应用方面具有强大的赋能作用，与机场建设、运营业务深度融合，促进了航空业向高质量转型，从而构建一个全感知、全连接、全场景、全智能的数字机场，进而优化再造物理世界的业务，创新和重塑传统管理模式、业务模式、商用模式，打造了机场数字化转型的标杆。

宝日希勒露天煤矿 5G 智慧矿山

((·)) **参与企业：**中国移动通信集团内蒙古有限公司、国航宝日希勒能源有限公司、航天重型工程装备有限公司

技术特点：本项目是我国首个实现无人驾驶综合运输效率达到有人驾驶效率、全天候不间断投入现场生产作业且实现无人驾驶矿用卡车驾驶室内无安全员状态下稳定运行的项目，也是世界首个极寒环境5G+无人驾驶矿用卡车实现编组运行的项目。

应用成效：本项目对5台矿卡进行无人化改造完成后，可替换当前的16名矿卡驾驶人员（按四班三倒），每年可节约人工成本320万元。项目改造后，具备紧急停机功能，发生网络中断或下发急停命令时，无人矿卡停止工作，无人驾驶运行期间未发生任何安全事故，确保非授权用户在任何时刻均不得获得车辆的控制权。

宝日希勒露天煤矿于 1998 年建矿，初期年设计能力为 60 万吨，后经过 180 万吨、1000 万吨改（扩）建，于 2014 年年初通过了国家矿山安全监察局 3500 万吨的产能核定。宝日希勒露天煤矿占地面积 52 平方千米，资源储量达到 15.24 亿吨，剩余可采储量 11.16 亿吨。

中国移动通信集团内蒙古有限公司（以下简称内蒙古移动）负责 5G 网络规划及建设，提供矿区内终端、设备间数据传输，保障无人驾驶系统稳定运行。

宝日希勒露天煤矿 5G 建设设计理念：一是适应呼伦贝尔冬季极寒（–40℃）环境；二是采取更先进的独立组网方式，可以更好地发挥 5G 技术海量连接和低时延的优势，构建安全、高效的智慧矿山系统，实现在极寒天气下重型矿车、推土机、电铲等编组运行和无人驾驶矿用卡车的精准停靠、自动装卸、停车避让、远程操控等作业场景。

传输组网方案

宝日希勒露天煤矿内部数据流经过 MEC 本地分流后直接在矿区内闭环，不出公网，信令需要与内蒙古移动大区核心网互通，取得控制信息。信令只在用户终端附着或切换时产生交互，传递的是控制信令，与数据包无关。

5G 承载网通过分组传送网（Packet Transport Network，PTN）承载，基站采用分布式无线接入网（Distributed-Radio Access Network，D-RAN）架构，宝日希勒露天煤矿办公楼新增汇聚设备 ZXCTN 6700-12 作为煤矿汇聚节点。汇聚层回传至呼伦贝尔核心机楼，带宽为 100Gbit/s，便于后期业务扩容及大颗粒业务需求等。接入层以"口"字形组网方式双跨至宝日希勒露天煤矿内的汇聚设备上，接入层提供 10Gbit/s 传输带宽资源。

构建 5G 网络示范区

本项目使用 2.6GHz 主力频段基站满足 5G 网络建设，覆盖整个露天煤矿智能化应用区域，建立 5G 网络示范区。

站址设置：在现场站址勘查时，根据现场实际地理环境和设备覆盖能力，不断移动变换位置，以应急车的形式建设 5G 基站，便于灵活调整位置，保证无人驾驶试验路线的 5G 网络覆盖。

方向角：本项目主要通过业务需求覆盖目标设置主瓣方向、同一基站不同扇区之间保持合理的夹角来实现合理的小区覆盖。小区天线主瓣方向尽量覆盖业务需求的区域。同一基站不同扇区之间保持合理的夹角（一般情况下应大于 90°），实现小区间完美镶嵌，减少重叠，消除黑洞。

极寒工况适应性方案

主要外置传感器适应性方案。为有效确保宝日希勒露天煤矿无人驾驶矿用卡车在极寒天气中能够可靠安全运行，部署于驾驶舱内外的所有材料、元器件均须满足在 -50℃极低温度下可靠运行的严格要求，特别是无人驾驶矿用卡车所需的主要环境感知设备，例如激光雷达、毫米波雷达等。

5G 基站室内保温方案。本项目使用绝热、绝缘、阻燃的新型材料包裹机房内低温耐受性较差的设备，保证机房内的基本温度，促使机房内各设备良好稳定运行。本项目利用 5G 无线设备等主要发热设备自散热对其他设备特别是蓄电池进行加热保温，充分利用有限的热源。机房各机柜内安装温度传感器、温控阀门及风扇，当温度超过 25℃时，温控阀门自动开启，风扇运转将热气排出机柜，主设备的富余热量将通过机房无线设备机柜和电池柜之间安装的通风设备向电池柜传递，为蓄电池加热。

CPE 网管系统适应性方案。因矿区生产需要，露天煤矿现场环境变化周期短、频率高，为避免无线网络优化人员复测，CPE 网管系统可改善露天煤矿现场环境变化较大导致信号出现不可预测的遮挡、弱覆盖等情况，有效辅助无线网络优化人员现场弱覆盖点位的定位。

安全保障适应性方案。为确保露天煤矿无人运输实施过程中的人员与设备安全，本项目分别从软件可靠性设计、作业安全设计、全方位技术方案冗余、驾驶模式冗余、多层次多级别故障监测与安全处理机制设计、全方位通信防护体系设计等多个方面采取相应的安全措施，避免无人驾驶系统造成的人员安全事故，例如车辆侧翻、刮碰、失控、跌落等危险事故，以及网络入侵造成的信息安全事故。

推广 5G+无人驾驶应用

宝日希勒露天煤矿是我国煤炭行业的头部企业，在 2020 年实现了智慧矿山极寒工况 5G+无人驾驶产品的批量化生产和落地。产品规模化后，内蒙古移动通过行业应用大数据，进一步完善了宝日希勒露天煤矿 5G+无人驾驶技术，通过技术升级换代，为客户创造更大的价值；推广无人驾驶应用，同步嵌入无人机巡检、高清视觉处理等 5G 应用，打造行业信息化智能矿山。

本项目实现了在极寒（–40℃以下）环境下矿用卡车无人驾驶，形成一套完整的宝日希勒露天煤矿无人运输作业系统，打造了业内首家极寒工矿 5G+无人驾驶项目标杆，为行业提供示范作用。

5G+AI 领跑智慧港口建设

参与企业： 南京港（集团）有限公司、联通数字科技有限公司、中国联合网络通信有限公司南京市分公司、南京港江北港务有限公司、南京港龙潭集装箱有限公司、南京港（集团）有限公司新生圩分公司

技术特点： 针对南京港港口生产安全管理的痛点，中国联合网络通信有限公司南京市分公司联合联通大数据有限公司运用大数据、物联网、人工智能、5G等关键技术为南京港研发了一套智慧港口5G+AI应用平台，实现作业现场生产安全智能监测，包含对人员、设备、车辆、吊机、船舶、道路、通道、堆场等的智能监测和实时预警，以及车辆移动状态下驾驶室内司机违规行为识别、港区交通违规行为监测和识别等场景应用。

应用成效： 本项目降低码头一次性改造成本近4亿元，每年避免安全风险成本超3亿元，每年节约人工成本近2亿元，提升码头作业效率20%，增效近500亿元。

对于港口的运行管理来说，生产安全管控是重中之重。港口工作环境中兼有船、车、人、重型机械等多种生产元素，工作环节多，作业环境复杂，传统视频监控过于依赖人工，管理风险问题突出，成为港口运行管理的难点。南京港（集团）有限公司（以下简称南京港）与中国联合网络通信有限公司南京市分公司（以下简称南京联通）在5G领域的合作，为解决生产安全管控难题提供了切实可行的方案。在南京港江北集装箱码头5G SA网络建设实现全覆盖的基础上，有序嵌入数字对讲、高清视频回传、港机边缘设备接入等5G融合应用；搭建5G+MEC行业虚拟专网，可用于验证港区龙门吊远程控制、门机上下行通信等低时延、大带宽业务承载。同时，南京联通依托自主研发的智慧港口AI平台，有针对性地实现了作业现场生产安全智能监测，以5G+MEC+AI技术强力支撑了港口的安全生产。

🛜 智慧港口 5G+AI 应用平台

南京联通联合联通大数据有限公司为南京港研发了一套智慧港口 5G+AI 应用平台，采用云边协同两级架构，以视频数据为基础，基于 5G 网络及 MEC 能力，运用后端 AI 算法，实现 5G+AI 智慧港口建设。AI 应用覆盖港口作业 14 类场景；边缘平台负责视频流的接入、解码和 AI 分析，可将结果上报给中心平台并实时预警；中心平台对结果进行分析挖掘和共享管理，负责 AI 算法模型的迭代更新，形成南京港自有算法模型仓库，实现算法自主学习闭环；通过对接港口现有安全监测系统，具备实时分级预警功能。

🛜 5G+应用场景探索

场景一：5G+港区交通合规监测。 本项目利用计算机视觉技术实时监测港区内的各类交通违规行为，并实时预警。已实现车辆超速、车辆逆行、车辆违停、行人不走安全通道、车辆违规掉头、临时停车超时等场景的智能识别监测，违规事件识别准确率超过 95%，速度测量误差小于 3km/h。

场景二：5G+叉车安全作业智能化改造场景建设。 为避免在运行中的叉车作业路径上发生碰撞事件，南京联通通过增加摄像头、激光雷达、智能分析控制模组等对叉车进行智能化改造，在车载工控机上部署 AI 计算单元，接入南京港 AI 管控平台，实现叉车作业路径人员预警。在叉车作业过程中，可实现实时监测叉车前/后作业路径一定范围内是否有人，当人员距离过近时能够及时通过车载声光报警器预警，并上报 AI 管控平台。叉车智能化改造如图 1 所示。

图 1　叉车智能化改造

场景三：**5G+龙门吊防掉起智能化改造**。本项目通过摄像头和激光雷达等多源融合方式监控整个龙门吊作业过程，实现识别到异常情况实时告警，将对正常作业的影响降到最低。

场景四：**5G+拖轮安全网越线行为识别**。在拖轮靠岸后，本项目通过摄像头实时识别作业人员在左右船舷是否从有安全网的地方越线上岸，或者是否有人从安全网越线上船的情况。如果算法监测到有人越过安全网上下船，则立即上报南京港 AI 管控平台，并通过船载声光预警系统现场预警，提醒作业人员注意安全。

场景五：**5G+车辆移动状态下驾驶室内司机违规行为识别**。本项目在车辆上添加两路摄像头：对外摄像头拍摄车外情况用于判断车辆是否在行驶中；对内摄像头则拍摄司机的人脸和人体位置，识别车辆移动状态下驾驶室内司机的违规行为。在车辆行驶时，算法将实时监测港区内车辆驾驶室内的司机行为，一旦监测到司机有违规行为，包括疲劳驾驶、抽烟、打电话和玩手机，则立即上报南京港 AI 管控平台并通过驾驶室内声光报警器现场预警，提醒司机集中注意力驾驶；当车辆停止移动时，识别算法自动停止分析和上报。

🌐 5G+AI 赋能港口

5G 技术具备的低时延、大带宽、大连接特性为港口解决自动化移动设备的通信问题提供了全新方案。

南京联通通过在南京港各个分港区部署 5G+MEC 专网，通过 5G 站点、有线专线，回传港区内监控视频至边缘 MEC 平台，完成视频 AI 计算，并输出计算结果至 AI 管控平台。各分港区与南京港之间，或各分港区之间可通过专线、SDN/NFV 技术，实现智能化的 5G 网络与南京港 AI 管控平台服务融合。

太钢集团 5G+矿井
有轨运输智能化系统

参与企业：联通（山西）产业互联网有限公司、联通数字科技有限公司、太原钢铁（集团）有限公司、北京速力科技有限公司、华为技术有限公司、浪潮通信技术有限公司

技术特点：太原钢铁（集团）有限公司5G+矿井有轨运输智能化系统通过搭建5G专网，以5G技术推动电机车自动运行系统、"信集闭（信号、集中、闭锁）"控制系统、远程智能装卸矿控制系统、控制中心系统、视频监控系统和牵引变电力监控系统的设备泛在互联和信息实时可靠交互，基于云边协同，做到无感知交互，实现地面控制室一名安全员监控井底车场多台电机车，将多工种合并为一人监控。

应用成效：太原钢铁（集团）有限公司5G+矿井有轨运输智能化系统可以将矿山工人从高温、高湿、高粉尘等恶劣工作环境中解放出来，有效地保障矿山工人的生命健康安全，改善企业的管理方式和流程，有效地满足企业降本增效和精益管理的需要，可以用先进的技术和装备改造提升安全生产能力和作业效率，有效地解决招工难和用工荒等问题。

🌐 矿井运输系统从自动化向智能化转型

当前，5G+工业互联网在推动矿山无人化、智能化、绿色化的过程中发挥了关键的支撑作用。5G+工业互联网的创新发展释放了 5G 与工业互联网的叠加倍增效应，成为推动矿山智能化发展的强劲动能。

矿井运输作为矿井日常生产活动的重要组成部分，是矿井生产的"动脉"与"咽喉"。矿井运输系统处在半封闭受限的空间内，生产场所移动、运输线路随工作面的推进而变化，通常具有点多（运输设备多）、线长（运输距离远）、面广（井下区域大）的特点，流动人员多、人车混行，伴随着各种灾害和事故风险。在传统人工

作业模式下，大量的司机、道岔工、装矿工、卸矿工、观察员在恶劣的井下环境长时间作业，往返时间长，相互沟通配合误差大。在矿山行业智能化转型升级的过程中，矿井运输已成为制约矿山安全高效生产的薄弱环节。

矿井有轨运输设备（例如，非煤矿井的有轨电机车、煤矿的单轨吊和卡轨车等）的广泛应用，再加上5G、边缘计算和人工智能等技术，可助力矿井运输实现从自动化向智能化的跨越。

5G+矿井有轨运输智能化系统

与传统的解决方案相比，5G+矿井有轨运输智能化系统实现电机车全时全量运行、碰撞预警、作业现场无人值守，达到"无人则安"的安全要求。该系统通过5G专网实现更多应用场景的联动，推动生产作业方式的变革，建设全面感知、实时互联、协同控制的智能化矿山，实现由点到面的复制。

通过以下6个方面的建设，该系统成功应用于数字化派配矿、遥控装矿、自动调度、自动行驶、自动卸矿等场景。

地表无人驾驶控制中心建设。地表无人驾驶控制中心负责全矿生产系统及设备的自动化集中控制和管理，包括数据智能分析单元、放矿控制单元、电机车控制单元等，实现对整个生产的监控、组织与遥控，以及电机车优化调度，显著提高了铁路的利用率、容量及安全性。地表无人驾驶控制中心如图1所示。

图1　地表无人驾驶控制中心

电机车自动运行控制系统与电机车改造。本项目在电机车上安装控制单元，通过网络接收控制中心的各种指令，将电机车的运行信息传送给控制中心。在电机车车头安装网络摄像头，经5G无线网络和光纤网络与地面实现通信，将电机车前方的视频画面传送给控制中心，便于司机远程驾驶。自动运行控制系统如图2所示。

运输水平铁路"信集闭"控制系统升级改造。在井下运输大巷建设针对铁路运输的"信集闭"控制系统，一键自动式集中控制信号灯和电动道岔。电机车全程闭锁运行，不需要人员在现场手动扳道岔，避免了电机车追尾事故，保证主运输单元的安全运行和现场的无人操作。

图 2　自动运行控制系统

远程智能装卸矿控制系统改造。在地面主控室配置操作台，将井下放矿工、电机车司机等人员的工作位置由井下移动到地面，多工种合并为一人操作，以提高生产组织效率和安全水平。远程智能装卸矿控制系统如图 3 所示。

图 3　远程智能装卸矿控制系统

电机车精确定位单元改造。本项目的井下电机车精确定位方法的实时性强，误差在 0 ～ 0.5m。派配矿单元依据井下电机车精确定位进行数字化派配矿，实现电机车到卸载站自动卸载、自动清扫等循环工作流程。

视频监控系统建设。本项目在振动放矿机点位、主溜井、主要进出口、道岔口、牵引变电所、电机车头等部位，安装有线视频监控系统，通过光纤传输到地表主控室，实现点对点传输，保证传输视频的实时性，方便人员及时了解井下重点部位的实时情况。

矿井有轨运输智能化系统是完全落地的 5G+MEC 与云边协同应用于核心生产环节的典型场景案例，应用目标包括铁矿、金矿、稀土矿、煤矿等多类矿井。

服务构建应用场景，社会效益显著

太原钢铁（集团）有限公司代县矿业有限公司 1738 井底车场的 5G+矿井有轨运输智能化系统已在井下稳定运行。采场矿石由采区溜井经振动放矿装入矿车中，由电机车牵引至卸矿站，矿井共有 6 条穿脉、15 条溜井，运输隧道长约 10 千米。运输设备采用 7 台 20 吨电机车，单机牵引 8 节底卸式矿车。7 台电机车全部投产以来，100% 已实现"7×24 小时"全天候自动驾驶，累计行驶 12 万千米、运输矿石物料超过 800 万吨，实现井下无人全封闭、常态运行"零事故"。每班次人员减少 25 人，减少井上井下交接班时间，设备运行的有效时间增加，生产效率整体提升 30%，经济效益达 2500 余万元。

本项目的社会效益体现在以下 3 个方面：在保障运行安全方面，可以解决疲劳驾驶、习惯性违章等问题，杜绝人员操作的安全隐患，同时让矿山工人远离充满噪声与粉尘的恶劣工作环境，降低患职业病的概率；在提高生产效率方面，解决人员操作效率低的问题，优化放矿、运输、卸矿过程中的协作环节，节约交接班、班中餐等时间，而且通过精确定位，还可以减少电机车区间等待时间，提升运输效率；在减员增效方面，解决运矿铁路操作工紧缺的问题，在现有基础上减少放矿工、电机车司机、翻笼工、扳道岔工人的数量，盘活现有的人力资源，将其充实到其他人员紧缺的岗位。

5G+智慧钢铁
典型应用

数融万物 智创未来

第八部分

5G+智慧钢铁典型应用

钢铁工业作为国民经济的重要基础产业，支撑了国民经济各行各业的快速发展。近年来，钢铁行业抓住新一代信息技术带来的产业革命契机，加速布局智能化钢铁制造，一大批新的技术（例如，工业机器人、无人车、无人仓库、无人巡检、无人检测、工业互联网等）在行业得到应用，大规模小批量定制化生产水平逐步提升，信息化、数字化有力支撑了组织架构的优化，提升了我国钢铁生产经营水平，提高了全行业的竞争力，使我国的钢铁行业迈向高质量发展阶段。

"绿色智造、洁净生产"
5G+智慧钢铁创新港项目

参与企业： 中天钢铁集团（南通）有限公司、常州皓鸣信息科技有限公司、中冶赛迪重庆信息技术有限公司

技术特点： 本项目布控常州、南通跨市域级5G专享专网，围绕"绿色智造、洁净生产"设计理念，打造5G+智慧钢铁产品体系，基于绿色钢铁发展总体布局，建设5G MEC混合专网，创新港内物联网设备接入5G网络；同时搭建企业级工业互联网平台，进行数据处理和分析；引进核心技术和先进产品，致力于成为低碳冶炼、超洁净炼钢、零排放生产的标杆。

应用成效： 中天钢铁集团（南通）有限公司利用5G技术覆盖创新绿色钢厂低碳环保生态链，打造常州、南通5G专享专网，构建全国最大的5G集控中心，开创钢铁行业新格局。本项目利用5G实现"三废"管控和处理，二次能源再利用、工业副产品二次流通，打造循环经济。

我国钢铁行业的规模体量大，生产工艺特殊，造成钢铁行业能源结构高碳化，且钢铁行业碳排放机理复杂，涉及多种碳排放机理，减排工作的推进难度大，钢铁行业的低碳环保转型是全球钢铁工业面临的共同挑战。

为了满足工业绿色、环保、创新、生态的发展需求，我国钢铁工业不断提升"三废"（废水、废气、固废）排放标准，推行清洁生产。中天钢铁集团（南通）有限公司（以下简称中天钢铁）积极响应国家号召，全面提高企业智能化水平，降低成本，提升效能，建设5G+智慧钢铁创新港项目，围绕"生产洁净化、厂区园林化、制造绿色化"的目标，全力打造现代化绿色钢城，切实解决钢铁行业低碳环保转型的难点。

绿色智造。 本项目基于5G大带宽的特性，带动创新港内环保节能物联设备的数据实时传输及上云，将5G+远程集中控制中心、5G+绿色料场、5G+废钢判级等绿色智能化技术融入黑色冶金生产生命周期，优化生产节奏，加速减排降碳进程，

助力实现钢铁冶金行业绿色、低碳、智能、高效发展。

洁净生产。资源的高效清洁利用、产业的绿色低碳发展，是钢铁企业高质量发展的必然道路，本项目围绕"生产洁净化、厂区园林化、制造绿色化"的目标，引进中央水处理厂分盐结晶系统、固废处理中心转底炉、高炉均压煤气回收装置，采用光纤、5G、物联网等通信方式，建立健全环保大数据平台和能源管控监控平台，将两个系统纳入大智慧中心，实现全厂区环保智能控制、废水零排放、固废不出厂、废气排放标准远低于国家排放标准，最终打造出低碳绿色的生产创新模式。

中国移动通信集团江苏有限公司南通分公司（以下简称南通移动）针对常州、南通下沉 UPF 搭建跨市域级 5G 专享专网，基于 5G 网络底座，落地 5G+远程集中控制中心、5G+智能化无人数字料场、5G+AI 废钢判级、5G+"三废"循环等场景，实现高危作业无人化，打造"三废"循环经济。本项目利用 5G 远程集中控制技术，帮助工人摆脱 50℃高温冶炼区。基于 AI 精准配比实现配料智能混匀，从源头降低碳排放。通过 5G 实时监测系统，对废水、废气、固废进行有效循环治理，实现"污染预防、源头削减、过程控制、末端治理"全生命周期绿色管控，开创钢铁行业数智新格局。

🌐 5G+远程集中控制中心

依托 5G 专网，中天钢铁建成行业领先的远程集中控制中心，布置超过 120 个监控屏，包括现场监控视频、实时生产控制系统等，实现智能混匀配料系统管控、远程控制高炉炼铁、固废远程管理、废水远程操控等。5G 钢铁智控中心如图 1 所示。

图 1　5G 钢铁智控中心

🌐 5G+智能化无人数字料场

智能混匀配料系统根据混匀生产情况，自动搜集混匀配料的相应数据，结合原料的质量、库存、成本等信息，进行配料计算，利用物料价格预测配料成本，形成最优配比，使产品质量达到目标要求。智能混匀配料系统如图 2 所示。

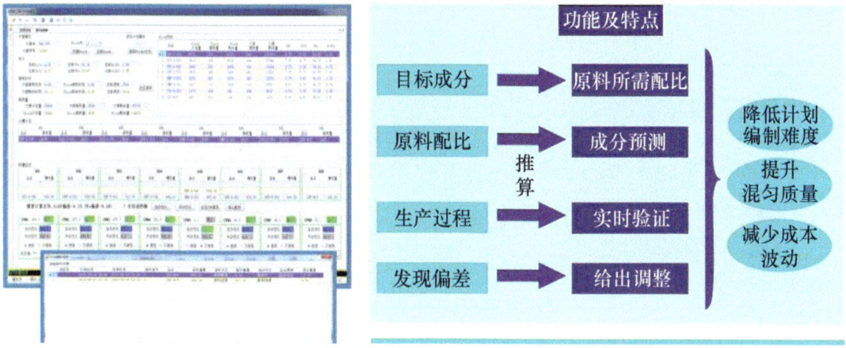

图 2　智能混匀配料系统

堆取料机上会安装高清摄像头，与 PLC 一起连接到 5G CPE，再通过 5G 网络传输到后端中控室，与传统的光缆和 Wi-Fi 方案相比，本项目可有效降低振动带来的不稳定性，且避免干扰。堆取料机如图 3 所示。

基于 5G+工业互联网和远程集中控制技术的智能化无人数字料场，通过智能流程控制优选运输路径，节约能耗 8% 以上，在提升运输效率的同时有效减少混料等事故的发生。堆取料机自动作业优化堆位，使料场利用率提升 15%，有效节省料场使

图 3　堆取料机

用面积。数字化料场和精细化管控实现自动盘库，盘库效率提升 90% 以上。本项目实现了稳定可靠、先进实用的全流程控制，智能化程度已达国际先进水平。

5G+AI 废钢判级

中天钢铁始终坚持贯彻"绿色智造、洁净生产"。在钢铁绿色低碳建设中，从实际出发，努力将钢铁制造和环保低碳工作纳入信息化管理的轨道，严格按照行业及国家碳排放标准开展绿色低碳的钢铁企业

图 4　AI 废钢判级界面

信息化变革，AI 废钢判级、应用取得了明显成效，实现人均年产钢 2000 吨，能耗降低三分之一。AI 废钢判级界面如图 4 所示。

🛰 5G+"三废"循环

基于 5G 能源管理和二次能源回收利用等，中天钢铁年节约标煤 133.5 万吨，减少二氧化碳排放 347 万吨，"三废"处理过程如图 5 所示。

5G+废水实时监控　　5G+固废均质化污泥远程控制　　5G+废气远程监测

图 5 　"三废"处理过程

🛰 5G 技术大显身手

南通移动以 5G 科技筑底，切实解决钢铁创新港内劳动效率低、碳排放量大、环境污染严重三大痛点。利用 5G+AI 废钢判级联动上游钢铁原料，通过 5G+智慧钢铁创新港信息化建设带动通信行业及智能制造发展，基于中央水处理厂分盐结晶系统带动下游工业副产品二次流通，利用余热回收发电，实现六大产业联动，为钢铁行业打造基于 5G 技术的绿色钢厂低碳环保生态链。

中天钢铁联合南通移动，利用 5G 改善作业环境，提升碳排放管控水平，切实加强绿色环保管理，做到低碳与环保两手抓、两手硬。

德龙钢铁 5G 工业互联网项目

((·)) **参与企业**：中国移动通信集团河北有限公司邢台分公司、德龙钢铁有限公司

技术特点：德龙钢铁有限公司依托选定的工业云服务标准和智能制造能力成熟度评估标准，进行"工业互联网和生产管控融合应用""5G工业互联网平台"试点，促进德龙钢铁有限公司和上下游企业在智能工厂建设、新技术应用、模式创新等方面的长足进步，形成新的标准立项建议和已有标准的修订建议，形成实施指南或解决方案，推动我国制造业能力和水平的总体发展与提升。

应用成效：本项目实现各车间水中心处理工艺可视化、全过程的监测监管，对各工序用水情况、产排废水进行追踪、监控，保障用水安全，实现水环境智能化管控，全厂废水深度处理，达到水资源100%循环使用，污水"零排放"；通过3D建模立体展示土壤采样流程、监测井及土壤区，接连土壤采样监测结果，提升土壤污染隐患排查能力；集中监测固废各产废点，实时展示各类固废月产量，动态展示水渣微粉生产线、钢渣综合利用生产线流程，多种固废的循环使用工艺实现了可视化、透明化。

德龙钢铁有限公司（以下简称德龙钢铁）是一家集烧结、炼铁、炼钢、轧材为一体的大型钢铁联合企业。现有1080m³高炉3座，132m²、230m²烧结机各1座，120t顶底复吹转炉2座及与其配套的LF精炼炉和两机两流板坯连铸机，850mm、1250mm轧机生产线各1条，工艺装备为同行业先进水平。

数字德龙"665 智能炼钢工程"战略规划

自2009年以来，德龙钢铁先后建成企业资源规划（ERP）系统、办公自动化（OA）系统、电能管理系统（EMS）、数据采集系统（Data Acquisition System，

DAS）、IoT 平台、制造执行系统（Manufacturing Execution System，MES）、EAM 设备管理等大型数字化管理系统。德龙信息化系统已覆盖企业采购、生产、销售、财务、能源、计量、技术、质检、设备、工程、物流、人力资源、安全、环保等业务领域，信息基础设施建设完善，在提高工作效率、控制企业成本、规范管理流程、提升产品质量、防范生产安全风险、提升员工幸福指数，以及环保超低排放等方面发挥了巨大的作用。

2017 年，德龙钢铁提出"数字德龙"远景目标和"665 智能炼钢工程"战略规划，围绕"效率最佳、成本最优、数据真实、风险可控、贴近客户需求、贴近现场员工"6 个智能化战略愿景，力争在"智慧生产、智能装备、智慧物流、智慧采集、智慧财务和智慧安全环保"6 个领域创建行业标杆，形成"统一标准、统一数据、统一管控、统一体系、统一平台"5 个统一的智能化管控模式。经过发展迭代，德龙钢铁数字化转型实践已涉及 18 个业务，覆盖企业全领域。德龙数字化整体战略架构如图 1 所示。

图 1　德龙数字化整体战略架构

设备层建设。围绕设备数字化推进 IaaS 层建设，重点进行关键设备的 5G 在线监测、5G 生产及安防监控智能平台建设、云端智能感知预警。

平台层建设。德龙钢铁以阿里云数据中台、5G 和物联网平台为基础，初步构建 5G 工业互联网 PaaS 层。德龙钢铁工业互联网平台基于微服务架构，将核心业务抽象为独立微服务，并部署至云端，提高项目的可扩展性、可维护性与可继承性；同时设计开源系统架构，进行前后端分离，提高系统迭代效率和质量，实现低成本、快部署、轻实施、易运维、可集成、强安全。

应用层建设。德龙钢铁基于工业互联网平台的设备层与平台层，引入行业先进的科技公司和先进技术，研发建设"废钢机器视觉定级""热轧机器视觉表面检验""炼钢转炉工艺大数据优化""铁水跟踪管控""带钢成品库智能管控"，自主研发"厂外智慧物流""A 级环保管控平台"等 5G 应用层项目。

智慧德龙"6185 管理模式"战略规划

2021 年，德龙钢铁在"数字德龙"成功实施的基础上再次提出更高一级的"智慧德龙"远景目标，将"665 智能炼钢工程"深化升级为"6185 管理模式"战略规划，针对传统钢铁行业智能化升级转型的迫切需求，围绕"数字赋能，智造未来；5G 工业互联促进发展，数智科技引领未来"的核心理念，对效率、成本、真实、可控、贴近需求、贴近现场 6 个远景进行细化与扩充，形成新的"智慧采购、智慧生产、智慧销售、智慧安全、智慧环保、智慧财务、智慧消防、智慧设备、智慧工程、数字化质检、智能检斤、智慧物流、智慧能源、高效协同、智慧安防、智慧党建、大数据审计和信息安全"18 个业务领域。通过工厂设备改造，改进炼钢制造工艺，对 18 个领域进行流程优化，实现炼钢全流程的数字化和网络协同；建立大数据平台，实现基于大数据平台系统的智能化生产、采销、环保，以及供应链的协同管控。生产效率的提升，运营成本和员工劳动力强度的下降，产品全链路周期的缩短，环保上的节能降耗及联动效应是德龙钢铁明显的数字化转型成果，对整个钢铁制造模式转型升级具有良好的带动示范作用，引领钢铁产业的高质量发展。智慧德龙"6185 管理模式"如图 2 所示。

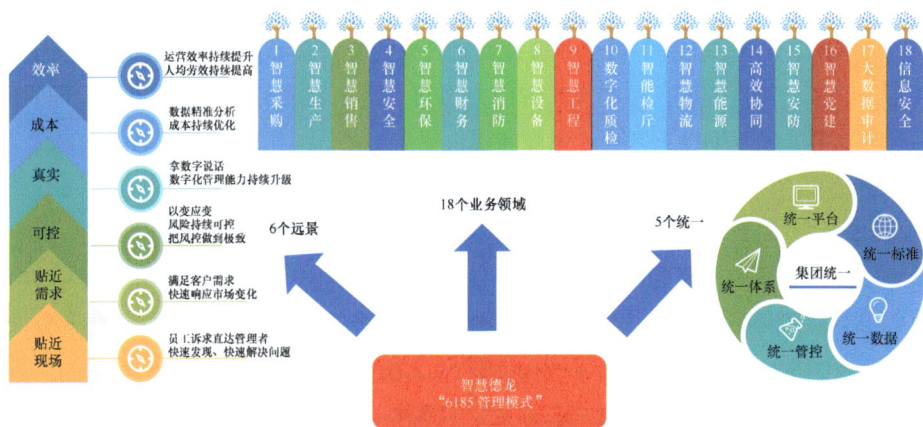

图 2　智慧德龙"6185 管理模式"

德龙钢铁结合自身业务特点，利用工业互联网搭建了从 L1 级到 L5 级的数字化整体规划架构，该架构以"3 个中心"为中枢，纵向贯穿全部工业系统，横向覆盖所有业务流程，通过建设"钢铁工业大脑"大数据平台，实现工厂的智能化改造，打通工厂与其他各价值链环节，打造德龙模式软硬件一体化解决方案。德龙钢铁软硬件一体化解决方案如图 3 所示。

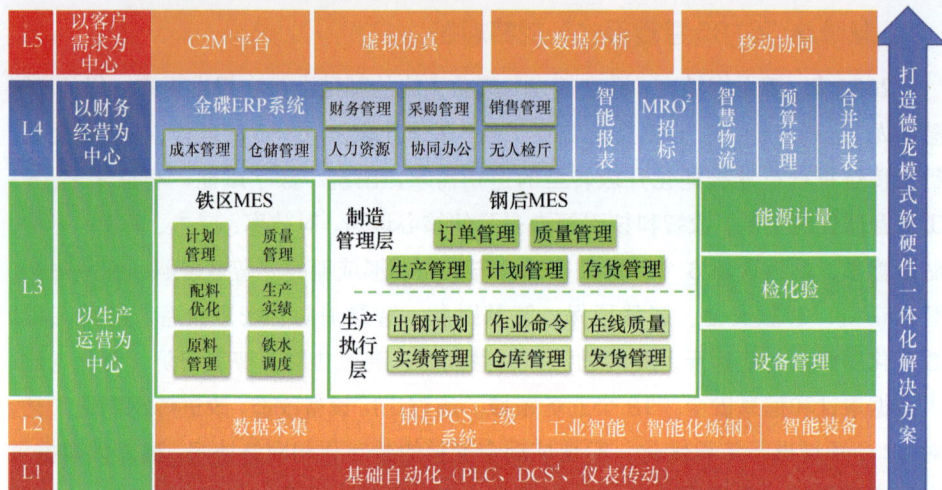

注：1. C2M（Customer-to-Manufacturer，从消费者到生产者）。
　　2. MRO（Maintenance,Repair,Operation，维护、维修、运行）。
　　3. PCS（Process Control System，过程控制系统）。
　　4. DCS（Distributed Control System，分散控制系统）。

图 3　德龙钢铁软硬件一体化解决方案

目前，信息化系统已经完全覆盖了德龙钢铁中采购、生产、销售、安全、环保、财务、消防、设备、工程等各个业务领域。每个业务系统都在各自的领域发挥作用，在提高效率、降低成本、控制风险方面，为德龙钢铁带来明显的效益提升。同时通过管理创新，德龙钢铁为客户、供应商提供优质服务。

🌐 联合体研发创新优势

本项目采用中国移动 OnePower 工业互联网平台中心—区域—边缘三级架构。中心云节点综合服务平台为客户提供各种工业 SaaS 应用、PaaS 能力及开发者服务。区域节点根据地方需求，对 OnePower 工业互联平台进行裁剪定制，复用中心节点 PaaS 能力与 SaaS 应用，并加上工业经济监测等区域特色的应用。边缘节点通过与新型工业智能网关相结合，将工业应用下沉至边缘节点运行，满足客户低时延、数据不出厂等业务需求，边缘应用通过 OnePower 工业互联网平台中心云应用市场统一管理，实现应用的按需订购与开通，按需为用户提供定制化服务，助力工业企业生产线数字化、自动化转型升级。

湘钢 5G 数智工厂项目

参与企业：湘潭钢铁集团有限公司、华为技术有限公司

技术特点：湘钢5G数智工厂依托5G+边缘设备，在办公区、生产区、物流区通过5G+云+AI技术落地了5G AR远程辅助、5G无人天车等15个5G应用场景，由点、线、面体系化渗透到湘钢智能制造生产的全流程，通过四大管理中心实现IT（信息技术）、CT（通信技术）、OT（运营技术）、DT（数据技术）的深度融合，开创5G+工业生产新时代。

应用成效：本项目在全国树立了钢铁行业5G+智能制造的标杆，湘潭钢铁集团有限公司在生产效率、降本增效和安全生产方面得到极大的提升，有效降低了废钢采购成本，避免出现优质资产流失风险，工作效率得到明显提高。

湘潭钢铁集团有限公司（以下简称湘钢）、中国移动通信集团湖南有限公司（以下简称湖南移动）、华为技术有限公司（以下简称华为）基于十年战略合作的基础，依托湘钢先进的工业制造体系、湖南移动信息数据集成服务领域的能力优势，以及华为在信息通信基础设备和智能终端等领域的产品优势，按照"整体规划、三年滚动"的原则联合发布《信息技术+智能制造融合发展白皮书》，致力于打造数据驱动的高灵活度、高资源利用率的 5G 数智工厂，实现产品开发、设计、计划、采购、制造、销售、物流和交付等全环节、全方位的数智化变革。

5G 智慧之花在钢与火中傲然绽放

湖南移动、华为强强联合，助力湘钢实现"创建世界一流的钢材综合服务商"的目标，从网络、平台、应用 3 个层面逐层对信息技术与智能制造的融合发展进行了系统化布局，运用"1+2+N"模式构建 5G 数智工厂，满足智慧生产需求。

🔵 打造一张 5G 超级专网

湘钢 5G 超级专网是全国首个工业级超高可靠性 5G 尊享型专用网络，极大地提升了 5G 钢铁专网的可靠性，满足苛刻的生产需求，提供跨地域 5G 专网接入能力，并重用已有的生产网络，例如工业无源光网络（Passive Optical Network，PON）、Wi-Fi、微波等，与 ERP、MES、OA 系统等连接，实现网络全融合。

湘钢率先实现 5G 专网与工业网络的全面深度融合，全流程定义 5G 专网与钢铁行业工业网络终端层、接入控制层、MES 层、ERP 层、集团控制层网络接入标准。

湘钢园区 MEC/UPF 本地部署，通过 MEC/UFP 实现基于湘钢系（含分厂和子公司）号卡用户信息、IP 地址信息、位置信息和应用切片信息的本地分流，业务不出湘钢园区，并实现了湘钢 toB 和 toC 业务、流量的逻辑隔离。MEC 部署在园区生产环境的边缘位置，业务最短距离靠近生产一线，从数据传输路径上降低了端到端业务响应时延。

湘钢通过 5G 超级专网构建了全国首个 5G LAN，为工业控制领域提供以太局域网，极简配置，设备接入业务"即插即用"。湘钢通过 5G LAN 实现三网融合（5G 生产、固网管理运营、Wi-Fi 办公），与计量网络、MES 网络、办公网络、能源网络、视频网络形成网络资源互补和备份。

湘钢 5G 超级专网部署核心网风筝模式，提高网络整体可靠性，将部分控制面功能实体内置于本地 MEC/UPF 中，形成应急控制面。在该架构中，湘钢主用大网控制面网元，大网失联场景（N2、N4 全断，或 N2 全断）使用园区应急控制面接入用户进行处理。在大网失联故障场景下，湘钢的本地在线业务不中断，触发信令的用户接入本地业务快速恢复（小于 20 秒）。

5G 超级专网为湘钢本部及 23 个子公司提供全面的 5G 专网接入和应用能力，实现集团级统一接入、统一认证、统一管理、统一运营。各类创新应用可快速在统一的网络结构下实现部署和复制。

🔵 新增两个能力中心

新增云边能力中心。湘钢以云计算、大数据、人工智能、边缘计算等技术为基础，建设湘钢云边能力中心，构建同构混合云边架构。IaaS 层平台提供云主机、云存储等基础云资源，以及安全云服务。PaaS 层平台提供大数据 MapReduce 服务、ROMA 连接使能、物联网平台等服务。SaaS 层平台支撑 AI 废钢定级、转钢自动化、设备预测性维护、双边剪自动对中、优化剪切、镰刀弯控制、钢表面质检、热喷码识别、虚拟监控等智慧化应用快速上线，实现湘钢各子系统之间数据互通、数据综合分析、数据提取，从而支撑湘钢自动化和智能化改造，为湘钢数字化转型奠定基础。

湘钢云边能力中心建设，一方面构建统一的 IaaS 层平台，为湘钢业务系统提供统一的云主机、云存储等基础云服务资源，另一方面在 IaaS 层平台上构建统一的 AI、大数据、物联网、连接使能等能力平台，使能湘钢内部业务系统，避免出现业务系统"孤岛"现象，实现湘钢各业务系统纵向、横向数据互通共享，深入分析挖掘数据价值，促进湘钢生产效率、质量等进一步提升，逐步打造支撑未来湘钢长远发展的数字底座。湘钢云边能力中心以云服务的方式帮助湘钢数据上云和治理、AI 场景孵化，湘钢支持一个账号多人同时使用，可获取云边能力中心的云服务资源，并与云安全体系拉通集成共享构建混合云安全架构。

新增 5G 智慧运营中心。5G 智慧运营中心是为湘钢 5G 数智工厂量身打造的园区自服务、自运维管理系统，部署在湘钢厂区内，为湘钢生产运营团队和湖南移动、华为驻场人员提供数智工厂 5G 超级专网及智能制造业务的可视、可管、可控的能力。

5G 智慧运营中心可提供"一站式"、轻量化的自管理平台，统一提供湘钢厂区网络拓扑可视、智能制造项目业务 SLA 监控、厂区内网络设备故障管理及定界、厂区业务及终端自服务、维护及相关业务类的能力和数据开放。

🌐 新增一个平台

目前，钢铁行业的智能化转型升级面临的痛点主要集中在原料环节、生产环节、流通环节。传统的生产模式多为"烟囱"式，流程工艺的信息、数据、人员、系统各自独立，壁垒较深，多套网络不互通、有线网络部署难度大，需要通过行业平台共享全流程生产数据，使"人、机、料、法、环"工况正向可预测预警，逆向故障可追溯，最终实现 24 小时无人作业。

湘钢工业互联网标识解析二级节点以《工业互联网创新发展行动计划（2021—2023 年）》等国家战略为指导方向，以技术创新为抓手，优化运营管理机制，完善钢铁行业标准，支撑实现全产业链、全领域的互联互通，促进信息资源集成共享，打造有价值的行业级应用，探索可持续发展的业务模式。

湘钢工业互联网平台依托 5G 网络，提炼共性能力，基于园区内私有云平台基础架构，构建平台层能力资源池，打造钢铁、冶炼生产监测管理平台，为钢铁、有色冶炼行业提供端到端整体解决方案。

🌐 实现多场景落地应用

本项目落地了 15 个 5G 应用场景，其中包括棒材表面缺陷在线检测、板坯转钢自动化、机群空地一体智能飞行系统、5G 机器视觉质检、5G AR 远程辅助、5G 无人天车等，重点介绍以下 3 个应用场景。

棒材表面缺陷在线检测。传统棒材的表面质量检测以冷态机器或目测为主，工作强度大且存在漏检，容易造成质量问题，湘钢 5G+棒材表面缺陷在线检测应用通过 8 个工业相机对热态（温度超过 800℃）棒材表面进行拍照，上行带宽需求达 360Mbit/s，"600Mbit/s+上行带宽"完全满足图像数据传输速率要求，服务端对图像拼接合成并对缺陷进行识别，缺陷识别率达到 98% 以上，每年可节约由质量造成的损失 300 万元。

板坯转钢自动化。传统的板坯转钢需要工人 24 小时轮班操作，转钢速度取决于操作速度和工人技术熟练程度，湘钢利用 5G 超级专网将红热板坯实时图像传输至边缘服务器，通过机器视觉和 AI 技术对图像进行处理后，自动完成钢坯转向控制，钢坯转向效率提升 15%，每天可多轧 6.8 块钢板，每年可提升产量 2.6 万吨，创造产值 1.5 亿元以上。

机群空地一体智能飞行系统。原本的巡检质量受人员主观影响大，会导致巡检质量不能达到标准。高炉人工巡检工作环境恶劣、高温辐射、高处攀爬等因素导致巡检工作危险性大。湘钢利用无人机搭载"哈勃"5G 通信模块实现无人机与智能机库、飞行平台的数据传输。湘钢通过不同挂载实现多场景复用，实现对园区内"高炉炉壁、高压线路、水塔烟囱"等人工无法点检的设备进行定时巡检。

🌐 社会效益和经济效益良好

全国首创 5G 智慧运营中心。湘钢构建 5G 全新运营保障体系，搭建 NSMF、CSMF 及园区自管理平台，形成工业园区 5G 网络、终端、应用的综合型智慧运营中心，实现多样化业务场景支撑、实时性业务流程监测和精细化 SLA 运维质量保障三大核心保障能力。

助力湘钢降本增效。5G+云+AI 技术在钢铁行业的应用，助力湘钢降低运营成本 2000 万元，生产岗位员工精简 200 人，实现人均吨钢从 2019 年的 1100 吨到 2021 年的 1600 吨的跨越，产生直接经济效益达数十亿元。

广西钢铁集团有限公司
5G+智慧钢铁项目

> **参与企业：** 中国移动通信集团广西有限公司防城港分公司、广西钢铁集团有限公司

技术特点： 广西钢铁集团有限公司以技术创新与智能制造为驱动，围绕"5G+AI+云计算"开展5G远控天车、5G无人巡检、5G+AI质检等应用，为全国5G钢铁行业树立新标杆，推动5G终端模组在钢铁行业发展。

应用成效： 本项目是广西首个落地的5G+智慧钢铁项目，具备一定的可复制性和推广性，可以让工业企业切身体会到5G技术为智慧钢铁产业赋予的新价值和意义。

广西钢铁集团有限公司（以下简称广西钢铁）防城港钢铁基地是国家钢铁工业结构调整的重要战略布局。工业和信息化部印发《工业互联网创新发展行动计划（2021—2023 年）》，推进工业互联网网络互联互通工程，推动 IT 与 OT 网络深度融合，在 10 个重点行业打造 30 个 5G 工厂。

中国移动通信集团广西有限公司防城港分公司（以下简称防城港移动）和广西钢铁从 2019 年开始智慧钢铁项目的合作，前期实地到广西钢铁开展 20 余次专家技术拓展交流调研活动，联合成立 5G 创新工作室，签署党建合创协议，攻克各种技术难关，根据广西钢铁的痛点，制订了 5G+智慧钢铁合作计划，采用由表入深的方式，从网络布局入手到远程控制再到智能制造的工作思路，截至目前已经在冷轧、烧结、物流部等 6 个厂区的天车远程操控、焊缝表检等 16 个场景应用。

"3+1+1" 模式

本项目建设成 "3+1+1" 模式，3 个能力层（包括边缘层、数字化平台、3 个中心）基于 1 张全互联的 5G 网络，实现端侧全连接，构建 1 个灵活、可控、可管的应用中心。广西钢铁 5G+智慧钢铁项目技术架构如图 1 所示。

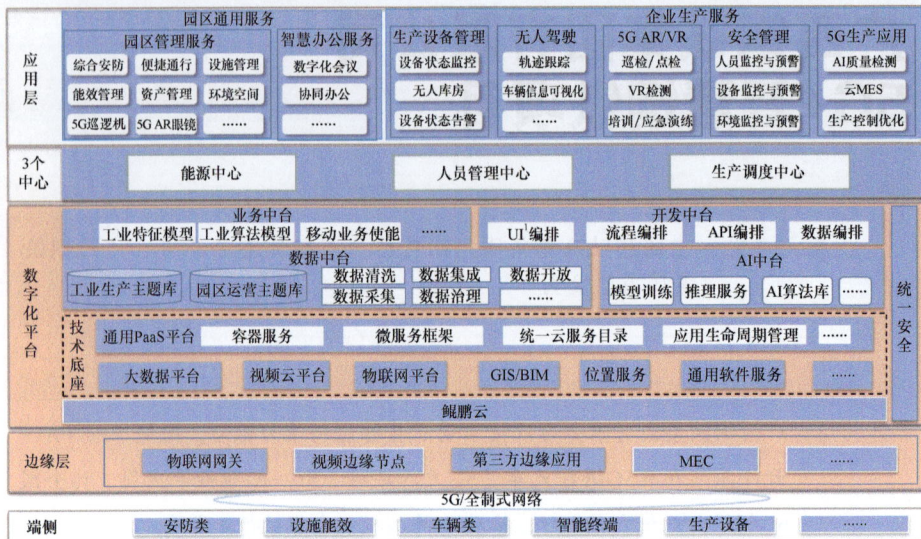

注：1. UI（User Interface，用户界面）。

图 1　广西钢铁 5G+智慧钢铁项目技术架构

🛰 天车远程操控

　　天车远程操控系统由操控椅（含 PLC）、5G 网络、天车（PLC、摄像头）3 个部分组成。该系统对车端进行智能化改造，包括打通 PLC 和 5G 网络链路，通过 5G 专线与控制端进行连接；配置摄像头操作相关全景和局部高清视频监控，通过 5G 网络提供超低时延，满足指令实时下发，实现天车远程操控要求。天车远程操控系统如图 2 所示。

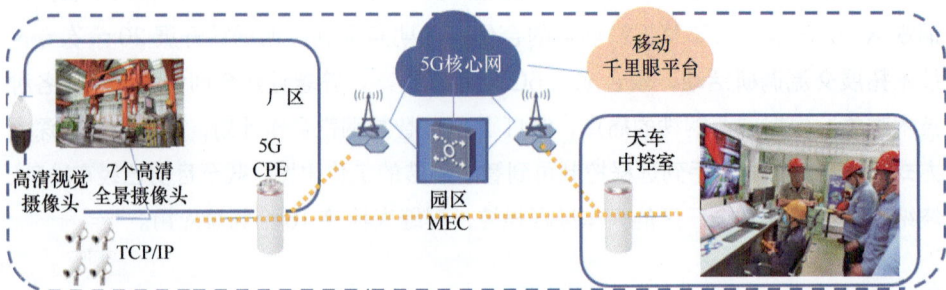

图 2　天车远程操控系统

🛰 高清视频监控

　　本项目建设了统一视频安防系统，将多路高清视频流通过 5G 网络实时上传到视频云平台进行统一存储、监控、分析和检索。监控人员可以对摄像头进行控制，并可以回放、录制、下载相应的存储视频。视频流可在视频云平台上进行智能分析和人为监控，形成可预警和可分析的相关事件，并通过弹出视频和告警消息等方式告知管理人员，有效提升工厂和园区安全管控能力。统一视频安防系统可以支持多种类型的摄像头，例如普通摄像头、红外摄像头、夜视摄像头等。

AI 钢材表面质量检测

广西钢铁在钢材的左上方及右上方部署摄像头，形成左右摄像头立体成像，提取表面法向立体信息，区分二维伪缺陷，例如氧化铁皮、水迹等。同时，本项目通过左右摄像头立体匹配，识别铸坯表面板形、高度信息，进而获取表面缺陷深度信息。摄像头将以上成像数据上传到 ModelArts Pro 平台进行训练学习和模型开发，实现中厚板、带钢、镀锌钢等钢材的表面检测。AI 钢材表面质量检测如图 3 所示。

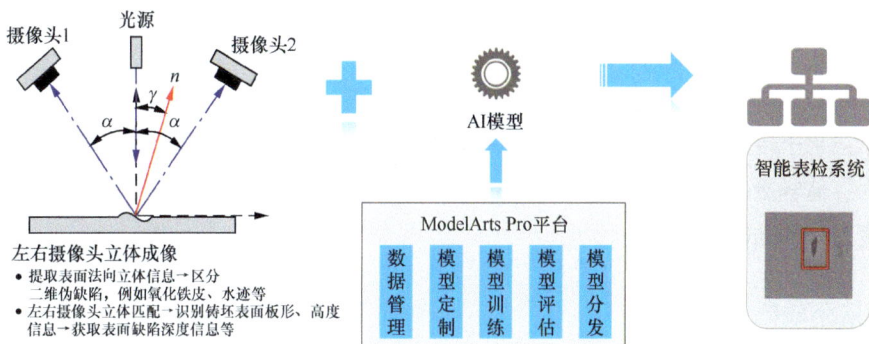

图 3　AI 钢材表面质量检测

烧结粒度识别

烧结是将各种粉状合铁原料配入适量的燃料和熔剂，加入适量的水，经混合和造球后在烧结设备上使物料发生一系列物理化学反应，将矿粉颗粒黏结成块的过程。整个烧结过程包括配料、混合、布料、点火、烧结、成品处理等阶段。通过机器视觉和 AI 技术，烧结后的熟料进行整料（破碎和筛分）、混匀，使炉料粒度适合高炉的最佳粒度范围。

AR 智能眼镜

数据同步。AR 智能眼镜可实时显示 IoT 数据，主视角同屏显示当前的设备状态，高效记录现场情况，例如出现问题可以同时呼叫专家进行远程协助。通过 AR 智能眼镜融合二维码/条码识别，获取巡检现场设备的信息、实时的 IoT 数据、地理位置签到等，实现系统—设备—人的连接，提升工作效率。

实时记录。AR 智能眼镜内置拍照/录制应用，主视角录制可快速记录工作状态，录制的视频能够通过网络回传给后台进行存储。

远程协助。本项目的巡检现场可实现与远程专家的音视频双向实时沟通，远程专家可以对现场作业情况进行指导，配合现场工作人员快速解决问题，提高效率。

历史记录管理。AR 智能眼镜可查询远程指导记录，并可以回看录像和图文消息记录。

🌐 智能仓库

仓储管理在物流管理中占据核心地位。传统的仓储管理库内货位划分不清晰，堆放混乱不利于分拣，人工效率低。通过加大装备技术升级力度，智能仓库提升自动化水平，实现人工智能设备替代人的战略，有效解决仓储管理的现存痛点。人工智能设备是智能仓储中必不可少的工具。

智能仓库将边缘计算、AI、云计算、大数据、GIS、BIM、物联网、AGV 等新技术应用于传统的仓储管理库，形成智能仓储管理系统，不但能提高货物进出效率、扩大存储容量、减少人工成本及劳动力强度，而且能实时显示、监控货物进出情况，提高交货的准确率等。

🌐 应用成效显著

经济价值。广西钢铁 5G+智慧钢铁项目可以提升产品质量，节能降耗，提升企业运行效率，降低企业运营成本，缩短产品研发周期，降低不良品率，提高能源利用效率，实现低增值岗位的无人化和岗位精简，提高劳动生产率。

社会效益。广西钢铁 5G+智慧钢铁项目是广西首个落地的智慧钢铁项目，使 5G 应用不断走深向实，落地全国首个"云上钢厂"，是全国冶金行业 5G 应用场景最多、首发创新最多的项目。通过广泛的宣传和示范效益，本项目实现在柳钢集团本部、贵港钢铁集团、玉林中金不锈钢基地、盛隆冶金、广西金川引入应用，并进一步影响其他行业。

5G 钢铁全连接工厂项目

参与企业： 中国联合网络通信有限公司辽宁省分公司、中讯邮电咨询设计院有限公司、联通（辽宁）产业互联网有限公司、抚顺新钢铁有限责任公司、华为技术有限公司

技术特点： 为解决能耗排放不易监管、生产过程透明度低、生产计划难以统筹、设备运行监控缺失等问题，抚顺新钢铁有限责任公司通过5G+MEC来承载高并发、大数量业务，以及超低时延的网络，融合生产流程，实现AR巡检和能耗监控，满足智能化、全连接的发展需求。

应用成效： 本项目是辽宁省钢铁行业首家完成专网环境搭建的项目，本项目将网络时延控制在10ms以内，同时支撑园区内多连接终端接入网络，数据不出园区，在数据安全上也得到一定的保障，同时实现了5G与其他新技术结合的创新应用。

本项目为抚顺新钢铁有限责任公司（以下简称抚顺新钢）搭建 5G 混合专网、5G MEC，并以此为基础，切入其生产流程，将技术难度大、危险程度高的施工工艺与 5G 技术深度融合，实现抚顺新钢铁水罐车和铁水天车的智能化、无人化、远程化操控。抚顺新钢结合标识解析二级节点基础能力，标识应用场景开展钢铁行业相关标识应用业务，打造 5G 钢铁全连接工厂。

5G 混合专网+5G MEC 助力整体底座建设

抚顺新钢 5G 混合专网工程已经完成室外信号全部覆盖及核心机房建设，为 5G 应用做好整体底座建设。目前，抚顺新钢已经开通 9 个 5G 基站，5G 核心机房已经布置完成，网络接通，100 台 5G 工业路由器安装布放，场内设备可通过 5G 工业路由器访问 5G 专网。组网架构如图 1 所示。

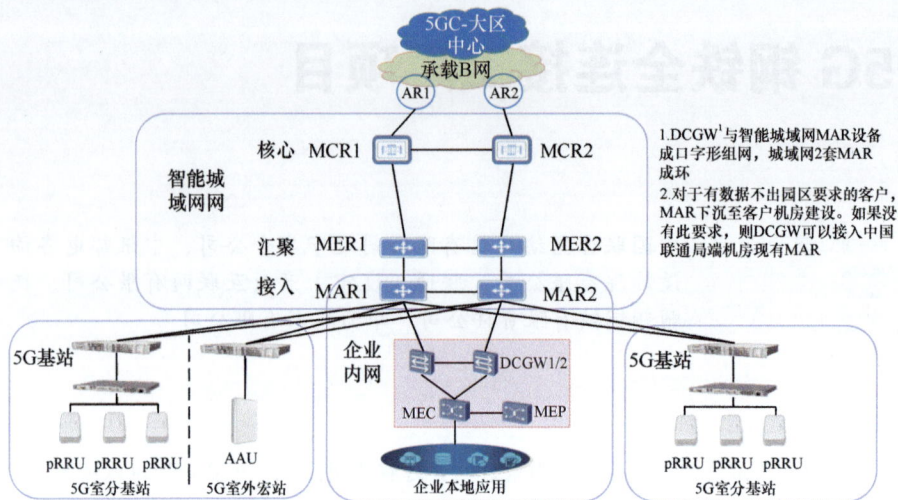

注：1. DCGW（Data Center Gateway，数据中心网关）。

图 1　组网架构

　　本项目实现末端移动接入（移动性、柔性、临时性、灵活跨域）、边缘大流量处理（卸载）、边端低时延交互、数据不出园区。5G MEC 部署在抚顺新钢园区中为实时性、短周期生产数据、本地决策等业务场景提供数据计算及边缘服务。5G MEC 架构如图 2 所示。

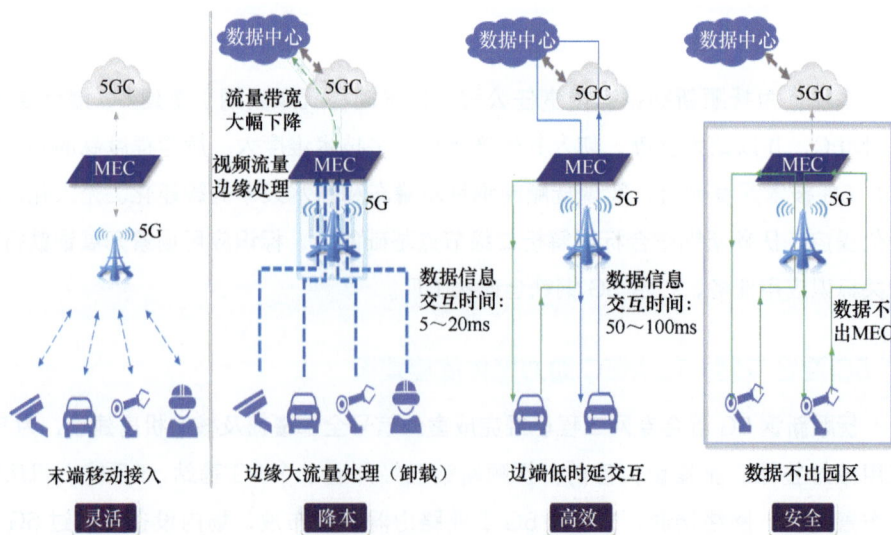

图 2　5G MEC 架构

远程集中控制铁水罐车

本项目实现铁水转运机车远程集中控制和智能化作业。在地面中控室内通过视频监控及远程集中控制系统，实现对机车的远程集中控制。机车操控者在机车远程控制操作终端上用鼠标单击相应区域和作业类型完成作业。同时，在集中控制模式下，远程集中控制系统可以与 MES 等生产调度系统互通，业务调度、机车操控、运输过程监控不需要人工介入，铁水运输实现无人化，作业安全性和作业效率得到充分保证，实现一人多机操作，降本增效。铁水转运机车运输系统整体技术方案如图 3 所示。

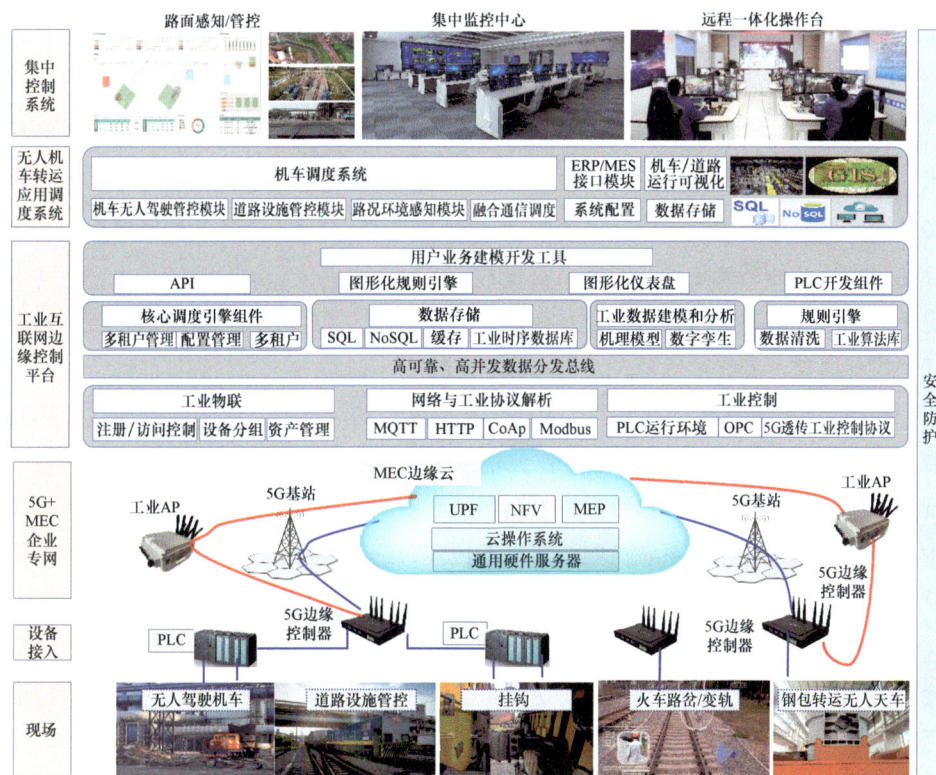

图 3　铁水转运机车运输系统整体技术方案

铁水天车无人化应用

本项目现场无线网络采用 5G 双备份、双保险机制，或者以 5G 为主，以工业 AP 为辅。组网拓扑结构如图 4 所示。

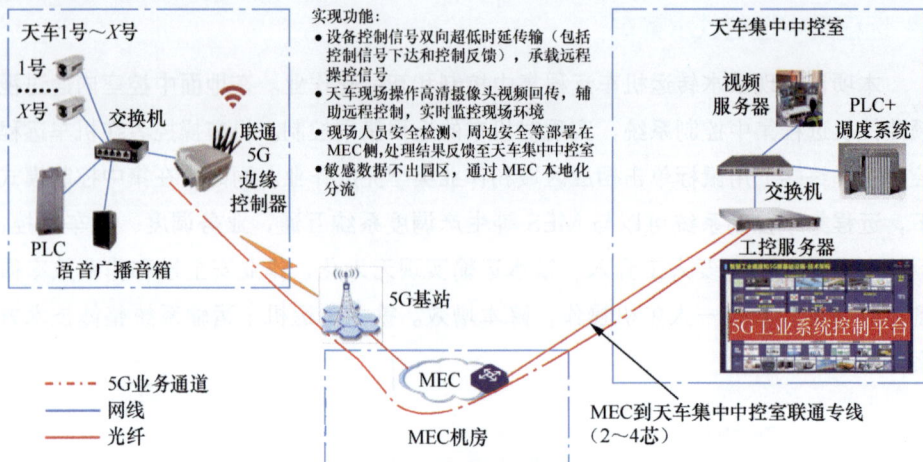

图 4　组网拓扑结构

抚顺新钢通过改造执行机构、测量元件和控制系统，以及辅助计算机信息等技术，实现工厂车间内无人天车的自动运行。在起重设备自动运行的过程中，起重设备精确定位、识别感知，以及协调配合安全防护。针对无人天车的生产特点，本项目通过大小车的精确定位、图像识别技术，以及三维成像和测距感知技术，自动确定无人天车的装车等作业流程，并在作业过程中通过路径规划和避让调度策略实时动态优化调整，最终实现无人天车的智能控制。

应用点一：天车无人化应用。在 5G 室分覆盖的厂房内，抚顺新钢通过行车车载 5G 工业网关设备把运行状态、作业视频等信息实时传输到天车边缘服务侧，实现无人驾驶起重机地上局系统和车上局系统之间的大带宽、低时延通信。在天车集中中控室可通过地上局系统控制计算机系统实时远程操控无人起重机，将操作人员从噪声、粉尘、高温环境中解放出来，改善工作环境，提高工作效率。

应用点二：天车作业实时监控。本项目对天车的运行参数进行采集，实现设备全生命周期监控，保证天车安全稳定运行。本项目基于危险及环境恶劣的生产作业区域部署无线数据采集点位，实现设备运行数据实时采集回传，灵活网络部署，降低网络部署后续的维护成本。

应用点三：天车作业 AI 云监控。结合 5G、AI 识别等技术，AI 云监控从天车安全生产、运营管理、行为检索、定位分析、控制联动、联动报警等方面统筹分析，最终达到提质增效、节本降耗、安全作业的目的。

应用点四：天车全生命周期管理及故障预测评估。本项目构建作业天车在线采集系统与离线分析系统相结合、状态监控与预测诊断相结合的预测性维护体系，降低点检人工负荷，并基于设备状态的智能掌控和历史大数据，智能匹配维修计划、维修项目、解决方案，形成从设备状态智能掌控到设备维修智能支持的全流程闭环，提高天车设备的运维管理效率。

🔵 基于标识解析的自动贴标系统

　　物料喷印或标签属于简单重复的劳动，本项目将自动贴标机器人安装于出口下料区域，可根据螺纹钢和高速线材过程自动化阶段传送的信息生成生产标签，并和机组基础自动化联动，在螺纹钢和高速线材指定位置完成自动贴标等工作，包括螺纹钢生产标签打标、螺纹钢自动捆扎。贴标展示如图5所示。

图 5　贴标展示

🔵 基于标识解析能力的无线机泵智能诊断系统

　　该系统将智能传感技术、物联网技术与标识解析相结合，实现高频自动在线监测设备的工作状态，还将现场采集的数据传输到服务器进行实时展示和分析，并对设备故障进行诊断，有效避免事故的发生，大幅减少非计划性停车情况的发生，保障安全生产。无线机泵智能诊断系统如图6所示。

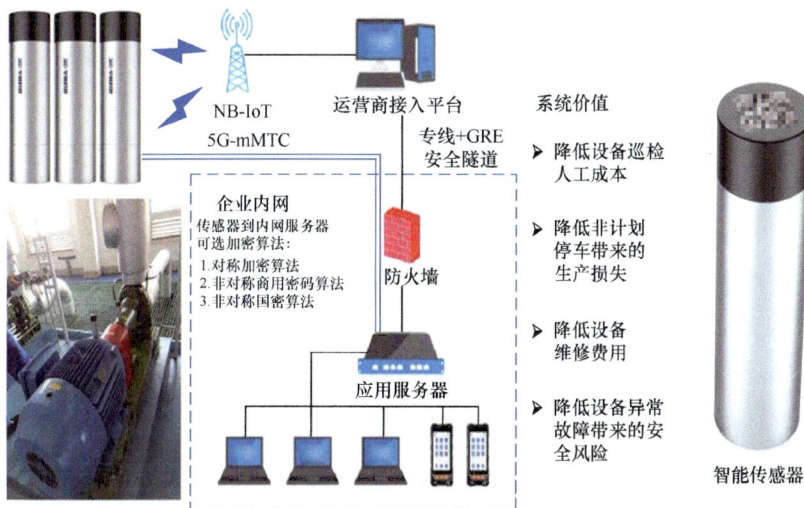

图 6　无线机泵智能诊断系统

基于标识解析能力的废钢自动识别和智能定级系统

该系统通过机器视觉技术对废钢进行自动识别和智能定级，对于不合格的部分钢材进行降级和扣杂处理。通过智能定级、智能扣杂，该系统减少了人员主观因素对定级的影响和纠纷；存储定级过程数据，做到过程可追溯，减少废钢供应商对定级的异议；减少验钢工作量，只处理系统报警异常（例如有封闭容器）；同时降低定级过程中可能存在的工伤风险；智能定级系统替换了原有的人工定级，每年减少人员约30 人；提高钢厂智能化、信息化程度，减少废钢回收过程中不必要的时间消耗，真正实现"7×24 小时"不间断工作，提高生产效率。废钢自动识别如图 7 所示。

图 7　废钢自动识别

基于标识解析能力的人员生产管控及健康状态实时管理

抚顺新钢通过智能腕表及智能安全帽建立人员管控数字化体系，对人员在厂区内生产操作与生产管理的全流程进行数据化管理；基于 5G 融合定位技术，依托智能安全帽/智能腕表等可穿戴设备，实现人体侦测、人员定位、车辆定位、物料定位、电子围栏等应用场景，以及人员安全管理、考勤管理、智能调度等功能。

抚顺新钢通过对人员位置、心率、血压等数据进行监控，做到人员生产过程及工作中身体健康状态可追溯、可查验，减少生产环境恶劣、高噪声导致的人员身体不适而无法实时监控的问题，提前避免人员发生危险，使人员生产效率提升 8%，在岗员工生命体征 100% 实时监测。

抚顺新钢旨在建成我国第一个基于 5G 的冶金行业 5G 工厂，实现生产要素5M2E（人、机、料、法、环、测、能）的全面互联，数据实时采集，实时反馈生产运营状况，并建立生产数据中台，对生产过程中的数据进行处理和标准化管理，实现数据接口、格式的统一标准，将数据转化为资产，进而为工厂提供高效的数据服务，挖掘数据价值。抚顺新钢坚持推广市场技术成果，增收增益，以"5G 应用创新及工业互联网创新"为平台，立足辽宁市场。

5G 在宝武钢铁生产无人化场景下的深度应用与实践

参与企业： 武汉钢铁有限公司、上海宝信软件股份有限公司、中兴通讯股份有限公司

技术特点： 钢铁行业作为能耗和温室气体排放大户，其生产过程面临着危险场景和恶劣环境，未来将向绿色化、智能化、服务型制造等方面转型。围绕"制造强国"战略目标，中国宝武钢铁集团有限公司提出在武汉钢铁园区内建设5G专网（包括专用核心网），利用5G专网、边缘计算、切片技术等信息化手段，赋能智慧制造，实现以智能工厂为载体，以关键制造环节智能化为核心，以端到端数据流为基础，以5G网络为支撑的5G工厂，实现5G+工业互联网领域的创新应用。

应用成效： 本项目实现 5G 信号全覆盖，满足低时延、高上行带宽的应用要求。网络信号覆盖率达97%以上（RSRP≥-105dBm），平均时延低于100ms。在覆盖 5G 网络区域内，本项目通过交换系统、远程监控实现行车从生产计划下达、库区智能管理到行车自动控制全流程无人化，同时，在地面/远程操作室也可以通过设备操控系统实现对行车的实时精准操控，有效保证控制指令快速、准确、可靠执行，提高作业效率。

　　湖北联通与武汉钢铁有限公司（以下简称武汉钢铁）联手打造 5G工厂，规划开通 86 个 5G 宏站，目前已建成开通 5GC 配套基站 60 个，基本覆盖厂区，建成国内最大规模的 5G 企业专网。通过 5G 专网，武汉钢铁首发了"5G+铁钢界面智慧管控平台"，落地六大应用场景，该平台投用后实现了专网专用、智慧铁水调度。依托 5G 专网应用于 25 个工业场景，武汉钢铁建成 5G工厂。

　　武汉钢铁 5G工厂按照"四个一律"的目标和智慧制造加速推进的原则，建设一张覆盖整个武汉钢铁园区的 5G 独立专网，并结合武汉钢铁的各类生产应用需求，实现 5G+工业互联网的钢铁冶金应用场景落地。

炼铁厂供料皮带巡检

武汉钢铁炼铁厂高炉的供料皮带智能在线巡检系统，采用皮带机轨道巡检机器人代替人工巡检对皮带本体、电机、轴承、减速机、辊筒、除铁器，以及矿用振动筛的润滑系统等关键设备进行在线监测和诊断，及时发现关键设备的劣化趋势，随时发出预警提示，提高系统的安全性；并为关键设备的故障分析提供可靠依据，缩短故障处理时间，提高巡检效率，为炼铁厂高炉生产的稳定运行保驾护航。该系统的机器人搭载双目摄像头和 $CO/H_2S/CH_4$ 传感器，通过 5G 网络实现机器人与后台监控调度系统的高可靠通信，实时回传现场数据。皮带巡检场景如图 1 所示。

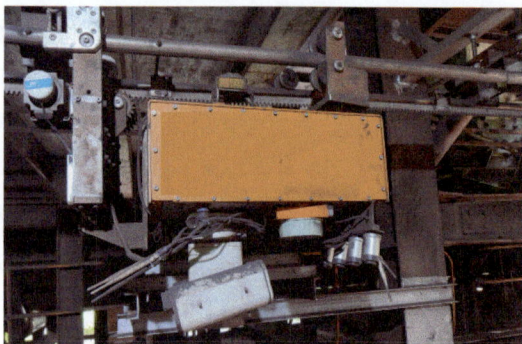

图 1　皮带巡检场景

炼铁厂供料皮带线运输系统的运行监控与武汉钢铁管理相结合，实现武汉钢铁的优化运行、控制和管理。同时利用机器视觉技术对高低速对比度的全面感知能力，实现对皮带线运行过程的全流程管理和监控。武汉钢铁实现安全生产，实时监测，减少空转次数（至少 1 周），避免员工夜晚高空作业产生的安全隐患，提升生产效率（至少 1%），提高管理效率和能力。

炼钢厂在线点检

风机是炼钢生产区域的关键设备，以往风机状态监测主要靠人工巡检和传感器离线监测，运维效率较低，作业质量与操作人员的专业技术水平密切相关，排障率不高。遇到疑难杂症时操作人员只能现场拍照，然后通过电话、微信或邮件等通信手段与后台技术专家沟通，寻求指导，效率低，安全隐患大。

5G 专网实现了对风机的在线监测与诊断，采集振动、视频、油位、音频、流量开关、煤气、报警、工艺参数等内容，有效故障预警率提升 70%，运维时效提升 20%。在线点检场景如图 2 所示。

图 2　在线点检场景

武汉钢铁共有 2000 多台关键设备，通过 5G 工业网关或直接在设备中集成 5G 工业模组的方式接入 5G 专网和设备实时监测诊断平台，可以使关键设备的运行维护工作更精准且可预测。武汉钢铁利用状态实时监测和故障诊断技术可以快速识别设备异常，并优化设备全生命周期管理流程。武汉钢铁基于大数据的预测性维护可以预知风险和隐患，降低设备故障造成的生产线停工及备件折损成本，提高设备使用寿命和生产运营效率。武汉钢铁通过移动端 App 实现关键设备操作、检维、检修三位一体化，提升跨部门各专业之间的协同效率，降低计划外的停机时间。

集成 AR 智能终端的头盔可以解放一线操作人员的双手，快速呼叫后方技术专家支援，通过现场第一视角的高清音视频互动，提升现场工作效率，降低专家差旅成本，并将问题作为宝贵经验留存下来。根据不同型号 AR 智能终端的能力，每个 AR 终端需 5G 网络提供 2 ～ 8Mbit/s 的上下行带宽，端到端图像传输时延在 100ms 以内即可满足实时互动需求。5G 智能头盔不仅包括 AR 眼镜，还包括定位、视频、气体告警等功能，后台也能够将指令推送到智能头盔上的 AR 眼镜。5G 智能头盔如图 3 所示。

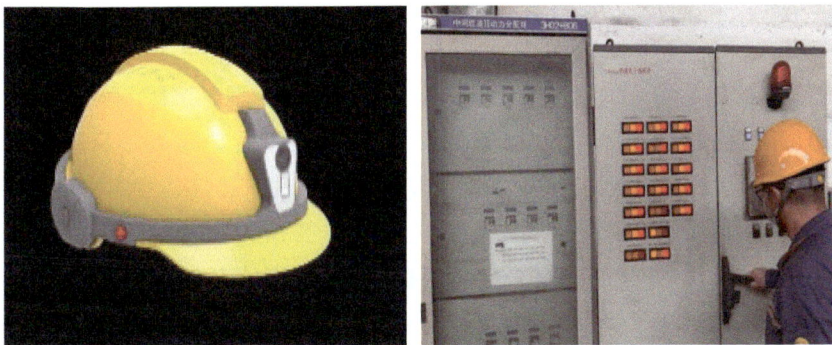

图 3　5G 智能头盔

能环部无人巡检

本项目构建云上无人机平台，采用内嵌 5G 模组的网联式无人机，实现超视距、预设计、不间断飞行，亏电时自动返回充电平台进行充电，支持高清视频实时回传、空中喊话等功能，能环部在钢铁厂区的高空、管线、安防实现远控巡检。5G 网联式无人机组网拓扑如图 4 所示。

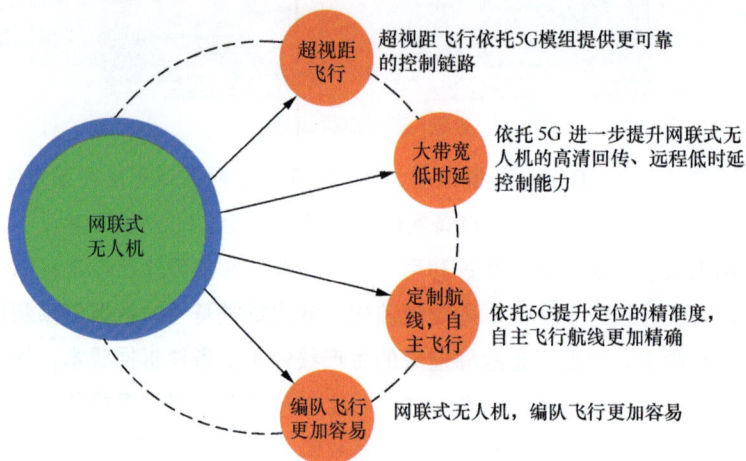

图 4　5G 网联式无人机组网拓扑

5G+AI 高清监控系统解决了人工监管客观性不足、成本高等问题，改善了工作环境，保障了作业安全，预防不规范行为导致的各类安全事故，避免事故造成重大人身伤害、设备损失。

硅钢厂无人天车

武汉钢铁硅钢厂无人天车采用 5G 双网方案，对比 Wi-Fi 与后台通信，一次性投资成本高，覆盖盲区大，时延高，可靠性低，跨 AP 切换易掉线或丢包，且易受干扰和攻击。

在带钢的成品库，本项目为传统天车加装夹钳传感器、测距/防撞激光雷达、车载角度测量仪、防摇摆控制器等装置，通过 5G 打通车载 PLC 及下挂设备与WMS 库管系统后台的网络通道，实现无人天车与各生产工序、仓库物料、工厂管理系统之间的高可靠数据交换，贯通进料、上料、生产、下线、存储、发货等环节的信息流，全面优化物流工艺流程，大幅提升天车运行的安全系数和整体效率。无人天车可以根据实际订单和客户定制化需求安排生产作业，取消人工盘库、抄号等传统作业流程，实现钢卷全流程可视化跟踪，降低运营成本，提升设备稳定性，延长维护周期。无人天车场景如图 5 所示。

图 5　无人天车场景

智慧铁水运输

由于运输钢坯、钢水、铁水的机车行经各厂区沿途道路，存在与车辆、行人等发生碰撞的隐患，有可能造成人员财务损失甚至翻车等危险情况；又由于机车存在动态编组、倒车等，现行钢坯、钢水机车运行除了需要配备司机，还需要在车尾配备观测人员，观测人员的工作环境恶劣，存在安全生产隐患。

为了解决车尾观测人员工作环境恶劣、工作压力大的问题，本项目拟采用车载摄像头采集实时运行环境，并通过无线网络，回传到集中控制中心，操作人员在集中控制中心进行操作，提高生产效率、保障安全生产、改善工作环境。

针对智慧铁水运输业务，本项目在机车上部署 1 个 PLC 控制器和 2 个摄像头，并接入 5G 工业网关，罐车上部署 1 个 PLC 控制器和 1 个摄像头，业务流包括控制信息和视频信息，为了业务可靠和维护管理方便，控制信息和视频信息在 CPE 上分开传输。

冷轧厂智慧无人仓库

冷轧厂仓库主要存放钢材、钢坯、涂料等生产材料，之前是手工台账记录入库和出库，运管机从生产线将成品材料送到仓库。为了提高生产效率，本项目采用叉车和 5G 网络融合，形成无人叉车。一方面，负责调配运管机任务、物料、路线的 WMS 上线，通过 5G 网络和运管机接口下发叉车物流任务；另一方面，叉车与仓储系统通过 5G 网络通信，将材料自主运输至货架，并进行存放记录。5G 助力仓储管理，实现全流程线上监控和溯源。远程堆料自动获取场景如图 6 所示。

图 6　远程堆料自动获取场景

　　针对智慧叉车业务，本项目在叉车上部署了 1 个 PLC 控制器和 6 个摄像头，并接入 5G 工业网关，业务流包括控制信息和视频信息，不考虑 AR 双节点及视频/控制流分离传输的情况。站点侧工业网关和 5G CPE 之间增加站点侧 AR，服务器侧和 5G 防火墙之间增加服务器侧 AR，实现控制信息和视频信息的链路保护，并与应用侧 AR 建立 IPSec 隧道，提供跨越 5G 网元的数据安全传输；轻量化 5G 核心网（industry 5G Core，i5GC）出口增加交换机 1、交换机 2，作为业务汇聚点，实现不同业务的隔离。

🌐 坚持创新驱动，破解行业痛点

　　5G 赋能实现武汉钢铁向智能化、高效化、安全化工厂转型，努力将武汉钢铁打造成世界级的智慧工厂创新基地。2021 年，武汉钢铁建设 5G 独立组网，实现全厂 5G+广连接，对现有有线传感网络进行改造，实现 5G 融合全厂私有云。2022 年，武汉钢铁在已建设 3.5GHz 网络的基础上新增 2.1GHz 网络，同时结合 5GC 容灾特性，为无人化场景打造"双无线+双核心网"的专网 2.0 网络，实现生产无人化操控。

　　本项目将在钢铁行业、重型工业制造业成为标杆，推动同行业其他企业加大投入，加速 5G 智能制造升级需求，助推产业链厂商新产品与新技术的研发，推动项目配套的智能硬件（例如，工业芯片、工业模组、工业传感器、工业网关等产品）规模化生产与应用，研发成本、生产成本有效降低，客户投入产出效益更加显著，从而进入产业链良性蓬勃发展的局面。

高寒地区钢铁行业 5G 智能天车规模化应用与示范

参与企业： 中国联合网络通信有限公司黑龙江省分公司、建龙西林钢铁有限公司、中兴通讯股份有限公司、中讯邮电咨询设计院有限公司、黑龙江省科学院智能制造研究所

技术特点： 本项目引入5G+工业互联网技术，搭建大带宽、低时延、多任务的工业网络，并将天车驱动方式改造为变频器驱动，结合PLC自动化控制技术，将天车操控进行智能升级。操作人员可在地面远程集中控制中心远程操控天车作业，一改以往高空作业的缺点，降低操作人员作业安全隐患，提高吊车作业效率，匹配双高线产能释放，实现提产增效，以科技创新为企业创造更大的利润。

应用成效： 本项目上线后，在地面远程集中控制中心通过天车的高清视频回传和5G天车辅助驾驶系统，可进行天车远程控制作业，包括下料、码垛、装车等。本项目采用地面操控方式降低劳动强度，8小时工作日平均能耗值为每人5560.1千焦耳，劳动时间率为67%，即净劳动时间约为320分钟，显著降低了劳动强度。

针对建龙西林钢铁有限公司（以下简称建龙西钢）高寒环境传统人工操作天车特种移动设备的痛点问题，中国联合网络通信有限公司黑龙江省分公司（以下简称黑龙江联通）携手黑龙江省科学院智能制造研究所、中讯邮电咨询设计院有限公司、中兴通讯股份有限公司等单位，与建龙西钢共同研发了"高寒地区钢铁行业基于5G融合的天车集控研究及应用示范"项目。本项目运用了5G、边缘计算、物联网、大数据、数字孪生等技术，自研了工业装备无人操控系统，打造了基于5G+MEC天车远程集控应用标杆，同时也是黑龙江省第一个5G商业落地项目。

本项目基于5G专网，依托中讯邮电咨询设计院有限公司自主研发的工业装备无人化操控系统，运用AI+视频融合技术、数字孪生技术、MEC技术、自动化协同

调度等技术手段，打造"1 张 5G 感知网络、1 套集中控制系统、N 个生产应用、1 个控制中心"的 5G 智能天车集中控制系统，面向钢铁冶炼生产作业的特点，本项目提供天车集中智能调度控制台、5G 远程控制子系统、5G 高清视频监控系统、天车激光防碰撞子系统等服务。总体架构设计如图 1 所示。

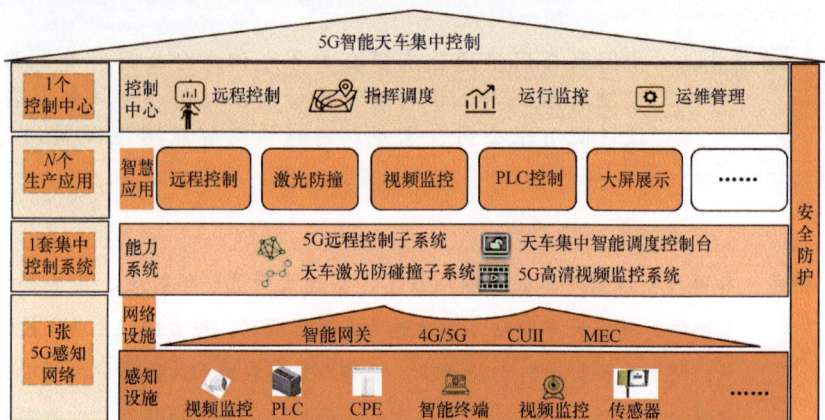

图 1　总体架构设计

🌐 5G+MEC 专网设计

建龙西钢整体 5G 组网架构分为 5G 核心网、5G 无线接入网和 5G 承载网。5G+MEC 边缘云逻辑设计如图 2 所示。

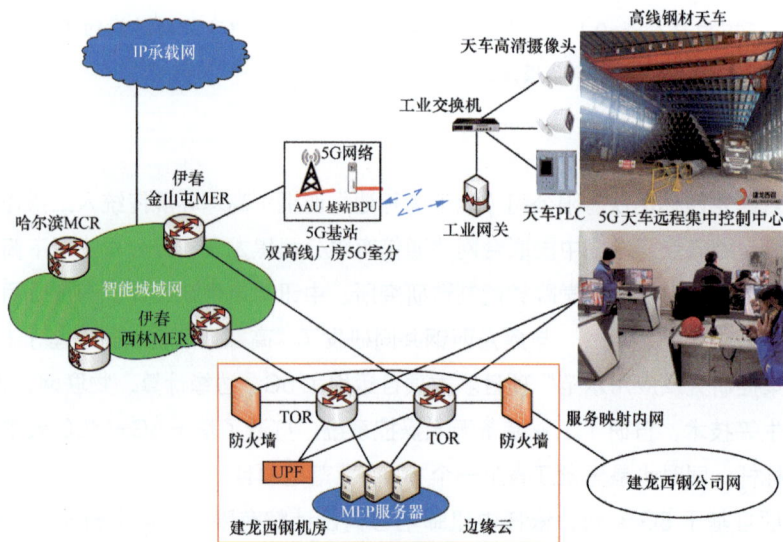

图 2　5G+MEC 边缘云逻辑设计

双高线 5G 天车集中控制操作系统

双高线 5G 天车集中控制操作系统由远程集中控制台、5G 远程控制系统、高清视频监控系统、天车防撞系统等组成。

远程集中控制台。远程集中控制台包括行车状态监控和操作系统（组态软件）、远程操作系统（包含各机构操作主令及 PLC）及其他网络通信辅助设备等。集中控制台如图 3 所示。

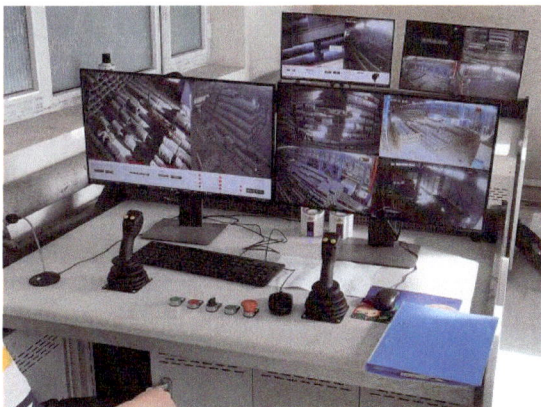

图 3　集中控制台

5G 远程控制系统。天车 PLC 与变频器及传感器设备之间采用 DP/PN 通信方式，可直接进行硬件敷设。

高清视频监控系统。本项目通过在每个天车上安装 5 个不同角度的高清摄像头，实现远程集中控制的高清视频可视化（低时延、超高清）。

天车防撞系统。为了安全可靠地遥控操作天车，天车上要安装天车防撞系统，根据各天车激光防撞信号，对天车进行减速、停机等连锁控制，并通过天车的位置数据，优化安全生产操作。

以往，轧钢生产线双高线车间天车操作人员需要在天车驾驶室进行操作，驾驶室的工作空间狭小，工作环境恶劣，操作人员作业时间长，便捷性差，存在安全隐患，且操作人员的操作重复性高，操作时间长。现场操作人员通过人眼观察，存在视觉死角，操作过程中需要操作人员通过观察判断下方是否准确落入指定区域和卸载位置是否准确等，人为吊装操作过程存在较大的安全隐患。黑龙江联通对双高线车间 5G 网络覆盖、天车改造和控制中心进行建设，天车操作人员通过 5G 专网，在控制中心实现了对双高线车间 4 台天车的远程集中操控，助力建龙西钢实现少人化、无人化管理和运营，为天车全过程调度、使用提供全面、实时及可视的智能化操作平台。5G 智能天车项目的建设完成，加快了建龙西钢高线成品的装车速度，降低了天车操作人员的劳动强度，提高了双高线车间产能，助力建龙西钢炼钢及轧钢生产线的准确衔接，消除了产业链瓶颈，实现了提产、降本、增效。原天车驾驶室如图 4 所示，天车远程集中控制中心如图 5 所示。

<table>
<tr><td>图 4　原天车驾驶室</td><td>图 5　天车远程集中控制中心</td></tr>
</table>

本项目的落地改变了天车行业操作模式，实现了天车远程控制，极大地提高了生产效率，有效避免了各种安全事故的发生，改善了工作环境，降低了工作劳动强度。

🌐 持续拓展 5G 智慧应用场景

本项目将 5G、工业互联网技术、MEC 技术、自动化技术、AI 技术深度结合，实现轧钢钢材倒运的 5G 远程控制，改变以往天车操作人员登高、在天车驾驶室操控的方式，在天车远程集中控制中心进行可视化远程操控，解决了传统天车控制的各种痛点问题。

5G+AI 赋能生产安全。本项目通过 5G+MEC 提供现场大带宽的监控和分析服务，提高厂区管理水平、监控生产过程、查看设备运行情况、加强治安保卫、监督不规范操作、减少事故损失。合规性监测分析框架如图 6 所示。

5G+设备解决方案赋能精细化管理。基于 5G 网关+连接+平台+应用的"一站式"解决方案，本项目提供设备连接、数据采集、实时监控、故障告警、远程控制等一系列应用服务，采集设备运行参数，实现设备全生命周期监控，保证设备安全稳定运行。

5G+工业装备操控系统赋能无人化作业。该系统实现现场海量设备的数据采集和全面互联。通过人工智能、边缘计算、云化 PLC 等技术，本项目在 5G 专网内部实现对工业现场设备的远程集中操控，设备间、工序间的柔性操作联动和协同优化。

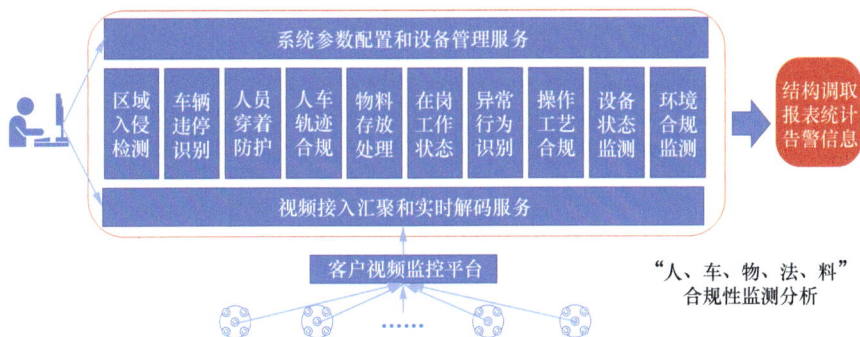

图 6　合规性监测分析框架

5G+标识解析。随着工业物联网的发展，以及工业互联网标识和解析的应用，天车的维护管理从"事后"向"预测"转变，实现天车的定位、分析、故障预警、健康度分析等功能。

实现 5G 赋能，打造产业制造新业态

作为一个通用的面向钢铁冶炼行业的工业互联网创新应用试点示范，本项目建成后，一方面，显著提高了建龙西钢的整体管理水平，另一方面，作为"5G+边缘计算"的网络架构示范，以及 5G 网络支持工业互联网的应用创新，本项目的可复制性和可扩展性极强，从而为行业内甚至跨行业工厂智能化升级改造提供了极具价值的参考及强有力的技术支持。

助力企业转型升级。通过对建龙西钢生产、制造和研发的全生命周期进行管理，本项目实现生产优化、质量检测、协同生产、柔性制造等，提高生产效率，降本增效，助力建龙西钢从粗放型企业向集约型企业转型。

5G 赋能制造新业态。通过 5G+边缘计算模式，本项目依托工业互联网平台对生产制造的全过程进行智能升级，实现虚拟化设备接入和虚拟工位，提供统一开发运维环境，建立工业应用的编程、调试、部署、管理、监视、操作等功能，最大化资源配置，营造制造企业新型的生产制造环境。

提升制造业盈利能力，增强综合国力。制造业是国民经济的主体，本项目实现传统制造企业向智造型企业的转变，通过引入信息化、智能化新技术，加速实现产业转型升级，提升制造业盈利能力，助力国家综合国力的增强。

5G+智慧电力典型应用

数融万物 智创未来

5G+智慧电力典型应用

作为当下高效、重要的能源形式之一，电力在全社会正常运转的过程中发挥着重要作用。随着分布式可再生能源的更多应用和用户对用电可靠性期望的不断提高，未来的电力系统将变得更加重要和复杂，因此，智慧电力建设正成为未来的发展趋势。数字技术在新型电力系统高质量发展的过程中起到"加速器"和"变压器"的作用。

5G 赋能国网智能分布馈线
自动化规模推广

参与企业： 国网冀北电力有限公司张家口供电公司、中国移动通信集团河北有限公司、中国移动通信集团河北有限公司张家口分公司、中移（上海）信息通信科技有限公司、中兴通讯股份有限公司

技术特点： 本项目是5G+智能分布馈线自动化应用落地项目。本项目以冬奥会为契机，围绕5G等技术实现了配电网故障的毫秒级诊断、隔离，以及非故障区域的自动恢复供电，突破了光纤馈线自动化的瓶颈。

应用成效： 本项目切入5G新领域——5G+智能分布馈线自动化应用、5G GOOSE组播，实现了配电网故障的毫秒级诊断、隔离；突破了光纤馈线自动化的瓶颈，以低时延、高可靠、快部署的优势助力其在全国规模化普及，同时扩大了产业链上下游的市场空间，以规模效应促进产业链上下游"以量促价，以价促量"的良性发展。

国网冀北电力有限公司承接北京的高标准供电保障任务，国网冀北电力有限公司张家口供电公司（以下简称张家口供电公司）是国网 5G+智慧电网创新应用的试点单位。2012 年，张家口供电公司开始部署智能分布馈线自动化应用，但是受制于光纤通道匮乏、路径协调困难等原因没有广泛应用。随着 5G 的不断发展和商用，5G+智能分布馈线自动化应用可用于配电网故障的毫秒级诊断、隔离，以及非故障区域的自动恢复供电。基于 5G+智能分布馈线自动化应用项目的合作，张家口供电公司逐步开展站所终端、馈线终端（Feeder Terminal Unit，FTU）、配电变压器终端（Transformer Terminal Unit，TTU）和线路智能故障指示器的 5G 应用。

提供电力优质服务

5G 的高可靠性、安全性和低时延等特点，让智能分布式配电自动化保护具有更好

的选择性、灵活性和快速性。张家口供电公司利用 5G 网络让配电终端之间相互通信，可在 200 毫秒内完成线路的故障定位、隔离，以及非故障区域的自动恢复供电，实现配电自动化时间从秒级向毫秒级转变，大幅减少了故障停电时间和次数，显著提升了客户端用电效果。基于 5G 无线公网的智能分布式配电自动化运行将显著提升城乡配网供电可靠性，让停电区域面积更小、居民停电次数更少、来电等待时间更短、客户用电满意度更高。

张家口供电公司将逐步构建融合 5G 的配网可靠性管理模式，与中国移动通信集团河北有限公司张家口分公司（以下简称张家口移动）持续合作，力争成为全国范围内首家实现 5G+智能分布馈线自动化应用的单位，达到国内领先技术水平，全面提升张家口配电网的智能化水平。这对中国移动 5G 的推广及电力优质服务的提升有着重要意义。

采用 5G SA 组网架构

本项目采用 5G SA 组网架构，通过切片、5QI[1] 等网络技术构建智慧电力 5G 专网。无线侧通过 5G 模组将电力数据传输单元（Data Transfer Unit，DTU）接入 5G 基站；承载网使用切片、5QI 技术保障数据的安全性及优先调度；核心网采用地市 toB UPF 实现数据分流的最短路由；在地市 toB UPF 和电网配电主站之间的数据专线上开通通用路由封装（Generic Routing Encapsulation，GRE）隧道，保障数据的安全性、可靠性和稳定性；部署 GOOSE 适配组播转发系统，在网络层面实现报文的组播转发功能，进一步缩短故障定位、隔离的时间。

5G+智能分布馈线自动化应用在变电站出口断路器保护动作前，完成快速定位和故障隔离，故障点上游不断电；联络开关收到故障隔离信息后闭合，通过拉手线路对应的变电站秒级恢复故障点下游非故障区域的供电。

低时延智能预调度参数配置

针对电力专属切片配置 5QI、SR 等低时延智能预调度参数，保证电力业务端到端时延低于 30ms；经过长时间的运行验证，这些参数已经满足智能分布馈线自动化应用的通信低时延及高稳定性要求。

① 确保小区切换后的低时延智能预调度参数配置生效。由于 5G CPE 存在小区切换的操作，需要对业务点周边的基站配置电力专属切片的低时延智能预调度参数，使 5G CPE 不管切换到哪个小区都能保证业务不中断和低时延的特征。

② 确保基站设备升级的参数配置生效。智能分布馈线自动化应用共享中国移动 5G 大网设备，5G 大网设备的升级可能导致智能分布馈线自动化应用的专属通信配置

---

1. 5QI 指 5G QoS Identifier，5G 服务质量标识。

失效，需要在升级管理的基础上对智能分布馈线自动化应用进行升级前的验证。

天线外引，无线规划保障

智能分布馈线自动化应用的业务点位置固定，张家口移动可以通过 5G 网络优化、调整无线天面或增加 5G 基站的方式保证业务点的 5G 信号覆盖强度。

本项目通过室外型 5G CPE 引出天线至环网柜顶部并外置，规避环网柜柜体信号屏蔽。

减少时延，增加信号强度

本项目在边远区域锁定 700MHz 信号，确保小区覆盖信号强度，降低 700MHz 和 2.6GHz 频点倒换导致的业务重启的连接时延。

业务点存在多个 5G 小区覆盖，当出现接入小区切换的情况时，通信业务时延会大幅增加。为了保证时延处于正常状态，业务点稳定接入主信号小区，在无线网络优化时确保主信号小区的信号强度优势，在主信号小区信号出现故障时，接入其他小区以保障业务的稳定过渡。

众多项目优势

冬奥优势：张家口供电公司是国网 5G+智慧电网和智能分布馈线自动化应用的双试点单位，本项目在冬奥供电线路中全线应用 5G+智能分布馈线自动化技术，为冬奥会提供高标准、高可靠的供电保障服务。

网络优势：本项目采用中国移动的 5G 专网，覆盖广、成本低。

普及优势：5G 技术突破了光纤的制约，解决了光缆敷设和光衰对自动化设备组网数量的限制问题，且成本低、部署快，可规模化普及。

良好的产业效应

本项目规模化普及后将产生以下效果。

因环网柜部署靠近生产 / 生活聚集区，5G+智能分布馈线自动化应用将促进 5G 网络覆盖的精准补点建设。

本项目的应用将扩大产业链上下游的市场空间，以规模化效应促进产业链上下游"以量促价，以价促量"的良性发展。

本项目将促进 5G 应用在电力行业的规模推广，将基于 5G 电力专网促进 5G+智慧电网的各类创新应用加速落地。

国家电投 5G+海上风电项目

参与企业： 中国移动通信集团广东有限公司揭阳分公司、揭阳前詹风电有限公司

技术特点： 中国移动通信集团广东有限公司在海上升压站建设5G 700MHz宏站，在风机塔筒建设室分覆盖网，打造全国首个5G深度覆盖的海上风电场。本项目金额规划达302万元，首期已落地"和对讲"海上巡检应急指挥调度系统、5G+蜂巢政信等综合信息化服务项目，第二期研发基于5G专网的智能运维、实时监测、电子围栏、海洋牧场等多种应用场景。

应用成效： 本项目在关键新领域取得首次5G相关突破，充分借助"产、学、研"平台制定5G+海上风电信息化应用行业标准，更好地发挥项目影响力。

根据《揭阳市促进海上风电项目有序开发和相关产业可持续发展的实施方案》，揭阳已核准海上风电项目11个，总装机容量655万千瓦，总投资1390亿元，核准装机容量居于粤东地区首位，同时带动新能源产业链上下游企业投资建设，发展前景巨大。2021年11月30日，国家电投神泉一315兆瓦海上风电项目成功并网，这是粤东地区千万千瓦海上风电基地第一个投产的项目。其中，国家电投广东揭阳900兆瓦海上风电项目陆上集控中心是目前亚洲单体容量最大的海上风电项目集控中心。

网络部署方案

本项目采用2.6GHz+700MHz互补方案，复用海上风电海底光缆，UPF下沉于岸基集控中心，700MHz宏站覆盖户外，2.6GHz覆盖风机塔筒，实现1256平方千米海域的连续覆盖，将整片海域打造成一个全新的海上智慧园区。网络方案部署示意如图1所示。

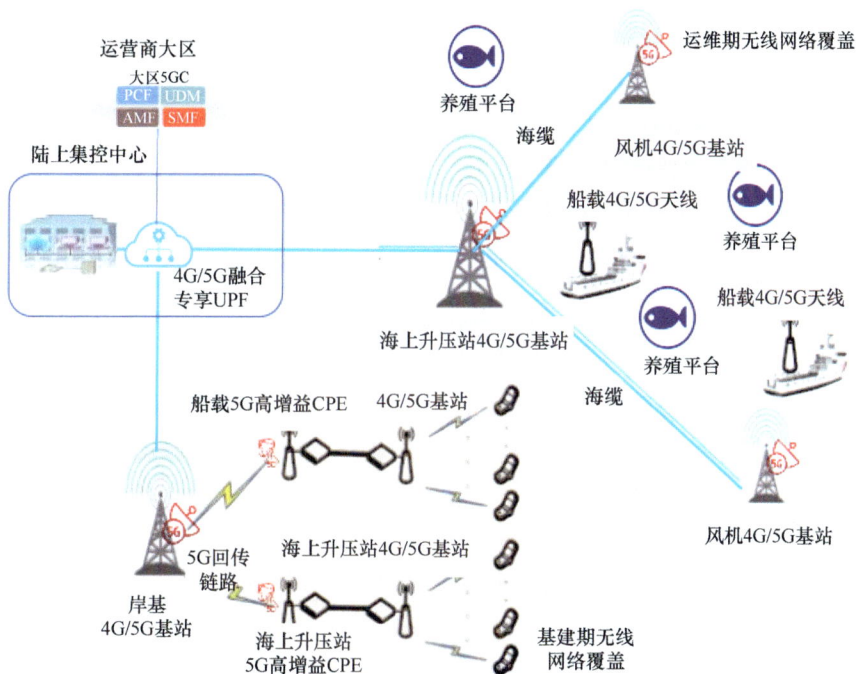

图 1　网络方案部署示意

根据海面传播模型，700MHz 宏站建于中心升降站 40 米高处，覆盖半径为 20 千米，覆盖面积超过 1256 平方千米。

室内站覆盖 66 个风机塔筒，总面积为 12589.5 平方米，新增 1 套 BBU、1 个基带板、10 个 RHUB 及 66 个 pRRU、2 个载频。风机塔筒 5G 室分部署示意如图 2 所示。

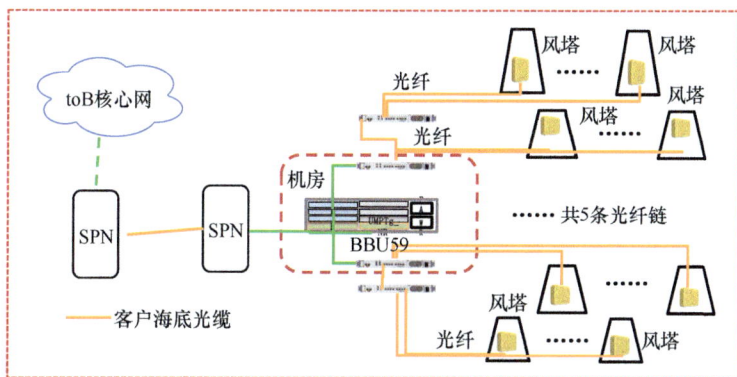

图 2　风机塔筒 5G 室分部署示意

🛰 应用部署方案

海上风电无人机巡检。风机塔筒等发电设备的巡检目前仍采用人工方式，由于海上风电场作业环境复杂，危险程度高，利用 5G 低时延的特性，全自动无人机巡检可实现对目标设备的飞行巡查，完成自动起飞、降落、充电、下载数据，搭配 AI 摄像机可实现高清视频画面回传、设备缺陷比对、AI 分析数据等功能。

发电机组实时数据监测。基于 5G 大带宽、低时延、广连接的特性，本项目通过在风机部署专用的在线监测传感器、主控系统或监控与数据采集（Supervisory Control and Data Acquisition，SCADA）系统，采集风机的振动、温度、油液、风速、电压、电流等数据，后台人员能够实时获取监控信息、制定维修策略，以此减少风机非计划停机次数和降低机组的运行维护费用等。海上发电机组实时数据回传示意如图 3 所示。

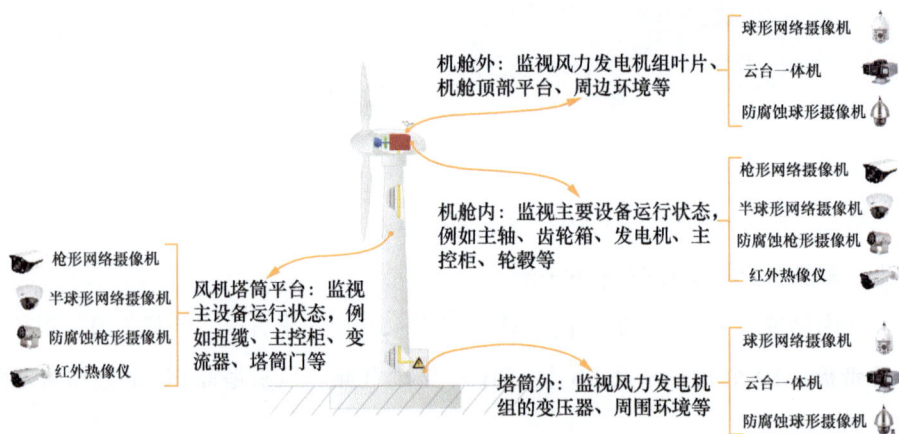

图 3　海上发电机组实时数据回传示意

电子围栏。海上风电场周边交通环境复杂，过往船舶可能有误入施工区域的风险，同时容易将铺设在水下的海底光缆挂断，造成经济损失。基于 5G 网络和蜂巢政信产品，本项目为客户打造了电子围栏系统，保障风电场施工期间自身的安全及附近水域船舶的安全。

"和对讲"海上巡检应急指挥调度系统。整个系统依托中国移动现有无线通信网络（4G/5G），建设覆盖全国的海上作业故障远程抢修指挥平台（只要有 GSM 信号的地方都能够实现对讲，并能够将前端图像传回指挥中心或监控端）。通过该系统，电力企业监控中心及内网授权用户能实时接收海上作业故障现场视频和音频，并实现现场指挥的多方通话。"和对讲"海上巡检应急指挥调度系统如图 4 所示。

在抢修现场，手机对讲（PoC）终端可实现语音对讲、手机通话、GPS定位、图片视频上传、录音等功能。

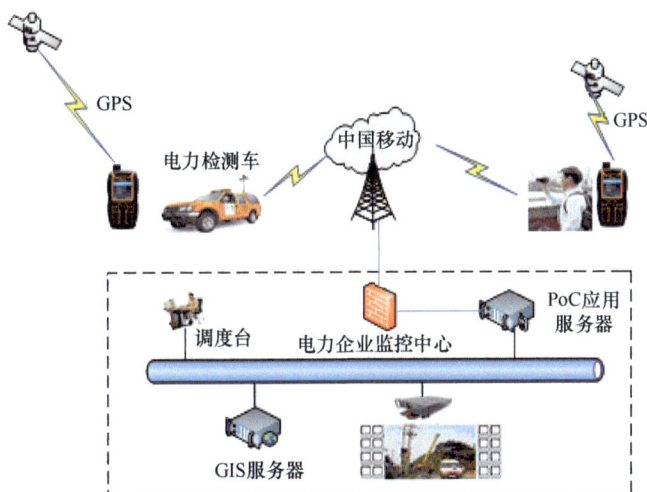

图4 "和对讲"海上巡检应急指挥调度系统

发挥示范带头作用

解决了产业共性问题。本项目解决了建设期施工人员通话需求、无线数据通道需求；解决了建设期施工安全生产应急指挥需求；解决了运维期智能化运维需求，例如对风机塔筒进行无人机巡检、对设备运行状态进行AI视频巡检等；解决了运维期风险防控问题，例如为防止外物入侵，对电子围栏闯入行为发出报警。

有利于规模化复制推广。本项目打造了全国首个5G深度覆盖的海上风电场，打造了5G与海洋经济第一、二、三产业融合的典型案例，是全新领域的5G合作，有助于广东省乃至全国5G+行业应用的规模化复制推广。

5G是落实国家"新基建"战略的重要内容。国家电投作为中央企业，在落实国家战略方面起到示范带头作用，为海上风电行业乃至其他行业的5G应用起到示范推动作用，践行社会责任。

5G+智慧能源小镇项目

参与企业： 中国移动通信集团辽宁有限公司、国网辽宁省电力有限公司、国网辽宁省电力有限公司阜新供电公司、国网辽宁省电力有限公司电力科学研究院、华为技术有限公司、中移（上海）信息通信科技有限公司

技术特点： 本项目聚焦5G网络与能源互联网的转型替代升级、多能源融合互补服务等方面，推广能源互联网在城镇多场景综合应用，围绕清洁能源综合服务、清洁能源调控管理、企业能耗管理服务、碳资产管理服务、智能代运维服务五大方面，提升能源生产、能源输送、能源消费各个环节的服务能力，实现多元互动、柔性适配、智能高效、清洁低碳，为用户提供高品质、高能效、智慧化的能源服务。

应用成效： 本项目技术创新性强、实用化程度高，建成用户类型齐全、基础设施广泛、应用场景丰富的城镇能源互联网示范工程，对城镇能源互联网建设具有很强的示范意义和引领价值。本项目可为辽宁省节约电费超2亿元，减少碳排放量超1万吨，高效提升城市可再生能源利用效率，加快清洁能源城市的建设。

本项目立足智慧高效、生态宜居、清洁低碳三大定位，建成清洁能源占比高、供电品质高、综合能效高、信息感知广泛、服务覆盖广泛、用户参与广泛的智慧能源创新示范工程，打造国内领先的绿色工业互联网示范区和智慧生态旅游宜居示范区，促进企业向能源产业价值链整合商、能源生态系统服务商转型，助力阜新地区清洁能源的发展。

● "5G、一中心、五体系"建设

本项目按照"能源转型升级、5G场景同步建设、业务精益管理、服务持续提升"的思路，以能源与城市融合协同发展为愿景，围绕"5G、一中心、五体系"

建设，打造具有阜新特色的 5G+智慧能源小镇。"5G、一中心、五体系"建设架构如图 1 所示。

图 1 "5G、一中心、五体系"建设架构

多措并举的 5G 网络建设方案

无线和传输方案。阜新 5G+智慧能源小镇的 5G 无线基站及传输组网采用 CRAN 组网模式，在 1 个室外站点安装 AAU 设备，通过传输光缆将信号传递到网络节点机房，在现场项目部采用 SPN 设备、BBU 设备收敛信号，通过整体 SPN 回传交换。

核心网部署方案。本项目部署一套 5G UPF 核心网设备，UPF 与边缘云在同一机楼中，并配套防火墙、管理交换机。

5G+通信管理平台。智慧能源通信管理平台对各个通信环节进行管理，为 5G+智慧能源小镇 5G 专网连接、电力通信设备管理、切片管理、工作流程管理提供便捷化管理工具，为智慧能源小镇提供可观、可管、可控的一体化能力，保障通信安全。智慧能源通信管理平台如图 2 所示。

多"源"互补，多网融合

本项目通过掌握阜新地区的风、光、水、气等新能源的分布情况，分析多种新型能源碳替代方面的贡献，为解决能源的存储、调峰、低位热能利用、微电网等技术难题提供数据支撑。

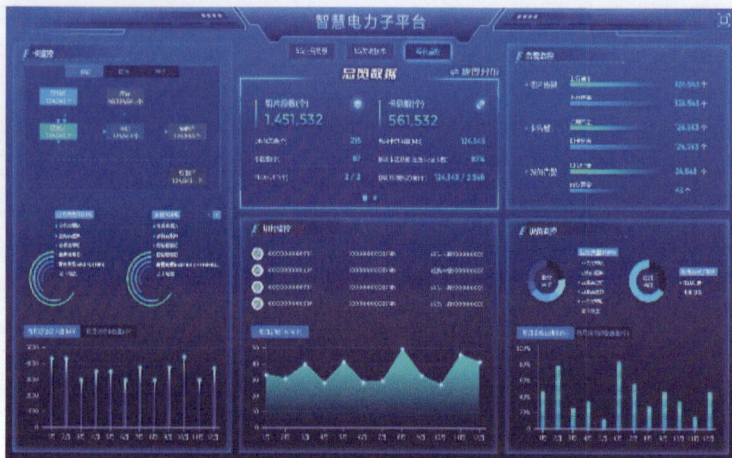

图 2　智慧能源通信管理平台

　　本项目以电网为核心，利用大数据、5G、北斗卫星导航系统、物联网、区块链等数字技术，融合电力网架、天然气网络、供热网络、道路交通网络，形成能源互联共享网络，在虚拟空间中完成对能源互联网的映射，反映能源互联网的全生命周期过程。微电组网分析如图 3 所示。

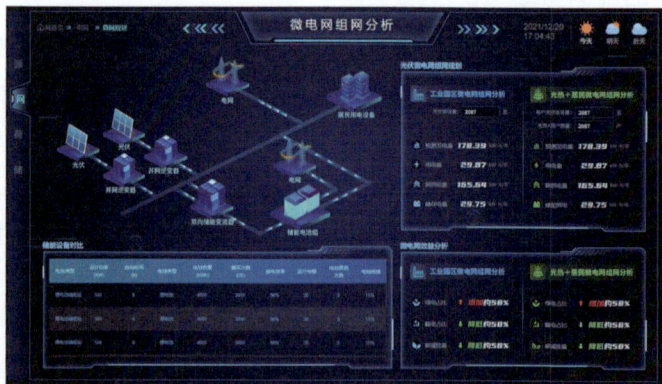

图 3　微电组网分析

多"荷"服务，多"储"共享

　　本项目通过对居住、工业、农业、商业、公共事业等多方面的用电负荷分析，提升用能用户供电可靠性和电能质量、电费管理。本项目通过获取区域内风电、光伏、市电、绿氢等储能资源的配置情况，监控其储备及用能情况，多样化服务电网调峰、调频、备用容量及电压支撑，为电网削峰填谷、柔性电网动态调节、战略安全储能提供有力支持。

　　辽宁省是我国重要的老工业基地，同时也是能源消耗大省，目前正处于转变发展方式、优化经济结构、转换增长动力的关键时期，面临能源消耗总量和强度"双控"的严峻压力。发展氢能产业不仅可以培育新动能，还可以降低传统石化能源消费比重，提高清洁能源应用水平，是切实践行生态文明思想的具体实践，也是落实辽宁省委、省政府决策部署，推动实现"双碳"战略的重要举措。

国网龙岩供电公司
5G+智慧电网项目

参与企业： 中国移动通信集团福建有限公司龙岩分公司

技术特点： 中国移动通信集团福建有限公司龙岩分公司依托 5G 优势及核心产品能力，打造智慧电力"云、管、端"一体化行业解决方案，满足电力业务发电、输电、变电、配电、用电各个环节的安全性、可靠性和灵活性需求，实现差异化服务保障，进一步提升发电及电网企业对自身业务的自主可控能力，促进未来智能电网取得更大的技术突破。

应用成效： 中国移动通信集团福建有限公司龙岩分公司利用5G网络+网络切片+边缘计算能力构建5G专网和平台环境，同时搭建MEC服务器，开展输电线路无人机智能巡检、变电站机器人智能巡检、配电站房监测系统、配网差动保护、配网自动化三遥等典型场景应用研究和验证，打造可复制推广的5G+智慧电网样板工程，在整个电力行业乃至全能源行业都具有推广意义。

为贯彻国家电网有限公司（以下简称国网公司）及福建省公司的会议精神，落实工作部署，全面推进龙岩泛在电力物联网建设，解决"最后一公里"的通信问题，本项目通过与中国移动通信集团福建有限公司龙岩分公司（以下简称福建龙岩移动）开展战略合作，利用国网龙岩供电公司的内在优势，充分利用 5G 大宽带、高可靠、低时延、大连接等技术特点满足电网系统在输电、变电、配电、营销等方面的业务需求，推动电力业务 5G 试点验证工作，遵循国网公司的网络安全防护要求，探索以 5G 无线公网形式作为电力通信网重要补充的可行性，扎实推进泛在电力物联网应用及安全防护研究与建设工作，同时配合国网公司科技项目——"空天地"一体化通信网络体系及关键技术研究中面向 5G 典型组网场景的试点验证工作，满足高端电网发展的信息通信需求。

"云、管、端"一体化

当前电力业务种类繁多，各类应用针对 5G 网络性能及安全隔离提出了不同的需求。配网差动保护、配网自动化三遥需要低时延、高可靠的通信网络进行电力控制；无人机、机器人巡检、智能安防业务需要大带宽进行视频回传；配网计量、新能源场站业务需要海量连接开展综合服务。相较于 4G 网络，5G 网络对智慧电力业务的承载更具全面性，例如，mMTC 提供从百万级到千万级的连接能力、eMBB 提供单终端 10~100Mbit/s 级别的带宽承载能力、uRLLC 提供网络端到端 10ms 级的时延能力。"云、管、端"一体化如图 1 所示。

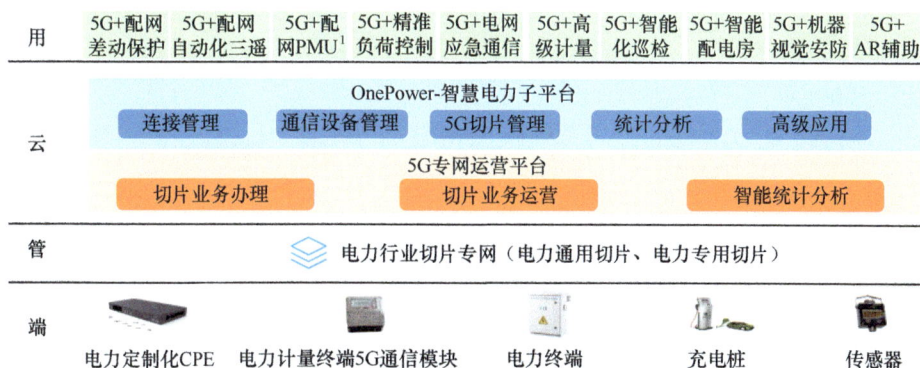

注：1. PMU（Power Management Unit，电源管理单元）。

图 1 "云、管、端"一体化

5G 电力专网整体网络方案

5G 智能电网按业务属性分为广域业务和局域业务两大类。广域业务属于开放场景，通过电力行业切片专网承载，提供端到端安全隔离能力，满足差异化业务需求，主要包括电网生产控制大区业务场景和管理信息大区业务场景。局域业务属于封闭场景，通过电力行业 5G 专网，提供基站和 MEC 设备独享服务，满足电力业务"数据不出场"的需求，主要包括变电站、换流站等特定业务场景。

广域业务分为电网生产控制大区业务和管理信息大区业务。电网生产控制大区业务包括以配网差动保护、配网自动化三遥为代表的控制类业务，以及以电能 / 电压质量监测为代表的非控制类业务，要求 5G 网络提供高安全隔离、低时延、高精度授时等能力。管理信息大区业务包括无人机、机器人巡检及摄像头监控等典型业务，要求 5G 网络提供上行大带宽等能力。为满足电力业务需求，本项目通过电力行业切片专网，在保证电力业务安全隔离的基础上，满足电力业务差异化网络需求。在无线网侧，电网生产控制大区业务采用 RB 资源预留实现无线资源专用，管理信息大区业务通过 5QI 调度满足电力业务优先级需求。传输网侧基于 FlexE 实现电网生产控制大区和管理信息大区之间的物理隔离，叠加信道子接口，实现小颗粒切片。核心网侧和会话强相关的模块（AMF、SMF、UPF）考虑由电力企业独立建设，实现电网生产控制大区和管理信息大区之间的物理隔离、大区内的逻辑隔离，满足电力企业业务隔离性需求；与会话本身不相关的模块（UDM、PCF）考虑复用大网资源，降低管理难度，节约投资成本。

电力行业 5G 专网架构如图 2 所示。

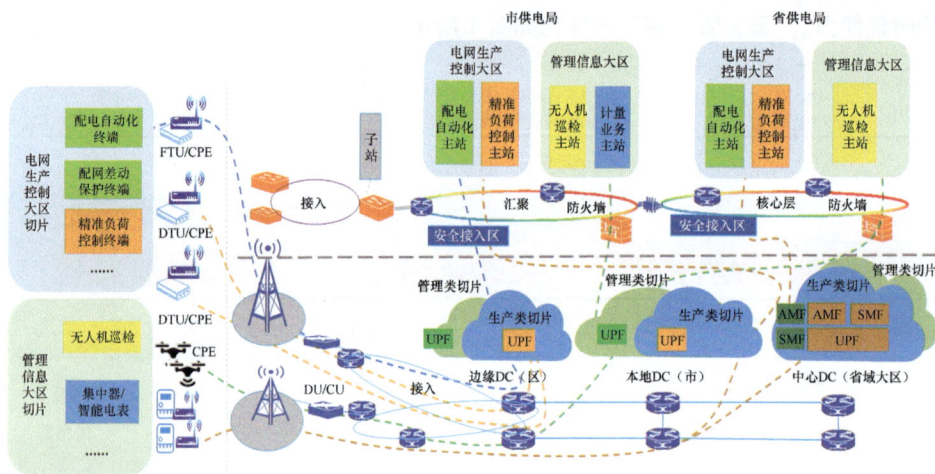

图 2　电力行业 5G 专网架构

输电线路无人机智能巡检

无人机上搭载的自主航线驾驶系统使无人机在执行飞行任务时完全脱离人工操控。自主航线驾驶系统实时修正航线，机载高清摄像机既可全程记录飞行过程，又可拍摄高清数字图片、视频，飞行过程的影像可通过微波信道传送至地面站的监视中心屏幕，实现 4K 甚至 8K 的高清画面在线共享。地面站发送相应的控制信号，实现对无人机空中姿态的控制，验证 5G 网络在无人机业务应用方面的安全性和实时性。

无人机可通过搭载的 5G 图传模块，将拍摄的视频、图片以极低的时延与平台、终端进行实时共享，实现远程观看，验证 5G 网络的大连接及低时延特性。无人机智能巡检系统如图 3 所示。

变电站机器人智能巡检

变电站机器人本体内嵌 5G CPE，通过连接机器人通信接口，完善相关的通信协议，实现机器人采集的实时信息外送，验证数据传输的实时性和可靠性。

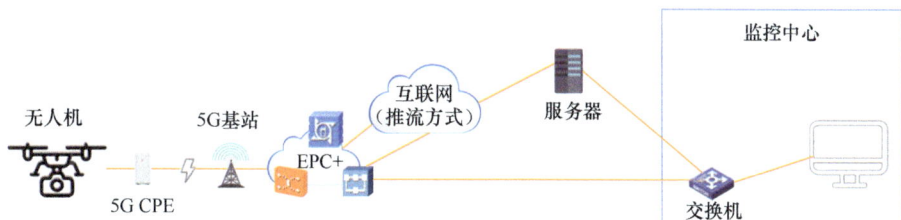

图 3 无人机智能巡检系统

福建龙岩移动在实现大流量数据传输及网络切片、安全隔离后，把稳定的有线数据传输至云端平台，服务器对其进行智能识别、分析，并生成巡检报告推送至巡检控制平台，验证数据传输的安全性。

配电站房监测系统

配电站房监测系统可实现的最大时延为 131.814ms、最小时延为 9.069ms、平均时延为 16.872ms、吞吐量为 60Mbit/s，满足客户时延小于 200ms，吞吐量大于 10Mbit/s 的需求。在该系统监控中心内可观看约 1 小时的直播视频，随意调用各个监控画面，流畅无卡顿，各路视频时延均在 1s 以内。员工可以在监控室直接查看配电站房内的设备情况，节省前往站房内的时间，提高站房内巡检效率。

配网差动保护

本项目配置 5G 终端，核心网固定分配 SIM 卡 IP，上电后 5G 终端的 WAN 口 IP 地址不变；用以太网口连接保护装置和 5G 终端，通过 5G 系统建立一对配网差动保护装置之间的连接，完成 5G 在线系统注册，建立 PDU 会话，按照配网差动保护程序施加电流，记录出口动作时间。结果表明，本项目可实现带宽 3.41Mbit/s，抖动时延 1.45ms，丢包率 0.001%，最大时延 110.071ms、最小时延 9.56ms、平均时延 12.788ms，基本能达到客户预期。

配网自动化三遥

配网中的智能 FTU 设备通过 CPE 连接 5G 网络，通过网络切片技术构建端到端隔离的专网，加强设备与配网自动化主站间的数据通信能力及安全性，同时验证配网自动化三遥通过 5G 网络实现的业务功能与覆盖效果。

电力行业 5G 网络安全接入能力建设

参与企业：奇安信科技集团股份有限公司

技术特点： 本项目在某电科院光伏电厂的AVC[1]能量管理系统和光伏子阵逆变器之间创新性地采用5G无线传输组网模式，对工控协议深度包解析，全面提升防御能力及安全数据分析、处置能力，在能量管理系统中控室部署工业安全隔离与信息交换系统，通过链路阻断、协议转换的方式，使数据只能以专有数据块的方式静态地在两个网络之间进行"摆渡"，从而切断两个网络之间的所有直接连接，保证不同安全级别网络之间的数据能够安全、可靠地交换。

应用成效： 本项目通过边界隔离防御提升了工业网络的稳定性；工业点表匹配安全策略提升了安全策略可用性；提高了企业经济效益，优化了网络安全使其可持续发展。

现阶段，光伏电站基本形成站内通信以以太网和串行通信为主、外部通信以光纤通信为主的通信方式。随着通信技术的发展及光伏电厂业务的推广，部分光伏电站光伏子阵信息采集通信采用无线通信技术进行传输。

在光伏电站监控系统中，站内通信主要实现光伏电站监控系统内部各子系统或各功能模块之间的信息交换和信息共享。在某电科院光伏电厂 AVC 能量管理系统和光伏子阵逆变器之间进行 5G 无线通信试点建设，需要配套建设安全接入区。奇安信科技集团股份有限公司（以下简称奇安信）助力该电科院光伏电厂 AVC 能量管理系统和光伏子阵逆变器 5G 无线通信传输安全，建设安全接入区。AVC 能量管理系统 5G 安全接入区通信路线如图 1 所示。

AVC 能量管理系统主机将指令数据发送给工业安全隔离与信息交换系统，隔离

---

1. AVC（Automatic Voltage Control，自动电压控制）。

装置在完成身份认证的情况下，将指令数据"摆渡"到另一侧网络。工业安全隔离与信息交换系统支持强大的访问控制策略，支持通过源地址、目的地址、端口、协议等多种元素对允许通过网闸传输的数据进行过滤。

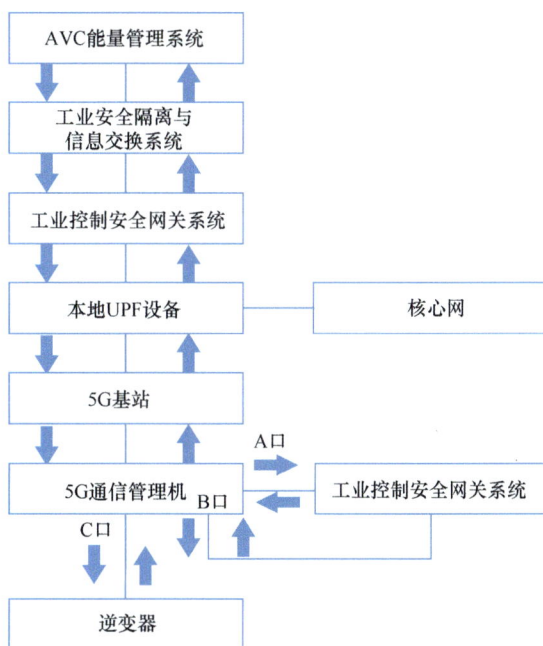

图 1　AVC 能量管理系统 5G 安全接入区通信路线

安全接入区中控室侧边界防护的工业控制安全网关系统收到工业安全隔离与信息交换系统转发的数据后，完成安全解析，将数据转发给本地 UPF 设备，进入 5G 传输阶段。工业安全隔离与信息交换系统结合工业特性的协议深度解析引擎，加强工业安全网关的协同防御能力、数据生成能力、数据分析能力、数据处置能力，实现深度解析、智能学习、异常处理、风险信息全方位展示分析及审计。

在安全接入区光伏子阵侧边界，由 5G 通信管理机接收数据，并将数据转发给光伏子阵侧工业控制安全网关系统进行安全解析过滤，完成后数据再被转发回 5G 通信管理机。

安全接入区光伏子阵侧逆变器接收 5G 通信管理机的安全指令，响应指令操作，同时反馈操作数据，经过上述安全设施反向返回 AVC 业务主机。

🔹 高性能的专用隔离交换模块

高效 PCIe 接口的交换模块采用 PCIe x 4 通道设计，单向最大带宽为 10Gbit/s，可消除性能瓶颈。隔离交换模块采用双通道通信机制，从可信网到非可信网的数据流与从非可信网到可信网的数据流采用不同的数据通道，对通道的分离控制保证各通道的传输方向可控。

🛰 集中监控与数据分析中心

记录分析引擎对内外网分别独立的数据"摆渡"记录进行抽取、融合，形成独特的数据轨迹报表，记录摆渡数据从源头到目的地的详细信息，并可根据某一数据元素追查数据来源，为隔离网络数据审查提供强有力的依据及保障。

🛰 工业协议深度解析及过滤

本项目支持 10 余种工业协议的深度解析及过滤，在遵循工业控制系统可用性与完整性的基础上，能够检测出数据包的有效内容特征、负载和可用匹配信息，例如恶意软件、具体数据和应用程序类型。

🛰 边界隔离防御，提升工业网络稳定性

本项目对网络边界采取纵深防御的逻辑隔离防护，并借助精细化管控方式，提升边界防御的整体能力，从而保障工业生产网络的稳定性。此外，本项目保障工业数据安全交换，通过控制工业数据的访问，有效防范恶意攻击和敏感信息泄露，在保障各安全域隔离的同时，实现安全、高速、可靠的数据交换。

🛰 工业点表匹配安全策略，提升安全策略可用性

通过可配置的点表能力，光伏电厂操作人员可以直接读懂自学习的工业安全策略，也可以对工业安全策略进行有效校验，满足政策合规要求，降低安全责任风险。本项目通过对边界采取的安全隔离措施，满足等保和电力行业安全的基本合规要求，并对日志进行追溯查询，从而降低安全责任风险。集中式运维降低了运维成本，提升了运维效率，实现设备的策略统一下发和异常监控。

本项目的部署和成功实施，帮助电力企业落实安全接入区的建设，为电力行业进行 5G 无线通信安全建设提供参考，使目前电力行业的安全能力从少量的"样本规范"转变为可推广、可复用的解决方案。本项目的成功运行，树立了电力行业 5G 无线通信安全建设的案例标杆，切实提高了电力企业的无线网络安全建设水平，起到了良好的行业示范作用。

5G+智慧安全
典型应用

数融万物 智创未来

5G+智慧安全典型应用

随着新一代信息技术的飞速发展及其向传统产业的加速渗透，智慧安全正在作为一种新的管理模式、产业形态、融合业态，对人们的日常工作、生产生活产生深刻的影响。

智慧安全以信息技术为手段、以智慧应用为支撑、以安全为目的，通过技术深度融合应用，大幅提升高危行业生产、智慧产业链、智慧城市应急响应、环境风险评估与应急响应等领域的安全管理水平。

基于 5G 尊享专网的野外智能节点油气勘探系统

参与企业： 中国石油化工股份有限公司石油物探技术研究院、中国移动通信集团设计院有限公司江苏分公司、中兴通讯股份有限公司

技术特点： 本项目依托5G的海量连接、高速传输特性，可以支持数万节点的接入和数据传输。5G的实时回传可实现无人巡检，降低巡检人员在极端环境下作业的伤亡风险。5G的空口低时延还可以支持地震仪的同步授时。此外，5G专网数据不出企业，可以保护油气勘探企业的核心数据。

应用成效： 本项目的研发及商用打破了国外技术垄断，实现了探勘装备的完全自主知识产权，并做到了技术、研发全球领先，助力我国能源勘探行业迈向高端价值链。

本项目依托 5G 大带宽、海量连接的特性，通过部署专用端到端 5G 网络，支持地震勘探作业现场海量的 5G 勘探节点数据回传，通过对核心网、基站、频率等专建专享，实现 5G 专网与公网的完全隔离，打造极致性能的 5G 专网。在组网架构上，本项目采用车载定制小型化核心网、车载 5G 基站、车载拉远基站等实现移动部署能力，打造本地端到端的完整通信系统。在频率选择上，作业区域为室外不固定场景，需要考虑公网干扰及频率协同，因此本项目采用 4.9GHz 专用频段，与公网完全隔离，保障与公网互不干扰。

本项目基于野外勘探需求，采用 4.9GHz 专用频段，可移动端到端独立专网，通过中央站承载 5G 核心网并将可移动无线 5G 基站拉远部署至节点作业区域。

定制轻量化核心网

本项目使用核心网下沉技术，配置一套专用轻量化 5G 核心网，适合野外采集车辆部署，并且能满足节点采集的相关技术性能要求，实现野外探测数据业务交换、

管理，实现数据不出测试区，保障数据安全，节约资源，降低维护难度和成本。

建设可移动的专用 5G 基站

本项目的 4.9GHz 专用频段配置灵活，与公网进行隔离，可避免干扰且可根据业务需求定制网络性能。本项目配置专用 AAU 和 BBU 设备，实现智能节点采集数据的无线传输，通过调节基站位置及参数满足作业区全覆盖、节点全接入，保障野外采集车辆作业时可实时传输数据并进行基本通信。

搭建大数据平台

本项目通过搭建大数据平台，实时分析并处理采集数据；基于实时数据回传能力，可实现节点采集的质量控制；根据采集实际情况，可进行排障处理，提高现场作业效率，实现了基于 5G 的地震采集施工创新和分布式多核数据分割技术创新。

全球首创 5G 多模节点仪

SmartPoint 智能地震数据采集节点仪是我国自主科技产品。该节点仪集成 5G 模组，运用宽窄带融合通信、5G 高精度定位等技术，实现地震数据的实时采集、回传。

通信设备定制化

专用 5G 核心网将可移动的无线基站部署至节点作业区域，实现勘探区域数据业务通信，系统支持拉远基站的扩容，为了保证整体组网的简洁、安全，本项目定制了一套 5GC，部署 i5GC 控制面（AMF、SMF、UDM）、i5GC 用户面（UPF）及管理维护系统，使产品体积减小 80%，适合野外采集车辆部署，且能满足节点采集的相关技术性能要求。

基于5G的"工业互联网+安全生产"应用实践

((((•)))) **参与企业：**国家石油天然气管网集团有限公司、国家石油天然气管网集团有限公司液化天然气接收站管理分公司、国家管网集团深圳天然气有限公司、中国移动通信集团有限公司、中国移动通信集团广东有限公司深圳分公司

技术特点：本项目基于5G专网的"工业互联网+安全生产"智慧LNG场站场景，利用5G、AI和大数据等新一代信息技术，从生产、安全、环保等方面实施全面数字化、网络化和智能化改造，实现企业生产降本增效、提升园区安全管控能力和环保检测能力等目标。

应用成效：本项目通过减少人为自选动作、24小时实时监控、AI辅助等手段，提升安全管控水平，提升作业审批效率，可将原本2～3小时的作业审批周期缩短到20分钟以内，降低人员劳动强度，预计人力成本可节约20%。本项目借助统建数字平台和智能应用，结合本地专属网络、便携终端，实现数据共享，大幅提升作业安全领域的本质安全能力，提升规范性。

作为我国能源领域的新"国家队"，国家石油天然气管网集团有限公司（简称国家管网集团）于2019年12月9日正式挂牌成立，于2020年9月30日正式接管运营原国内三大石油公司的主要油气管网基础设施资产，是国务院国有资产监督管理委员会监管的国有重要骨干企业。

管网场站属于易燃易爆高风险区域且现场特种作业多。作业人员在执行作业的过程中存在较多的问题，例如对作业风险、安全隐患的预防管理缺乏主动性；作业数字化程度不高，多为线下作业，作业过程多环节不可视、不可控、不可管和过程无记录；作业监管和风险主要依赖人工巡查，缺乏有效的数字化、智能化监管手段，一旦发生事故会造成人员和财产的极大损失。

2021 年 8 月 6 日，工业和信息化部、应急管理部、国务院国有资产监督管理委员会组织召开"工业互联网+安全生产"油气管道行业试点启动会。国家管网集团联合中国工业互联网研究院和中国安全生产科学研究院，在有关部委的指导下开展"工业互联网+安全生产"油气管道行业试点示范，高起点、高标准、高质量完成"工业互联网+安全生产"试点建设任务，不断提升安全水平，打造具有引领示范意义的油气管道行业标杆，推动油气管道行业的高质量发展。

为推动"工业互联网+安全生产"油气管道行业试点示范工程，国家管网集团深圳天然气有限公司联合中国移动等在深圳打造了基于 5G 专网的"工业互联网+安全生产"智慧 LNG 场站场景应用。本项目利用 5G、AI、大数据、云平台、边缘计算等技术，打造了"一张专网+两个平台+五大智能终端"，实现了降本增效，降低了安全事件发生概率。本项目针对油气管网进行数字化、网络化、智能化改造，让油气管网具备 5 种新型能力，油气管道行业数字化管理、网络化协同、智能化管控全面落地，有效巩固提升了油气管道安全水平和数字化变革。

🌐 一张专网

本项目利用 700MHz 频段、超远距离覆盖能力，通过在非防爆区域设置基站，满足防爆区域的网络需求，最大限度地保证安全；通过专享 UPF（纯分流型），形成数据不出园区的本地分流能力；部署华为 FusionCube 智能一体化机柜，融合计算、存储、网络、UPS 资源等，现场插电即用，实现"一站式"业务部署、"一站式"运维管理、"一站式"故障处理；通过设计 5G 安全方案，创新地从被动、单点防御转变为主动、整网防御，从人工运维升级为智能运维，做到"云、网、端、安"协同，构建 5G 专网安全体系。"一张专网"如图 1 所示。

🌐 两个平台

安全作业管理平台。该平台具有一屏总览、视频监控管理和动火作业管理功能，最大限度地采集、利用信息资源。安全作业管理平台可实时监测视频、人员定位、设备状态、特殊作业等数据，实现重大危险源安全管理、双重预防机制建设、特殊作业许可与作业过程管理、智能巡检、人员定位等基础功能的信息化、数字化、网络化、智能化，实现安全作业与管理运营风险的最小化。视频监控统一管理界面如图 2 所示。动火作业管理界面如图 3 所示。

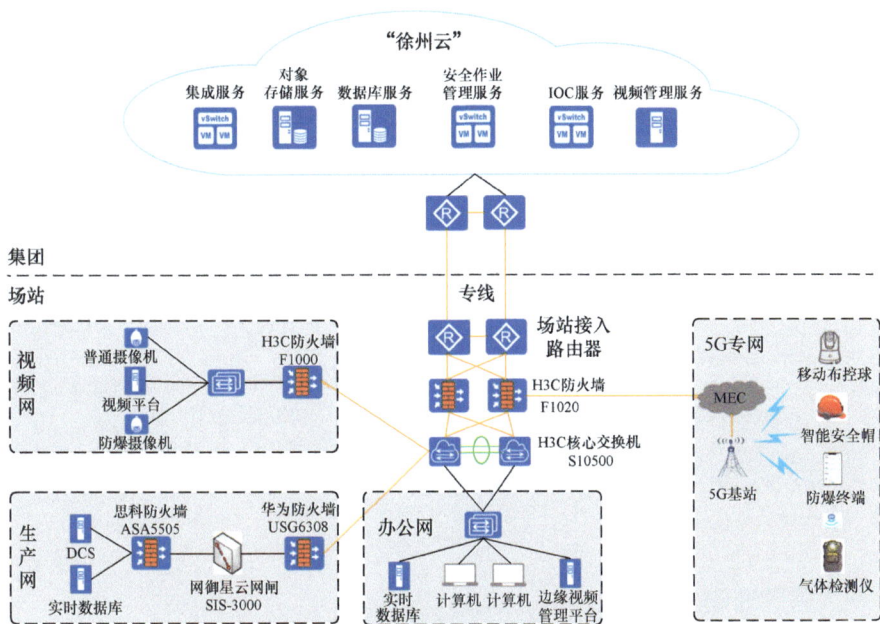

图1 "一张专网"

图2 视频监控统一管理界面

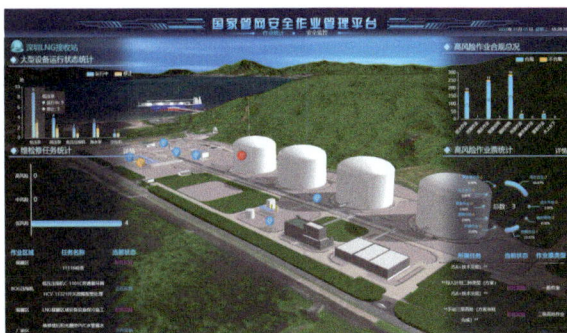

图3 动火作业管理界面

5G 专网自服务平台。OneCyber 产业物联网平台是 5G 专网自助服务平台，南向结合自研 5G 网关+网络探针等服务，实现对客户 5G 终端+网络+业务的全量感知。该平台提供"终端+平台+应用"的一体化服务，帮助客户实现网络与业务融合的统一可视可管，故障快速恢复，降低对生产的影响。OneCyber 产业物联网平台如图 4 所示。

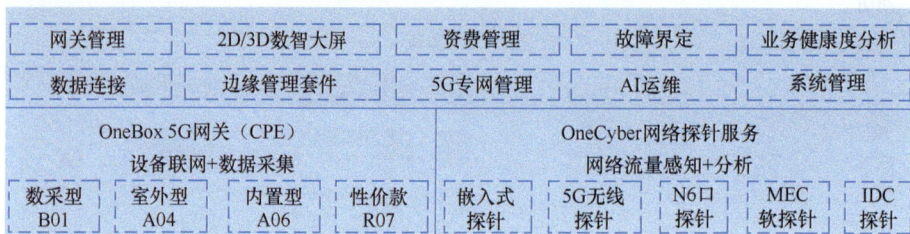

网关管理	2D/3D数智大屏	资费管理	故障界定	业务健康度分析
数据连接	边缘管理套件	5G专网管理	AI运维	系统管理

OneBox 5G网关（CPE）设备联网+数据采集				OneCyber网络探针服务 网络流量感知+分析				
数采型 B01	室外型 A04	内置型 A06	性价款 R07	嵌入式 探针	5G无线 探针	N6口 探针	MEC 软探针	IDC 探针

图 4　OneCyber 产业物联网平台

🌐 五大智能终端

应急 5G 移动布控球。应急 5G 移动布控球利用 5G 网络技术，结合防爆款智能应急布控球智能终端可临时布控，提供超高清、流畅、稳定的视频，实现存储、传输、定位、对讲等功能，协助用户实现单位日常可视化巡检、移动执法监控、应急指挥调度、安全生产智能应用等业务管理。

5G 智能安全帽。5G 智能安全帽的外部壳体、通信主板、电池采用防爆材质，整机防护等级为 IP65，具有高清视频采集、语音通信对讲、4G/5G 无线传输、人员定位、视频回传、本地存储、危险源预警等功能。智能安全帽上搭载 5G 模块接入专网，具备远程视频交互、危险实时告警、语音双向对讲、疲劳检测、定位、电子围栏等功能，并可通过管理平台系统，解决现场作业的"最后一公里"问题，实现了对离散人员和移动人员的管理。

5G 智能巡检。5G 智能安全帽同时具有智能巡检功能，采用一体化设计，包括传感模块、计算模块、存储模块、电池模块等，综合强大的 AI 能力。在保证行为安全的情况下，5G 智能安全帽及时并可视化地记录运维、检修的各个过程，做到有据可依、责任到人。

5G 防爆智能手机。5G 防爆智能手机通过 IIC 级防爆安全认证，支持 5G，双卡双待，可同时装入园区员工的自有手机卡和 5G 专网卡，具有 GPS、AGPS、GLONASS、北斗卫星导航系统等，让员工在 LNG 场站随时随地高速接入、提升体验、快速用网、极简运维。

　　5G 网联无人机。接入低空移动 5G 网络的网联无人机结合 AI 算法和大数据分析，可以实现监视和管理设备、规范航线、提升效率，从问题被动处理到主动发现隐患，实时告警安全隐患。

5G 数字化作业，让数据"多跑腿"，让员工少跑路

　　LNG 场站传统作业在巡检方面存在巡检效率低、对讲机与远程专家不可视、手动填写纸质单错误率高等痛点，LNG 场站通过配置 5G 智能安全帽、5G 智能巡检终端和 5G 防爆手机等智能终端，设计线上流程化审批模式，利用 5G 网络等解决方案，漏检率降低 90%，巡检工作量减少 60%，风险实时告警，作业 100% 线上化等效果。

5G+AI 安全监管，让作业更高效，让监管更"聪明"

　　LNG 场站每年进行高风险作业达 1.5 万项，作业管控存在极大的风险，传统的人工手段无法做到毫无疏漏，无法保障作业现场的安全。LNG 场站配置应急 5G 移动布控球、5G 防爆智能手机和计算机等智能终端，实现风险作业过程全部线上操作、全过程监管、全态势感知、全流程智能管控。

实现网络在"公路"与"高铁"间无缝切换

　　传统办公网络以有线传输为主，以 Wi-Fi 接入为辅，但流动环境下的化工园区设备、手机在 LNG 场站内外网切换不方便；VPN 登录慢，卡顿明显；场站局域网设备维护难、成本高，已建成的 LNG 场站属于易燃易爆区，光纤、防爆 AP 施工及后期维护涉及的动火作业、临时用电作业风险高且周期长。基于电信运营商 5G 覆盖广阔的基础，本项目实现全国首个 LNG 高风险区 5G 双域办公作业，在不换号、不换卡的场景下，快速、高效、自由地实现内外网无感切换，免去 VPN 登录，数据访问更加安全。

5G+安全作业管理平台，让作业风险最低

　　国家管网集团借助 5G 技术优势，推动流程变革，构建基于数字化的制度流程一体化管理体系。本项目通过 5G 一网多用，汇聚数据，建设安全作业管理平台，通过现场作业一张屏、安全作业一平台、安全管理一张屏，实现岗位标准化、流程规范化、管理数字化，风险作业劳动生产率提升 40%，事件发生概率降低 50%。

5G+智慧电厂筑牢安全生产屏障

参与企业： 中国联合网络通信有限公司天津市分公司、中国华电集团有限公司天津分公司、联通数字科技有限公司、北京必可测科技股份有限公司、华为技术有限公司

技术特点： 本项目的建设功能包括两个方面：一是建立电厂安全管理的统一平台，打通各个子系统"数据孤岛"，打造电厂"智慧大脑"，对数据进行统一处理和分析，为应急指挥决策提供依据。二是融合5G智能巡检机器人、5G+AI机器视觉、5G智能安全帽、人员精确定位等终端应用，形成电厂生产运营、点巡检、安全管理等环节的"四肢百脉"，为电厂"智慧大脑"提供技术支撑。

应用成效： 5G+智慧电厂能够充分挖掘生产厂区和制造车间的信息资源，全面覆盖企业经营者、各级管理者和员工各个主体的需求，提供完整的智慧应用服务，使各主体在功能上相互配合和补充，最大限度地共享数据，在执行上协同联动，无缝对接层次更高的智慧体系。

中国华电集团有限公司天津分公司（以下简称天津华电）5G+智慧电厂项目结合生产场景，在厂区建设中国联合网络通信有限公司天津市分公司（以下简称天津联通）MEC边缘云，完成天然气调压站、锅炉房、汽机房、燃机房、氨站、氢站等全域 5G 网络覆盖，结合大数据、物联网等技术，实现安全管理动态感知、安全风险自动预警、隐患排查自动闭环、高危作业全过程管控等，将安全管理由事后处理转为事前预防管理。

打造电厂"智慧大脑"

电厂智脑平台。 该平台是智慧安全管控体系的基础支撑平台，也是重要的核心

平台，对上通过标准化接口向业务应用系统提供服务；对下以标准物联网协议或电力专用物联网协议，与 MEC 厂区安全统一门户、业务终端等进行交互，实现各类终端的统一接入和管理。

电力安全生产智能管控平台。 该平台可智能分析处理各环节安全生产的数据，总结各类安全数据规律，并对安全隐患区域、安全作业场所进行识别，将现场安全管理经验转化为可量化的标准，提高安全生产数据的应用价值，为现场安全检查、决策分析等提供支持。

厂区安全统一门户。 统一门户支持设备直接接入、设备网关接入与子系统接入，可提供基础的设备管理功能，实现设备的快速接入。统一门户支持私有云的智脑平台与 MEC 侧的统一门户数据实时同步，支持边缘服务管理同步、产品变更同步、设备变更同步与规则变更同步。

🌐 形成"四肢百脉"

5G 智能巡检机器人。 该巡检机器人搭载高清摄像头、红外成像仪、温 / 湿度检测仪等多种采集和检测仪器，以自动或遥控的方式对设备进行逐一检查，获得设备外观、温度等信息。

5G+AI 机器视觉应用。 基于 5G 的 AI 机器视觉技术可以检测人员穿戴合规性、作业工序合规性、作业环境安全等，能够促进生产作业的安全性及合规性、工厂监督的规范性和智能化升级。

5G 智能安全帽。 5G 智能安全帽解决了安全生产现场作业过程中的问题，实现"感知、分析、服务、指挥、监控"五位一体，打造"互联网+"时代的智能化管理、精细化管理、过程结果并重的安全生产管理新模式。

人员精确定位系统。 该系统与现场业务结合，实现实时定位、人员位置快速查找追踪、精确定位等功能。人员精确定位系统如图 1 所示。

🌐 保证网络安全自主可控

据调研，大多数电力企业缺乏一套成熟的、标准化的安全风险管控平台，本项目可为行业安全生产管理打造标准化产品。本项目通过 5G 物联网技术，融合高端传感器、控制器、电子标签、边缘计算、物联网芯片等技术或设备，构建 5G+电力安全应用成果，打通工业终端、芯片、模组、网关的应用全链条。

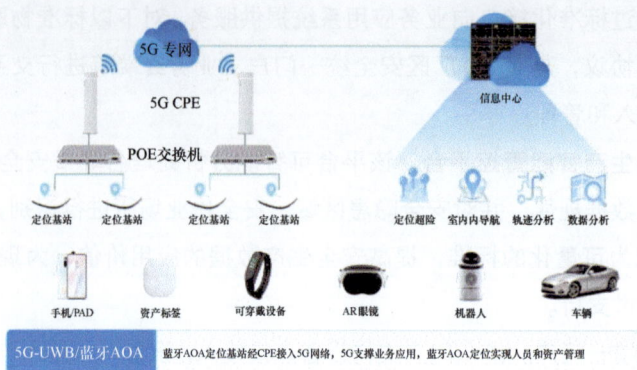

图 1　人员精确定位系统

🌐 筑牢公共安全"生命线"

电力行业是复杂的能源行业，作业和管理难度系数大，能力要求高，智能化、安全生产、5G 均为电力企业数字化转型的关键内容，此次平台建设不仅可以赋能电力行业，对其他行业的安全能力提升也有着借鉴意义。

电厂应牢牢把握数字化转型机遇，大力开展科技创新攻关。一方面，基于 5G+智慧电厂数字化平台，实现燃煤的高效精准供应，以更低的燃煤总量实现最大效率的发电能力，在保障民生需求的同时，努力降低碳排放；另一方面，积极探索研究，最大限度地回收利用燃煤产生的碳排放，确保符合绿色低碳要求，顺应全球绿色低碳发展潮流。

山东尚品尚食品科技有限公司云数融合分析项目

参与企业： 某运营商山东有限公司、浪潮通信技术有限公司

技术特点： 浪潮通信技术有限公司自主研发非结构化数据智能分析引擎，采用分布式架构，所有服务节点可弹性扩缩容，可兼容多厂家、多协议设备，支持大规模视频数据的接入、转码及智能分析。

应用成效： 本项目搭载一系列新型康养智能终端，支撑社会化养老管理运营创新；通过5G网络连通老年人、养老机构、社区感知和行动网络，带动老年人康养品质提升，提高广大人民群众的获得感。

针对枣庄"明厨亮灶"业务需求，本项目设计和实现端到端完整的智能视频算网平台解决方案，在满足用户视频业务体验的前提下，通过采用高效的算网调度算法在云、边、端侧选择合适的业务服务节点或节点群，完成最优的视频业务处理、传输和存储。通过"云端应用+边缘侧/端侧计算"，本项目实现"明厨亮灶"智能视频算网平台的快速部署、快速实施，运用云、网、边、端协同架构，将枣庄市的监管诉求与食堂后厨的食安智能设备相连互通，形成一套包含食安大数据、食安物联、智能分析预警、食安作业流程管理的一体化解决方案，协助监管单位实现食品安全主体责任落实、食堂管理过程风险量化。"明厨亮灶"智能视频算网平台方案架构如图1所示。

搭建"1+3+N"架构

本项目利用物联网+智能终端、大数据、互联网+云计算等技术，集服务维度、监管维度、经营维度于一体，按照"政府搭台、企业参与、社会协同、市场运作"的总体原则，建立政府、养老机构、技术研发公司三方协同共建的模式，由政府牵头进行整体规划，由养老机构负责运营项目、整合服务资源、提供线上线下服务，

由技术研发公司为智慧养老建设提供技术支撑，确保系统的正常运行和升级。

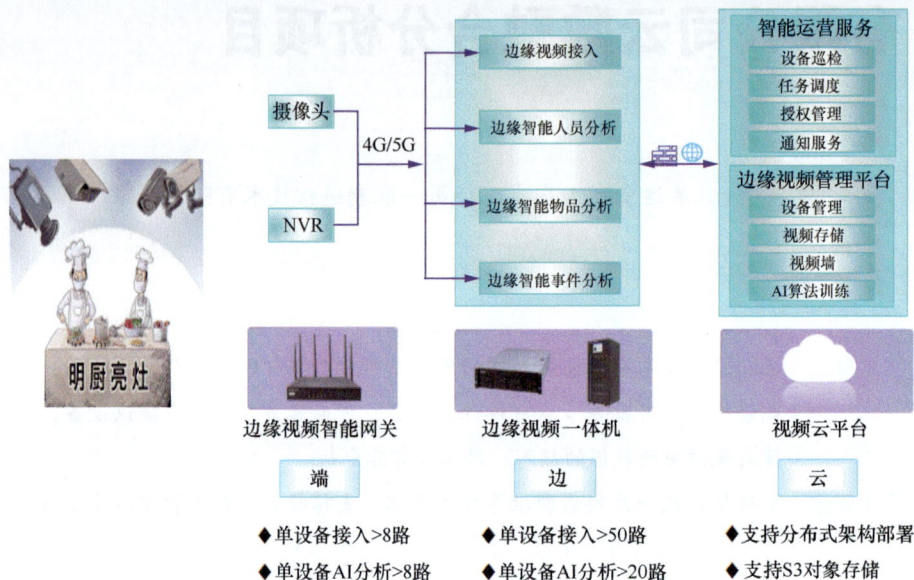

图 1 "明厨亮灶"智能视频算网平台方案架构

本项目采用"1+3+N"架构，建设"一系列智能感知终端+3 个中心+N 类应用"，即一系列智能感知终端，康养大数据中心、康养指挥中心、康养综合服务中心 3 个中心，N 个智慧康养应用，服务老年人、养老机构、服务机构、社区和政府部门，提升社会基层治理能力和治理水平。"1+3+N"架构如图 2 所示。

应用场景创新

相较于传统自建模式，"明厨亮灶"智能视频算网平台方案通过连接、算力、能力等基础能力融合，根据客户需求，在云、边、端之间按需分配和灵活调度计算资源、存储资源及网络资源，为视频应用场景的落地提供了定制化空间。

项目便捷落地

本项目具备"一点接入、即取即用"的特性，凭借算力网络基础设施全区域覆盖，不需要关注算力资源所处位置，只需要将数据接入算力网络智能视频应用内，进行数据处理并得到计算结果即可，为用户提供统一、敏捷、高效的算网资源供给体系，助力项目便捷落地。

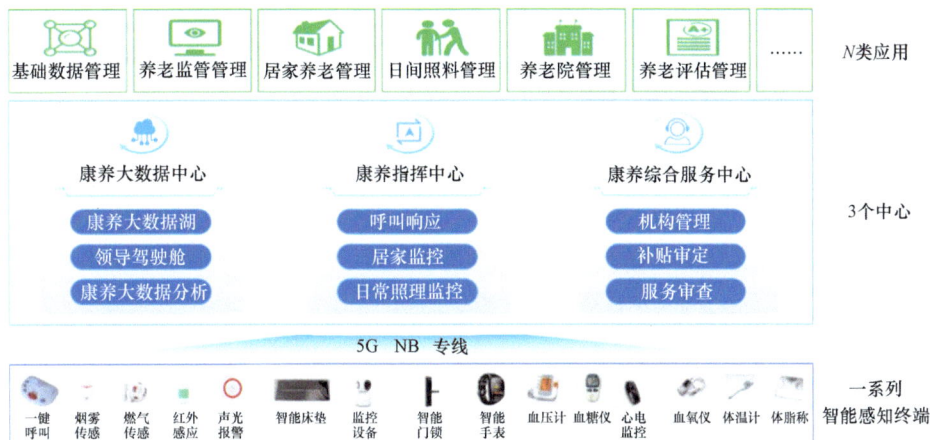

图 2 "1+3+*N*" 架构

算力网络应用能够为客户提供云、边、端深度融合的整体解决方案，并能在网络范围内实现灵活可控的算力及各类资源的调度，既能满足客户的高性能要求，又能有效降低建设与维护成本，提升整网运营效率，为智能应用需求提供灵活的算力调度。

算法迭代保障

本项目适配"明厨亮灶"算法场景，提供算法迭代服务，结合"算力网络大脑"的业务感知能力与灵活调度计算能力，辅以当前业务中采集的数据，定期为算法迭代优化提供算力保障，并且不影响当前业务的正常运行。

算网视频一体

本项目基于算力网络"网络无处不达、算力无处不在、智能无所不及"的特性，利用具备智能编排、全局优化能力的算网调度系统，为客户提供端到端的一体化行业智能视频服务，赋能行业应用数智化发展。

某运营商创新研究院有限公司工业网关量产项目

参与企业： 某运营商创新研究院有限公司、浪潮软件科技有限公司、浪潮通信技术有限公司

技术特点： 本项目生产DC1000、DC1100数据采集型5G工业网关、EA1000-W单5G模组+Wi-Fi 6 5G边缘计算工业网关、EA1000-D双5G模组+5G边缘计算工业网关等产品，具备完整的采购、物料周期管理方案和生产流程设计方案、整机质量检测方案。

应用成效： 面向5G的高速率、低时延、高可靠、多形态的网关设备组合，本项目能够满足不同垂直行业客户对于现场级边缘应用场景的高速网络接入、数据采集处理、现场实时控制、边缘智能协同等需求。

工业网关在生产现场承担数据采集工作，是工业互联网架构的"地基"。采集的质量、深度和标准化程度决定了数字孪生、网络感知、人工智能等上层业务可达到的处理深度，也直接影响跨项目、跨行业应用的可复制性和开发成本。

传统工业网关主要聚焦于数据的透明传输，缺乏基础数据分析、规格化处理、边缘智能处理等方面的能力。另外，传统工业网关在网络管理和业务编排架构设计上也存在局限性，难以满足工业互联网端到端的高可靠性要求。

工业智能网关是实现局域网协同工作的关键，一般支持设备联网、4G / Wi-Fi 接入、有线以太网接入等。它可以实现对局域网内各传感器、网络设备、摄像头及主机等的数据采集、模拟量数字量的输入输出、集中控制、远程控制、联动控制等功能。

浪潮 B5G 工业智能网关开放平台如图 1 所示。

5G 作为优质的无线传输技术，凭借大带宽、高可靠、低时延、移动性等特性助力工厂实现设备智能化、生产管理智能化、控制迭代智能化及 OT 和 IT 的深度融合，具有协议解析、设备联网组网的功能，保证不同设备的数据采集传输，同时

实现 IP 地址的准确追溯，将无线传输的距离扩大到跨市跨省，具有边缘计算功能，在数据边缘对数据进行处理过滤，从源头上解决数据并发性问题，在智能工厂、分布式工厂、智能环保、智慧水务等领域应用广泛。

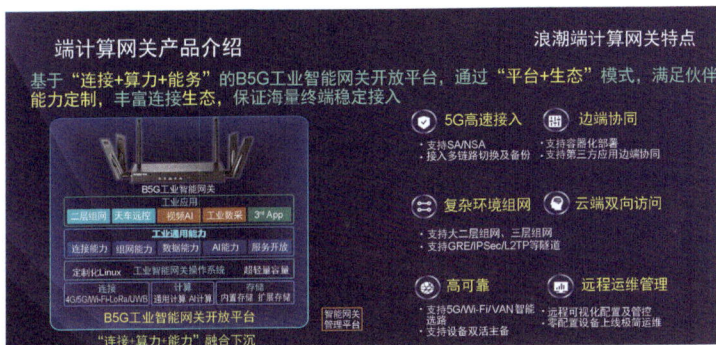

图 1　浪潮 B5G 工业智能网关开放平台

为此，某运营商创新研究院有限公司围绕工业智能网关着力打造了 5 项核心能力：一是现场级边缘计算工业智能网关，依照"智改数转"要求，将算力网络与 OT 领域高可靠、数据安全的要求进行桥接，提供自主可控、安全可信的数据采集服务；二是工业成熟模型诊断，基于自研的工业互联网成熟度模型，为工业企业提供数智化转型升级"体检"，结合数据采集能力进行客户需求的全方面建模，明确"智改数转"改进方向；三是 5G 现场网端侧业务质量探针，提供网关数据采集可靠性、安全性保障，为 5G 专网 SLA 服务保驾护航；四是机器视觉工业质检平台，瞄准工业企业"智改数转"中"降本增效"的核心诉求，基于工业智能网关的标准化数据底座，与工业企业开展广泛的数据模型合作；五是基于 5G 数据采集底座的柔性制造服务，提供跨地域、跨行业的一体化柔性制造解决方案。

为公交车运营提供支撑服务

通过 5G 接入网关实时回传给监管平台的数据，监管平台可以对司机安全驾驶行为、司机健康状况、智能调度、客流、人脸识别、车载实时视频、车辆 GIS 信息、能源消耗、车辆机件及运行状态等数据进行统一实时采集。高可靠、低时延的 5G 网络使监管平台在"一张图、一个平台"上实现实时、可视化管理，为公交车运营综合管理、应急调度指挥提供支撑服务，解决 4G 网络环境下出现的视频传输慢、画面模糊、多路视频无法同步调阅等难题，同时 Wi-Fi 还能提升乘客的乘车体验。

为医疗提供便利

通过高速率、大带宽的 5G 网络，急诊医生在救护车抵达医院前就可以通过车载高清摄像头、AR 眼镜等设备获得救护车上的实时信息，救护车上的急救人员佩戴 AR 眼镜后，其第一视角的影像被即时传至医院内的显示屏，使医院内的医生如同置身抢救第一线，毫无阻滞地进行视诊，并能通过语音对话、文字输入等，协同救护车上的急救人员开展检查、抢救活动。

与此同时，病患过往病历及实时心电图、血样分析等车载设备检查结果也能在第一时间被无损传至医院，为医生的诊断提供依据。

助力智慧农业的发展

5G 工业智能网关可获取天气、土壤、农作物生长、病虫害虫等数据，利用数据计算、数据挖掘等技术进行多层次的分析，对农作物的播种、施肥、采摘、包装等各个环节进行监控，树立标准化作业流程，提高农业生产对自然环境风险的应对能力，使传统农业向现代农业转变。

为智慧城市提供稳定的数据源

5G 网络为智慧城市的大数据应用提供多种数据支持，分析、整合城市运作核心系统的各项关键信息，从而对包括民生、环保、公共安全、城市服务、工商业活动在内的各种需求做出智能响应。本项目对路灯进行智能控制、故障检测，并记录和发送路灯故障信息，安排维修计划，节省大量人工和设备费用支出。

附录

数融万物 智创未来

5G全连接工厂建设指南

　　"5G+ 工业互联网"是加速中国新型工业化进程的重要支撑。自 2019 年我部印发《"5G+ 工业互联网"512 工程推进方案》以来，产业各方紧密合作、积极探索，共同推进 "5G+ 工业互联网"创新发展，在十大重点行业培育形成 20 个典型应用场景，取得阶段性成效。为指导各地区各行业积极开展 5G 全连接工厂建设，带动5G 技术产业发展壮大，进一步加快"5G+ 工业互联网"新技术新场景新模式向工业生产各领域各环节深度拓展，推进传统产业提质、降本、增效、绿色、安全发展，特制定本指南。

一、总体要求

　　5G 全连接工厂是充分利用以 5G 为代表的新一代信息通信技术集成，打造新型工业互联网基础设施，新建或改造产线级、车间级、工厂级等生产现场，形成生产单元广泛连接、信息（IT）运营（OT）深度融合、数据要素充分利用、创新应用高效赋能的先进工厂。同时，本指南也适用于采矿、港口、电力等国民经济重点生产领域。

（一）建设目标

　　"十四五"时期，主要面向原材料、装备、消费品、电子等制造业各行业以及采矿、港口、电力等重点行业领域，推动万家企业开展 5G 全连接工厂建设，建成 1000个分类分级、特色鲜明的工厂，打造 100 个标杆工厂，推动 5G 融合应用纵深发展。

（二）建设原则

　　遵循规律、需求导向。遵循企业数字化转型发展规律，根据企业战略布局和业务开展需求，基于企业网络应用基础，聚焦工业生产过程中的重点、难点，明确5G 全连接工厂建设内容。

　　注重实效、有序推进。综合考虑 5G 技术演进和建设使用成本，推进企业灵活部署 5G 网络等基础设施，同步推进安全保障能力建设，实现 5G 在生产辅助环节的规模化部署和核心环节的深层次拓展，不断提升系统化集成应用水平。

融合创新、协同发展。整合工业企业、基础电信企业、5G 终端和网络设备制造商、垂直行业解决方案提供商等各方资源，协同推动 5G 全连接工厂在重点行业、重点领域落地实践，促进创新链、产业链、供应链融合发展。

系统谋划、分类实施。统筹考虑地区特色、行业特征、企业基础，引导企业合理规划建设路径，新建工厂一体设计、一体建设，现有工厂立足实际、急用先行、分行业、分类分级推进 5G 全连接工厂建设。

二、建设内容

（一）基础设施建设

1. **5G 网络建设。**支持企业采用虚拟专网、混合专网方式部署 5G 网络，加快用户平面功能（UPF）等 5G 核心网元建设，同步部署相应的安全机制和措施，强化生产现场 5G 网络能力。鼓励企业基于已获得许可的无线电频率，探索 5G 独立专网，创新灵活多样的 5G 网络建设服务模式。

2. **工业网络互通。**鼓励企业综合利用 5G、时间敏感网络（TSN）、软件定义网络（SDN）等新型网络技术，在安全可靠的前提下，推动企业办公、生产管理、监控预警、工业控制、物联等网络互通，加快 IT-OT 网络融合。

3. **边缘计算部署。**支持企业在生产现场按需部署边缘计算节点，与企业级工业互联网平台互联，满足工业实时控制、就近服务、按需调度、数据安全等需求，推进 5G 网络与边缘计算融合部署，促进云网边端协同。

4. **业务系统建设。**鼓励企业自建或租用网络服务与管理系统，为本地化网络运维和管理提供支撑。推进有条件的企业按需建设数据存储节点和工业互联网标识解析企业节点，为数据存储、加工、查询、调用等提供支撑。支持企业建设工业互联网平台或订阅相关服务，支撑生产运营管理。

（二）厂区现场升级

5. **现场装备网络化改造。**支持企业加快各类"哑设备"、单机系统等网络化改造，在安全可控的前提下，提升工业数据实时采集能力；对具有移动部署、灵活作业、远程操控等需求设备，积极使用带有 5G 功能的芯片、模组、传感器等进行改造；加快 5G 与可编程逻辑控制器（PLC）、分布式控制系统（DCS）等工业控制系统融合。

6. **IT-OT 应用融合化部署。**支持企业充分发挥 5G 技术优势，推动 IT-OT 应用统筹部署，探索生产控制、运营管理等软硬件系统的云化，加快生产、运营、管理等各类移动端应用程序（App）研发，满足企业远程调用、资源共享、高算力性能等需求，形成集中管控、现场按需应用的融合方案。

7. **生产服务智能化升级。** 支持企业运用 5G、人工智能等技术，实现海量历史、实时、时序数据的聚类、关联、预测分析，加强数据深度分析，优化设备健康管理、工艺参数调优、能耗与排放管理、产品售后服务等，为企业精准决策提供依据。

（三）关键环节应用

8. **研发设计应用。** 支持企业加快 5G、数字孪生、增强现实／虚拟现实（AR/VR）等技术融合应用，促进物理与虚拟生产单元之间动态实时映射及提升现场工作效率，支持生产单元模拟、协同研发设计、众包设计等应用场景，提升企业网络协同研发设计及现场作业交互能力。

9. **生产运行应用。** 支持企业推动 5G、边缘计算、知识图谱等技术应用于工业设备、系统、生产线，支持柔性生产制造、远程设备操控、设备协同作业、精准动态作业、现场辅助装配等应用场景，提升生产运行柔性、敏捷、协同能力。

10. **检测监测应用。** 支持企业通过 5G 结合机器视觉、模式化识别等技术，进行在线检测监测，加强识别分析、远程诊断、智能预判，支持机器视觉质检、近红外线成像分析、工艺合规校验、设备故障诊断、设备预测维护、无人智能巡检、生产现场监测等应用场景，全方位保障生产质量与安全。

11. **仓储物流应用。** 支持企业融合 5G 与射频识别、图像识别、多源融合室内定位、北斗导航等技术，运用智能天车、AGV 小车等设备，助力调度管理、货物码放、危险品运输等环节智能化、少人化，支持厂区智能物流、智能理货、全域物流监测等应用场景，提升配送效率，保障货物与人身安全。

12. **运营管理应用。** 支持企业利用 5G 结合工业互联网标识、平台等设施，采集整合生产单元信息数据，辅助优化生产工序，支持生产过程溯源、生产能效管控、虚拟现场服务、企业协同合作等应用场景，促进生产数字化、绿色化，推动产业链上下游贯通。

（四）网络安全防护

13. **安全防护能力升级。** 推进企业利用 5G、人工智能、新型加密算法等技术，结合生产安全需求，围绕设备、控制、网络、平台和数据等关键要素，构建多层级网络安全防护体系；做好安全应急预案，阶段性开展安全检测评估，提升网络安全监测水平，确保网络运行平稳，提高安全威胁发现、快速处置和应急响应能力。

14. **安全管理水平提升。** 推进企业全面落实工业互联网企业网络安全分类分级管理相关政策与标准，提升设备、控制、网络、平台和数据等安全防护能力；加大网络安全投入，明确责任部门和责任人，建立健全监测预警、数据上报、应急响应、风险评估等安全机制。

三、建设路径

（一）**开展分类分级建设。**支持企业建设产线级、车间级、工厂级等不同类型 5G 全连接工厂。产线级 5G 全连接工厂建设，着重在单一生产环节、业务单元的设备连接、数据采集和 5G 融合应用创新方面能力建设。车间级 5G 全连接工厂建设，着重多产线多系统协同优化、数据价值充分释放、集成创新水平提升等能力建设。工厂级 5G 全连接工厂建设，着重跨车间跨层级互联互通、场景的深度和系统化应用、全要素生产率提升等能力建设。

（二）**加快重点行业推广。**在电子设备制造、装备制造、钢铁、采矿、电力等重点行业和领域，推动发展基础较好、需求较明确的企业主体，率先建设 5G 全连接工厂，形成数字化、网络化、智能化转型升级标杆；同时，鼓励更多行业企业积极探索 5G 在工业生产各环节创新应用，实现提质、降本、增效、绿色、安全发展。

5G 全连接工厂建设重点行业和领域

1　**电子设备制造**
重点针对行业产品迭代速度快、产品质量要求高、客户要求快速响应、降低劳动力成本、减少物料库存等需求，促进精准动态作业、柔性生产制造、现场辅助装配、机器视觉质检、厂区智能物流等典型应用场景普及应用

2　**装备制造**
重点针对行业百万量级生产资源协同设计、泛在感知、设备预测性维护、提升生产效率、保障人员健康与安全等需求，推进航空制造、船舶制造、汽车制造与工程机械制造等重点领域，提升装配加工、质量监测、产品交付、远程服务等关键能力，促进协同研发设计、设备协同作业、现场辅助装配、机器视觉质检、厂区智能物流、虚拟现场服务等典型场景普及应用

3　**钢铁**
重点针对行业生产过程透明可视、降低生产设备维护成本、节能降碳等需求，促进远程设备操控、机器视觉质检、工艺合规校验、设备故障诊断、设备预测维护、生产现场监测、全域智能物流、生产能效管控、企业协同合作等典型场景普及应用

4　**采矿**
重点针对行业降低事故危险、保障作业人员健康、工作面少人化无人化需求，促进生产单元模拟、远程设备操控、设备协同作业、无人智能巡检、生产现场监测等典型场景普及应用

5　**电力**
重点针对行业发电、输电、变电、配电、用电等主要环节，促进现场辅助安装、无人智能巡检、设备故障诊断、生产现场监测、生产能效管控等典型场景普及应用

续表

5G 全连接工厂建设重点行业和领域
6　石化化工
重点针对行业提高生产效率、降低能耗、提升安全管理水平、数字化转型、安全生产预测预警等需求，促进生产单元模拟、远程设备操控、生产现场监测、生产能效管控、设备预测维护、全域物流监测等典型场景普及应用
7　建材
重点针对行业提高生产效率、实现无人化作业、提升安全管理水平、节能降碳、数字化转型等需求，促进生产单元模拟、生产现场监测、机器视觉质检、设备预测维护、生产能效管控等典型场景普及应用
8　港口
重点针对港口安全生产、无人化作业、与物流协同联动等需求，促进生产单元模拟、远程设备操控、生产能效管控、精准动态作业、厂区智能理货等典型场景普及应用
9　纺织
重点针对行业提高产品质量、提升数字化水平、推进产业绿色转型、快速适应个性化消费趋势等需求，促进生产单元模拟、设备协同作业、柔性生产制造、工艺合规校验、生产过程溯源、企业协同合作等典型场景普及应用
10　家电
重点针对行业产品型号多、产品更新迭代快、降低生产成本等需求，通过 5G 简化工厂内部网络，利用 5G MEC 承载工厂生产系统和应用，促进柔性生产制造、机器视觉质检、虚拟现场服务、厂区智能物流、厂区智能理货、无人智能巡检、生产现场监测、产线数字孪生、智能安防、智能设备交互、生产过程溯源、工艺合规管理、设备预测维护、生产能效管控等典型场景普及应用

四、保障措施

（一）强化产业支撑

　　组织开展 5G 全连接工厂相关技术标准制定，鼓励大企业探索行业标准方案、中小企业提升标准应用水平。加快推进 5G 工业芯片、模组、网关等产品设备研发与应用，降低产业推广成本。推进工业数据模型化组织，进行标准化描述和信息建模。大力推动中小企业上云。开展相关人才能力培育，加强复合型人才储备。

（二）推进多方合作

　　推进地方工业和信息化主管部门和通信主管部门在政策发布、遴选评估、宣传推广等方面加强协同合作。推动基础电信企业、互联网企业、工业企业、设备制造企业、解决方案服务商、高校、研究机构等加强合作，充分发挥工业互联网产业联盟、工业行业协会等产业组织桥梁纽带作用，深化政产学研用多方协同，构建良好产业生态。

（三）深化产融结合

鼓励产业各方充分利用国家产融合作平台、地方产融对接平台，畅通产融信息对接渠道、提高对接效率。鼓励各地出台支持 5G 全连接工厂建设的政策，加大资金支持力度，并通过专项资金、产业基金等方式支持企业。鼓励各地积极拓宽资金来源，创新企业贷款、融资、保险等金融服务方式，加大精准信贷扶持力度。引导企业用好用足固定资产加速折旧、企业研发费用加计扣除等相关税收优惠政策。

（四）开展遴选评估

制定 5G 全连接工厂评价标准，组织开展分类分级评估，建设 5G 全连接工厂项目库，依托工业互联网试点示范，遴选 5G 全连接工厂标杆。建立 5G 全连接工厂建设情况动态监测机制，将建设情况纳入工业互联网发展成效评估、工业互联网产业示范基地评价。按年度发布《5G 全连接工厂名录》，打造"5G+ 工业互联网"中国方案和 5G 全连接工厂中国品牌。

（五）加强总结宣传

依托中国 5G+ 工业互联网大会、工业互联网大会等重点产业活动，大力宣传5G 全连接工厂典型成果。推动各地方召开现场会，加强 5G 全连接工厂建设经验交流和典型成果推广。基于已公示的 5G 全连接工厂标杆，分行业、多频次组织开展实地培训与经验交流，积极促进典型成果在各地区各行业的推广应用。

附件

名词解释

1	5G	第五代移动通信系统（The Fifth Generation Mobile Communication System）
2	混合专网	将原先部署在运营商 5G 核心网侧的 UPF（用户面功能）和 MEC（边缘计算）等功能下沉至企业内，供企业专用，保障企业业务数据不出企业
3	虚拟专网	基于运营商 5G 公网架构，利用 5G 切片技术，为企业提供网络质量定制化、与其他公众用户业务逻辑隔离的专用通道服务
4	独立专网	企业自建一张专用 5G 网络，包括接入网、承载网、核心网等 5G 网络端到端基础设施，与公网完全隔离，只承载企业业务的专用网络
5	用户平面功能	5G 核心网基础设施系统架构的基本组成部分，主要负责 5G 核心网用户面数据包的路由和转发相关功能，具体涉及的功能定义详见 3GPP TS 23.501
6	软件定义网络	一种网络虚拟化的实现方式，通过将网络控制面与数据面分离开来，并提供开放编程接口，从而实现网络的灵活控制
7	时间敏感网络	通过数据传输最大时间来划分的一种实时性网络，是在传统以太网基础上，使用精确的时间同步，通过保障带宽来限制传输延迟，提供高级别服务质量以支持各种工业应用
8	IT 网络	用于连接信息系统与终端的数据通信网络
9	OT 网络	用于连接生产现场设备与系统，实现自动控制及信息采集的工业通信网络
10	边缘计算	在靠近物或数据源头的一侧，采用网络、计算、存储、应用核心能力为一体的开放体系，就近提供智能服务，满足行业数字化转型在实时业务、应用智能、安全与隐私保护等方面的需求
11	算力	指各类计算单元通过对数据进行处理后实现结果输出的一种能力，是计算能力的一个综合指标，数值越大代表综合计算能力越强。包含以 CPU 为代表的通用计算能力和以 GPU 为代表的高性能计算能力
12	多源融合室内定位	多传感器融合的室内定位技术，从而使室内定位系统更加具备高覆盖、可扩展、及时响应等特点

中小企业数字化转型指南

当前，世界经济数字化转型成为大势所趋。中小企业是实体经济的重要组成部分，也是产业数字化转型的重点和难点。为贯彻落实党中央、国务院关于加快数字化发展的决策部署，以数字化转型推动中小企业增强综合实力和核心竞争力，特制定《中小企业数字化转型指南》（以下简称《指南》）。

一、总则

（一）适用对象

中小企业数字化转型遵循"从易到难、由点及面、长期迭代、多方协同"的思路。《指南》主要面向中小企业、数字化转型服务供给方和地方各级主管部门。《指南》旨在助力中小企业科学高效推进数字化转型，提升为中小企业提供数字化产品和服务的能力，为有关负责部门推进中小企业数字化转型工作提供指引。

（二）实施原则

坚持企业主体，效益优先。中小企业需参考与发展需求相适配的内容，用好市场资源和公共服务，因"企"制宜推进数字化转型。适时评估转型成效，优化转型规划实践，以数字化转型促进提质、增效、降本、降耗、绿色和安全发展。

坚持应用牵引，供需互促。中小企业数字化转型服务供给方主体应聚焦中小企业特征及需求，研制小型化、快速化、轻量化、精准化（"小快轻准"）产品，围绕"评估、规划、实施、优化"全流程提供专业化服务，基于应用反馈提升产品服务供给水平。

坚持政府引导，协同联动。充分发挥有为政府作用，加强政策支持、资源统筹和管理服务，因地制宜构建中小企业数字化转型生态，深化产学研用金等多方主体协同创新，推动形成促进中小企业数字化转型的工作合力。

二、增强企业转型能力

（一）开展数字化评估

结合《中小企业数字化水平评测指标》等标准规范，中小企业与数字化转型服务商、第三方评估咨询机构等开展合作，评估数字化基础水平和企业经营管理现状，构建评估指标数据管理机制，支撑转型需求分析和转型成效评估。评估可获得的人力、物力和财力等内部资源和市场化服务资源，以及所在地区、所处行业或领域的数字化转型相关政策和公共服务资源。评估研产供销服等环节转型的潜在价值和可行性，明确数字化转型优先级，定期结合企业发展实际调整转型策略，有效确保数字化转型投入产出比。

（二）推进管理数字化

实施企业数字化转型"一把手"负责制，构建与数字化转型适配的组织架构，制定绩效管理、考核方案和激励机制等配套管理制度。定期组织企业经营管理者和一线员工参加数字化培训，深化数字化转型认知，提升数字素养和技能。引导业务部门和技术部门加强沟通协作，形成跨部门数字化转型合力。有条件的企业可探索设立专门的数字化转型部门。应用财务流程自动化、协同办公平台、标准化人力资源管理产品等，实现财务、办公、人力资源等管理环节数字化转型，提升企业管理精细化水平。应用工业互联网平台推动各环节数据综合集成、可视化和智能分析，优化企业经营管理决策。

（三）开展业务数字化

应用订阅式产品服务，推动研发设计、生产制造、仓储物流、营销服务等业务环节数字化，降低一次性投入成本。使用 SaaS 化的计算机辅助设计（CAD）、计算机辅助工程（CAE）等工具开展数字化研发设计，发展众包设计和协同研发等新模式，提升研发设计效能。应用云化制造执行系统（MES）和高级计划与排程（APS）等数字化产品，优化生产制造资源配置，实现按需柔性生产。应用仓库管理系统（WMS）、订单管理系统（OMS）、运输管理系统（TMS）等解决方案和自动导引车（AGV）、自主移动机器人（AMR）等硬件，使用第三方物流平台，推动仓储物流环节数字化。开展产品全生命周期管理，构建产品数字镜像，提升产品数据管理水平，发展基于数字化产品的增值服务，拓展业务范围，创新盈利模式。

（四）融入数字化生态

应用产业链供应链核心企业搭建的工业互联网平台，融入核心企业生态圈，加强协作配套，实现大中小企业协同转型。应用行业龙头企业输出的行业共性解决方案，加速提升自身数字化水平。基于园区/产业集群开展网络化协作，发展订单共享、设备共享、产能协作和协同制造等新模式，弥补单个企业资源和能力不足。积极接入园区/产业集群的数字化创新网络，利用共性技术平台开展协同创新。积极对接中小企业公共服务平台等载体，参加政策宣贯、供需对接、咨询诊断、人才培训等活动。

（五）优化数字化实践

联合数字化转型服务商或第三方评估咨询机构等开展转型成效评估，重点开展业务环节数字化水平评估和企业经营管理水平行业横向和纵向对比分析，从生产效率、产品质量、绿色低碳等方面评估企业转型价值效益。结合现阶段企业内外部数字化转型资源，制定调整下一阶段数字化转型策略，选择与下一转型阶段相匹配的数字化产品和服务，提升转型策略与发展现状的适应性。

三、提升转型供给水平

（一）增强供需匹配度

互联网平台企业和数字化转型服务商等供给方主体，聚焦中小企业数字化共性需求，研发即时沟通、远程协作、项目管理、流程管理等基础数字应用。遵循"大企业建平台、中小企业用平台"思路，大型企业打造面向中小企业需求的工业互联网平台，输出成熟行业数字化转型经验，带动产业链供应链上下游中小企业协同开展数字化转型。细分行业数字化转型服务商研发推广具备行业特性的产品服务。低代码服务商持续提升产品的可拓展性，帮助业务人员自主高效构建数字化应用，满足即时个性化需求。

（二）开展全流程服务

数字化转型服务商、互联网平台企业、工业互联网平台企业等通过线上线下结合方式，展示场景融合应用和转型方法路径，增强中小企业数字化转型意识和意愿。数字化转型服务商和第三方评估机构等主体，聚焦中小企业个性化转型需求，帮助中小企业制定数字化转型策略。电信运营商、智能硬件企业、数字化转型服务商等帮助中小企业开展网络建设、硬件改造连接和软件应用部署等，开展配套数字技能培训。基于中小企业阶段性转型需求，数字化转型服务商整合生态资源，为中小企业匹配与现阶段需求适配的产品和服务，推动中小企业转型逐步深入。

（三）研制轻量化应用

数字化转型服务商聚焦中小企业转型痛点难点，提供"小快轻准"的产品和解决方案。研发推广低代码产品服务，助力中小企业自行创建、部署、使用和调整数字化应用，提升中小企业二次开发能力和需求响应能力。发展订阅式软件服务，有条件的数字化转型服务商可面向中小企业提供免费试用版服务，探索发展以数字化转型收益支付服务费用等方式，降低中小企业数字化转型顾虑和成本。工业互联网平台企业汇聚工业 App，沉淀工业技术、知识和经验，建设工业 App 商店，加速工业 App 交易流转应用。

（四）深化生态级协作

工业互联网平台、数字化转型服务商和大型企业等各方主体，推动产业链供应链上下游企业业务协同、资源整合和数据共享，助力中小企业实现"链式"转型。大型企业搭建或应用工业互联网平台，面向上下游中小企业开放订单、技术、工具、人才、数据、知识等资源，探索共生共享、互补互利的合作模式。工业互联网平台、数字化转型服务商和金融机构加强合作，开展物流、资金流和数据流等交叉验证，创新信用评估体系和风险控制机制，提升中小企业融资能力。

四、加大转型政策支持

（一）加强转型引导

实施中小企业数字化转型促进工程，深入开展大中小企业"携手行动"，推动产业链供应链上下游、大中小企业融通创新。加强中小企业数字化转型相关政策衔接，落实工信部和财政部联合开展的中小企业数字化转型试点等工作，结合当地实际出台配套措施，加强分类指导和跟踪服务，确保政策落地见效。有条件的地方可探索分行业分领域推动中小企业数字化转型。

（二）加大资金支持

按照"企业出一点、平台让一点、政府补一点"的思路，降低中小企业数字化转型门槛，有条件的地方可鼓励平台减免转型共性需求支出。发挥地方政府专项资金作用，支持对中小企业转型带动作用明显的"链主"企业和转型成效突出的"链星"中小企业。鼓励金融机构研制面向中小企业数字化转型的专项产品服务，设立中小企业数字化转型专项贷款，拓宽中小企业转型融资渠道。

（三）推广试点应用

结合当地重点行业和关键领域，遴选中小企业数字化转型试点示范，培育推广中小企业数字化转型案例标杆，鼓励中小企业"看样学样"。支持专精特新中小企业开展数字化转型，发挥引领示范作用带动更多中小企业数字化发展。培育和遴选一批可复制的产业链供应链上下游协同转型的典型模式，推广大中小企业融通创新模式，有效支撑产业链供应链补链固链强链。

（四）完善配套服务

构建完善中小企业数字化转型公共服务体系，加强中小企业数字化转型公共服务平台建设，提升政策宣传、诊断评估、资源对接、人才培训、工程监理等公共服务能力。组织开展中小企业数字化转型"问诊"服务，组织专家深入中小企业一线开展"入驻式"诊断服务。支持职业院校、大型企业等建设数字人才实训基地，提升中小企业数字人才供给。

（五）优化发展环境

加大工业互联网、人工智能、5G、大数据等新型基础设施建设力度，优化中小企业数字化转型外部环境。建设完善地方营商环境评估体系，将中小企业数字化转型成效纳入考核范围。开展中小企业数字化转型相关会议和活动，营造良好发展氛围。发挥政府引导基金作用，带动社会资本支持中小企业数字化转型服务商做大做强。基于地方中小企业数字化转型实际，优化财税金融、人才培引等政策措施，稳定中小企业转型政策预期。

附件

名词解释

1. **订阅式产品服务**：指在规定的期限内提供软件租借，用户通过向软件服务商支付一定的费用，获得一定时间内软件使用权，如果停止支付订阅费用，则无法再使用软件。

2. **SaaS（软件即服务）**：指一种基于互联网提供软件服务的应用模式。服务商将应用软件统一部署在自己的服务器上，企业无需购买软硬件、建设机房、招聘 IT 人员，即可通过互联网使用软件服务。

3. **CAD（计算机辅助设计）**：利用计算机及其图形设备帮助设计人员进行设计工作，能够减轻设计人员的重复性劳动，帮助其专注设计本身，缩短设计周期和提高设计质量。

4. **CAE（计算机辅助工程）**：用计算机辅助求解分析复杂工程和产品的结构力学性能，以及优化结构性能等，把工程（生产）的各个环节有机地组织起来，实现有关信息集成，使其产生并存在于工程（产品）的整个生命周期。

5. **MES（制造执行系统）**：介于计划管理系统和工业控制之间的面向车间层的管理系统，可帮助企业实现生产计划管理、生产过程控制、产品质量管理、车间库存管理和项目看板管理等。

6. **APS（高级计划与排程）**：通过综合考虑产能、工装、设备、人力、班次、工作日历、模具、委外资源、加工批次等约束，在有限产能条件下，实现产能精确预测、工序生产与物料供应最优计划等。

7. **WMS（仓库管理系统）**：用于管理仓库或物流配送中心的计算机软件系统，用来计划、组织、引导和控制仓库内的合理资源，以及管理货物的存储与移动。

8. **OMS（订单管理系统）**：指通过管理和分配订单，使仓储管理和运输管理有机结合的系统。主要功能包括接收订单，结合仓储管理系统库存信息实现订单分配，跟踪订单状态等。

9. **TMS（运输管理系统）**：指基于运输作业流程的统一调度管理平台，能实现客户、车辆、人员的信息管理，订单处理、调度配载、运输跟踪的运输作业，以及费用、收付款的财务管理。

10. AGV（**自动导引车**）：指装备有电磁或光学等自动导引装置，能够沿规定的导引路径行驶，具有安全保护以及各种移载功能的无需驾驶员的运输车。

11. AMR（**自主移动机器人**）：指能够通过多传感器感知环境和自身状态，在不确定环境中自主规划线路、灵活避障和巡航，完成工厂自动装卸、运输等任务的机器人及系统。

12. **低代码**：通过为开发者提供可视化的应用开发环境，降低或去除应用开发对原生代码编写的需求量，进而实现便捷构建应用程序的一种解决方案。

工业互联网标识管理办法

第一条 为促进工业互联网标识解析体系健康有序发展，规范工业互联网标识服务，保护用户合法权益，保障标识解析体系安全可靠运行，根据《中华人民共和国网络安全法》《中华人民共和国电信条例》《互联网信息服务管理办法》《互联网域名管理办法》《电信业务经营许可管理办法》《通信网络安全防护管理办法》等法律法规和规章，制定本办法。

第二条 在中华人民共和国境内从事工业互联网标识服务应当遵守本办法。

工业互联网标识是指工业互联网中使用的用于唯一识别和定位物理对象或数字对象及其关联信息的字符。

工业互联网标识服务是指从事工业互联网标识解析根节点的运行和管理、国家顶级节点的运行和管理、递归节点的运行和管理、标识注册和管理、标识公共解析等活动。

提供工业互联网标识服务的机构（以下统称标识服务机构）包括工业互联网标识解析根节点运行机构、国家顶级节点运行机构、标识注册管理机构、标识注册服务机构、递归节点运行机构。

工业互联网标识参照互联网域名有关规定管理。

第三条 工业和信息化部对境内标识服务实施监督管理，主要职责是：

（一）制定工业互联网标识管理政策文件、发展规划和工业互联网标识解析体系架构；

（二）管理根节点运行机构、国家顶级节点运行机构、标识注册管理机构、递归节点运行机构；

（三）管理工业互联网标识服务；

（四）负责工业互联网标识解析体系的网络安全管理；

（五）依法保护用户信息和合法权益；

（六）负责与工业互联网标识有关的国际协调；

（七）管理其他工业互联网标识服务相关活动。

第四条 各省、自治区、直辖市通信管理局对本行政区域内的标识服务实施监督管理，主要职责是：

（一）贯彻落实标识管理政策文件、发展规划和工业互联网标识解析体系架构；

（二）管理标识注册服务机构、递归节点运行机构；

（三）协助工业和信息化部对标识服务机构进行管理；

（四）管理工业互联网标识服务；

（五）负责工业互联网标识解析系统的网络安全管理；

（六）依法保护用户信息和合法权益；

（七）管理其他工业互联网标识服务相关活动。

第五条　鼓励企事业单位依法在境内从事工业互联网标识服务，不断提升服务质量，推动技术创新和应用实践，加强国际交流与合作，支持相关行业组织积极加强行业自律，促进工业互联网标识服务健康有序发展。

第六条　标识服务机构应当根据《互联网域名管理办法》《电信业务经营许可管理办法》的有关规定，取得工业和信息化部或者省、自治区、直辖市通信管理局（以下统称电信管理机构）的相应许可。

根节点运行机构应当取得"互联网域名根服务器设置及其运行机构"许可。国家顶级节点运行机构、标识注册管理机构应当取得"互联网域名注册管理机构"许可。标识注册服务机构应当取得"互联网域名注册服务机构"许可。递归节点运行机构应当取得"域名解析服务"增值电信业务经营许可。

未取得上述相关许可，任何组织或个人不得从事工业互联网标识服务。

第七条　为保障标识解析体系稳定运行，标识服务机构应当根据国家工业互联网标识解析体系架构制定完整的系统对接方案，确保相关标识服务系统对接。根节点运行机构应当与国家顶级节点运行机构同步境内解析路由数据，标识注册管理机构应当与国家顶级节点运行机构同步境内标识注册数据，标识注册服务机构应当与国家顶级节点运行机构同步标识注册数据和标识解析路由数据。

第八条　标识服务机构使用的编码、网络地址、网络专线等网络资源应当符合相关法律法规和电信管理机构要求。

第九条　根节点运行机构、国家顶级节点运行机构、标识注册管理机构、标识注册服务机构应当在显著位置公布标识服务的内容、时限、费用，保证服务质量。

第十条　标识注册管理机构及标识注册服务机构面向用户提供标识注册服务，应当要求用户提供真实、准确、完整的身份信息。

标识注册管理机构及标识注册服务机构应当对用户提供的身份信息的真实性、完整性进行核验。

用户提供的身份信息不准确、不完整的，标识注册管理机构及标识注册服务机构应当要求其予以补正。用户不补正或者提供不真实的身份信息的，标识注册管理机构及标识注册服务机构不得为其提供标识注册服务。

第十一条　标识服务机构应当依照法律法规和规章的规定收集、存储和使用用户信息。标识服务机构在提供标识解析服务时，不得擅自篡改解析信息。

第十二条　标识服务机构应当依照相关法律法规和电信管理机构要求设立投诉受理机制，并在其网站首页和经营场所显著位置公布投诉受理方式，及时妥善处理用户投诉。

第十三条　标识服务机构应当遵守相关法律法规和国家标准，落实网络与信息安全保障措施，具备相应的技术、服务和网络安全保障能力，具备与业务规模相适应的网络与信息安全专业人员，并明确专门的责任部门与责任人。

标识服务机构应当建立网络安全防护技术手段，依法记录并留存标识注册日志、标识解析日志、维护日志和变更记录，各日志留存时长不少于六个月，保障标识服务的质量和标识服务系统安全。

第十四条　标识服务机构应当遵守相关法律法规和电信管理机构要求，建立健全的网络与信息安全监测技术手段和应急制度，定期备份标识注册、标识解析、业务运行等数据，配置必要的网络通信应急设备。

标识解析系统出现重大网络与信息安全事件时，标识服务机构应当按照相关规定及预案及时进行处置，并立即向电信管理机构和相关部门报告。

第十五条　电信管理机构依法对标识服务及其安全开展监督检查工作，标识服务机构应予以配合。

第十六条　标识服务机构应当建立相应的业务管理系统和安全保障系统，建立健全的监测、处置、应急、备份等操作规程，具备与其服务规模相适应的业务管理和安全保障能力，并按照电信管理机构要求上报相关数据。

第十七条　标识服务机构开展标识服务违反相关法律法规和规章规定的，由电信管理机构依照相关法律法规和规章规定给予相应的行政处罚。

第十八条　本办法下列用语的含义是：

（一）根节点运行机构：是指依法取得许可，在标识体系中承担根节点功能，在境内运行和管理根服务器，提供标识解析、数据管理等服务的机构。

（二）国家顶级节点运行机构：是指依法取得许可，承担国家顶级节点服务器运行和管理，提供标识解析、数据管理等服务的机构。

（三）标识注册管理机构：是指依法取得许可，承担面向标识注册服务机构的标识注册和管理，并负责管理注册服务器运行的机构。

（四）标识注册服务机构：是指依法取得许可，承担注册服务器运行和管理，提供面向企业用户或者个人用户标识注册、解析和数据管理服务的机构。

（五）递归节点运行机构：是指依法取得许可，提供工业互联网标识递归解析服务的机构。

第十九条 工业互联网标识的管理应符合国家物品编码及标识相关管理要求。

第二十条 本办法自 2021 年 06 月 01 日起施行。

自"5G+工业互联网"512工程实施以来，我国"5G+工业互联网"由起步探索阶段迈向深耕细作、规模化发展的关键阶段，互促共进、融合发展的良好格局逐渐形成。目前，"5G+工业互联网"在建项目超过4000个，覆盖国民经济41个大类，已形成十大重点行业、二十大典型应用场景，实现工业生产流程的全覆盖。

回首过往，5G与工业互联网的融合不断加深，赋能路径越来越清晰。立足今日，5G工厂发展正当时，正在加快新技术、新场景、新模式向工业生产各领域各环节深度拓展。展望未来，"5G+工业互联网"发展将迸发更强大的生机与活力，为经济发展注入更强大的动能。

工业和信息化部新闻宣传中心将2022中国5G+工业互联网大会发布的十大标杆案例和64个年度典型应用案例结集出版，旨在展示我国5G+工业互联网发展的最新成果、交流推进5G+工业互联网技术应用创新的经验实践，为5G+工业互联网新一代信息技术更深更广地赋能经济社会发展提供借鉴。

由于时间匆忙，本书错误之处在所难免，敬请读者批评指正。

工业和信息化部新闻宣传中心

2023年3月